教育培训大运营

肖云 著

EDUCATION AND TRAINING OPERATION

K12业务精细化操作指南

机械工业出版社
CHINA MACHINE PRESS

这是一本全面解读K12业务运营之道的实战力作,为K12教育培训行业的管理者和从业者提供了操作性极强的实用指南。

本书以作者原创的"三池逻辑"作为K12业务运营的底层逻辑,结合行业最新发展现状,逐一剖析了K12教育培训机构的招生、设班、扩科、续班、产品设计、定价、组织架构设计等业务运营的全链条环节,以理论结合实践,全面阐释K12教育培训业务的运营要点。

本书大量展示了当前国内K12教育培训机构的先进实战案例,厘清了K12教育培训业务的相关概念,并对抽象概念或复杂案例以原创图表的方式进行可视化演绎和拆解,语言风格平实易懂又不失专业性,保证了较强的可读性和操作性。本书适用于教育培训行业的中高层管理者加深思考、启发思路,也可以帮助教育领域投资人快速全面地了解K12教育培训的业务逻辑,做出准确判断;亦可作为内部培训教材使用,帮助K12教育培训机构教职人员提高业务水平。

图书在版编目(CIP)数据

教育培训大运营:K12业务精细化操作指南/肖云著. —北京:机械工业出版社,2021.4(2025.9重印)
ISBN 978-7-111-67860-1

Ⅰ.①教… Ⅱ.①肖… Ⅲ.①教育培训-指南 Ⅳ.①G4-62

中国版本图书馆CIP数据核字(2021)第055370号

机械工业出版社(北京市百万庄大街22号 邮政编码100037)
特约策划:李双雷　　　　　策划编辑:坚喜斌
责任编辑:坚喜斌　蔡欣欣　责任校对:李亚娟
责任印制:刘　媛
三河市宏达印刷有限公司印刷
2025年9月第1版第12次印刷
170mm×240mm・16.25印张・1插页・259千字
标准书号:ISBN 978-7-111-67860-1
定价:79.00元

电话服务　　　　　　　　　　网络服务
客服电话:010-88361066　　　机　工　官　网:www.cmpbook.com
　　　　　010-88379833　　　机　工　官　博:weibo.com/cmp1952
　　　　　010-68326294　　　金　书　网:www.golden-book.com
封底无防伪标均为盗版　　　　机工教育服务网:www.cmpedu.com

推荐序

教育培训行业的底层逻辑

肖云邀请我为本书写序,我欣然应允。一来他是我的学生,扎根教育培训行业十几年,性格诚恳、做事踏实,从无言之无物的泛泛而谈;二来教育确实是全民关注的焦点话题,我也身处其中,愿意就此发表一些浅见。

从社会层面而言,改革开放四十余年来,我国的教育培训行业发生了翻天覆地的变化,在这个过程中,我们既被时代潮流裹挟着前进,享受了发展带来的红利,又时常面临着时代赋予的新命题。

于是,在不断加剧的竞争中,出现了一些新的名词,如"内卷""斜杠青年"。斜杠青年是指一群不再满足"专一职业"的生活方式,而选择拥有多重职业和身份的多元生活人群。在未来,尤其是在二胎放开后的时代,同龄人之间的竞争会愈演愈烈,斜杠青年将会越来越多。个人的综合能力、突出特长等,都将是企业选拔人才时需要考虑的关键因素,而这些能力、特长,都是教育赋予的,复合型人才的培养成为大势所趋。

但我认为,衡量一个孩子是否受到了良好的教育,并不在于这个孩子能考多少分,会多少门才艺,而在于分数和才艺的背后,这个孩子内心的自信、底气以及学习知识的能力。

从行业发展来看,培训机构是时代大背景下课堂教育的延伸。近年来,教育培训企业由于利润可观且市场广阔,引得众人蜂拥而至,希望从中分一杯羹,但这样一来直接导致了教育培训企业同质化竞争严重,教学质量良莠不齐的状况。

于是人们开始另辟蹊径,打造独特的教育定位,例如专业英语培训、作文辅导、综合性全能培训等，但当潮水退去，才知道谁在"裸泳"，那些以噱头获得热度的企业，其兴也勃，其亡也忽。究竟如何在同质化竞争激烈的教育培训行业中脱颖而出，发展壮大，是所有从业者都在深思的问题。

虽然行业大步向前，教育环境、家长需求、学生特点等各方面都发生了巨大变化，但有些根本性的东西从未改变过，这是教育培训企业需要理解的规律性的东西。

读完本书，我惊喜地看到许多独特、新颖的观点，能够将教育培训行业中底层的规律阐明。在这里我摘取其中的一些关键词："三池逻辑""设班""扩科""续班""价值定价法"等。

这些关键词的背后，蕴藏着肖云15年来，从长期实践中得出的，对家长、学员诉求的深刻理解。尤其是"三池逻辑"，即流量池、销售池和客户池，阐明了K12业务运营的底层逻辑，也是贯穿全书的主线。将样书赠予教育界的同仁翻阅，得到的反馈也都是"操作性强""系统性强""专业化程度高"等褒奖。

阅读本书，将激发教育者不同的思考，更好地理解教育培训企业发展的前世今生，并得到不少具体而系统的针对教育企业运营的洞见。

以此为序。

滕斌圣
长江商学院副院长，战略学教授
写于2021年春天

序言

教育就是成就他人

如果回到两年前,谁都不会想到,一种小小的病毒竟然猝不及防地改变了所有人的生活,就连最需要面对面互动以保证效果的青少年基础教育,也变成了"隔屏对话"。有人说,这场新冠肺炎疫情将教育培训行业的在线化进程至少提速了5年;有人说,这是行业整合的难得契机;也有人说,新冠肺炎疫情导致线上线下教育"冰火两重天"的局面终将随疫情的消逝而趋于回归。如果将时间线拉长,不难发现,国内K12教育培训行业发展历经近20年,其实每走一步都是各种因素综合作用的结果:包括相关政策的变革、人口结构的变化,也包括信息技术的发展,乃至消费水平的提高,本次新冠肺炎疫情也无非是众多因素中的一个突发因素而已。15年前,笔者投身K12教育培训行业,有幸成为行业发展壮大的亲历者和见证者。长期的一线工作,让笔者有机会不断倾听学员和家长的诉求,不断揣摩教学服务的本质,并用心体会教育培训行业运营的细节和门道。在这个过程中,笔者既亲身体会到行业大步向前的内生动力,也逐步感受到,在令人眼花缭乱的变化背后,有些根本性的东西从未改变,而这一根本所衍生的种种具体做法,正是可以拿出来供业内人士探讨、交流的经验,共飨同仁。

于是,笔者有了将从业十几年的行业运营经验总结成册的想法。当然也有朋友对写书表示不解,有一位朋友直接问笔者:"行业竞争这么激烈,你把有价值的经验全都公开了,是不是有点亏?"笔者认为,在行业内众多成名的前辈及低调务实的同伴面前,个人的经验远称不上多有价值。而以一名"教育培训行业老兵"的身份,将从业十余年来的思考和总结写出来,为业内伙伴提供一些思路,这件事笔者可以做,也愿意做。

因此，经过近一年的创作，这本书得以与大家见面。本书以"运营"为切入点，提出"三池逻辑"，并以此为理论框架，将招生、产品、教学、服务等环节串联起来，同时结合OMO和组织架构设计等内容，对K12教育培训机构的工作要点进行相对整体的呈现。具体来说，本书各章节内容如下。

第1章粗线条勾勒了行业发展的大致历程、特点和趋势，重点讲述了笔者所理解的行业规律和特征。在此基础上，笔者对本书核心主题"K12教育培训业务运营"进行了概念界定，提出并阐释了业务运营的底层逻辑——"三池逻辑"，即流量池、销售池和客户池。

第2章和第3章聚焦"招生"环节，两章内容各有侧重，分别从流量池和销售池的角度阐述。第2章梳理了招生模式的多次迭代，并重点针对"流量池"的重要性和运营要点展开论述。第3章主要介绍"销售池"，即通过引流产品的精心设计与转化，完成正价课程的销售。

第4章重点介绍了设班工作。设班工作需要考虑的因素众多，在执行时容易陷入"按下葫芦起了瓢"的困境。实际上，做好信息收集，并将课程标准化工作做到位，科学设班就成功了一半。具体到实际工作中，抓住关键要素，把握好设班流程，就能为机构业绩提供有力保障。

第5章重点介绍"扩科"工作。扩科是实现客户价值横向拓展的重要工作，也是一个需要联合多个岗位共同发力、协同完成的系统性工作，应该从"管理客户"的思路出发，将设班、服务、教学、市场、销售等环节打通，提前部署，不惧细节，周密考虑，引导客户完成扩科。

第6章和第7章将阐述重点转向客户价值的纵向拓展，即"续班"工作。第6章从研发、教学、营销、教务四个层面，逐一剖析与续班率相关的九个环节，详细解释了优秀续班数据背后的原因。第7章则瞄准一个特殊而重要的续班工作——特价班的18个续班动作要点，这些要点对正价课的续班也同样有参考作用。

第8章和第9章聚焦产品层面。第8章侧重产品设计，以K12班课产品为例，阐述了产品设计的流程要点，并提出了个性化产品的三个设计原则。第9章详细探讨了K12教育培训产品定价的艺术。在本书中，笔者推荐"价值定价法"。

第10章，我们将分析重点转向机构内部，从组织架构层面保障机构的高效运行。这一章逐一分析了适用于不同阶段K12教育培训机构常见架构模型的优劣，并引入"前、中、后台"概念，提出基于业务流的组织架构设计模式。

当然，局限于笔者的认知、阅历和从业经验，本书也一定有不少考虑不周或观点略失偏颇之处，真诚地欢迎读者批评指正，并且通过邮件方式（7445050@qq.com）探讨交流。

最后，我要特别感谢新东方和朴新教育，是新东方各位同事的教诲和俞敏洪老师的魅力让我踏入了教育培训行业；是新东方和朴新教育，让我在成长中汲取了足够的养分；是新东方和朴新教育给了我足够多的机会，让我在越来越广阔的天地中锻炼自己；是新东方和朴新教育的包容和鼓励，让我无论在面临何种困境时均能勇敢前行；更重要的是，新东方和朴新教育的文化，让我深刻认识到教育的目的就是成就他人。

在课堂上，教师把自己所学的知识，无私地分享出来，成就学生。在工作中，我们也应该把自己的思考、想法分享出来，成就伙伴。这也正是笔者写作本书的初衷。

教育不仅是一团火，还是一道光，点燃自己，更要照亮他人。

与各位同仁共勉！

肖 云

2021年4月

目 录

推荐序　教育培训行业的底层逻辑
序言　教育就是成就他人

第1章　我所理解的K12业务运营

1.1　K12教育培训行业的发展	...002
1.2　K12教育培训行业的运行规律与特征	...005
1.3　什么是K12业务运营	...008
1.4　K12业务运营的底层逻辑——"三池逻辑"	...010
1.4.1　什么是"三池逻辑"	...010
1.4.2　为什么要建立"池子"的概念	...011
1.4.3　"三池逻辑"的运营重点	...012
1.5　K12机构的数据模型	...014
1.5.1　以班课产品为主要产品的数据模型	...015
1.5.2　以个性化产品为主要产品的数据模型	...017
1.6　K12业务运营的新趋势	...019
1.6.1　K12机构的OMO探索	...020
1.6.2　K12业务运营的精细化	...022
小结和预告	...024

第2章　招生（一）：建立流量池有多重要

2.1　教育不是快消品	...026
2.2　什么是"招生"	...029
2.3　K12教育培训行业招生模式的迭代	...033
2.3.1　招生模式1.0：单页/海报–讲座–正价课	...033
2.3.2　招生模式2.0：地推/渠道/新媒体等–会销–正价课	...033
2.3.3　招生模式3.0：地推/渠道/新媒体等–引流产品–正价课	...034
2.3.4　招生模式4.0：流量池–引流产品–正价课	...037

2.4　怎样建立和用好"流量池" ... 042
　　2.4.1　流量池的整体建设路径分析 ... 042
　　2.4.2　用好"流量池"的三个关键要点 ... 045
小结和预告 ... 056

第3章 招生（二）：引流产品的设计与转化

3.1　什么是"销售池" ... 065
3.2　引流产品设计 ... 066
　　3.2.1　如何设计引流产品的形态 ... 067
　　3.2.2　专题分析：特价班的运营逻辑 ... 071
　　3.2.3　如何设计引流产品的内容 ... 079
3.3　引流产品的运营与转化 ... 084
　　3.3.1　抓住关键环节精细化设计，提高转化率 ... 085
　　3.3.2　设计与打磨社群运营 SOP 文案 ... 086
　　3.3.3　筛选客户与私聊跟单 ... 087
　　3.3.4　细化和完善销售人员的动作清单 ... 088
3.4　销售池的运营团队设计 ... 089
小结和预告 ... 090

第4章 设班：业绩决胜的关键

4.1　设班的重要性：完成收入、把控利润 ... 093
4.2　设班原则：有利于招新、扩科、续班 ... 094
4.3　科学设班的准备工作 ... 096
　　4.3.1　搜集充足的信息 ... 096
　　4.3.2　将课程标准化 ... 097
　　4.3.3　明确设班时间和设班顺序 ... 099
4.4　设班的重点：四个关键要素 ... 100
　　4.4.1　开结课时间 ... 100
　　4.4.2　上课时间 ... 102
　　4.4.3　教师 ... 106
　　4.4.4　教室 ... 107
4.5　设班的一般流程 ... 111
小结和预告 ... 112

第 5 章
扩科：
客户价值的横向拓展

5.1 扩科对机构运营的重要性：提收入、增利润、增黏性 ... 114
5.2 如何做好扩科工作 ... 116
  5.2.1 保证新开科目有足够高的教学水平 ... 118
  5.2.2 在设班排课方面为扩科做好准备 ... 119
  5.2.3 招生入口的科目绑定 ... 120
  5.2.4 细致有效的数据分析 ... 120
  5.2.5 咨询顾问须掌握足够的学科知识和政策知识 ... 121
  5.2.6 准备有效的咨询材料和文案 ... 123
  5.2.7 设计专门的扩科体验课程 ... 126
  5.2.8 开展扩科相关的运营活动 ... 128
  5.2.9 教学结构的搭建与分组激励 ... 128
  5.2.10 加强教学团队的内部协作 ... 129

小结与预告 ... 130

第 6 章
续班（一）：
客户价值的纵向拓展

6.1 续班工作的原则 ... 133
  6.1.1 课程要连续 ... 133
  6.1.2 教学要有效 ... 134
  6.1.3 服务要感人 ... 135
  6.1.4 营销有抓手 ... 136
6.2 续班工作的具体部署及实施要点 ... 136
  6.2.1 教材编写 ... 138
  6.2.2 教师招聘 ... 140
  6.2.3 师训备课 ... 141
  6.2.4 教师激励 ... 143
  6.2.5 教学环节 ... 145
  6.2.6 续班教研 ... 147
  6.2.7 服务管控 ... 149
  6.2.8 黏性内容 ... 150
  6.2.9 设班排课 ... 152
6.3 续班期的设计：续班的时间和节奏把握 ... 152
  6.3.1 什么是续班期 ... 152
  6.3.2 设置续班期对机构运营有什么意义 ... 153
  6.3.3 如何设置每期课程的续班期 ... 154
  6.3.4 如何安排续班期内的工作节奏 ... 157
  6.3.5 如何设置续班期的频次和时间周期 ... 158

	6.3.6 续班期内，应该怎样给客户"无法拒绝"的理由	... 159
	小结和预告	... 160

第 7 章
续班（二）：
特价班的续班门道

7.1	心态	... 164
7.2	关怀	... 165
7.3	协作	... 165
7.4	咨询	... 166
7.5	技巧	... 167
7.6	家长会	... 168
7.7	讲座	... 169
7.8	服务	... 170
7.9	教师	... 172
7.10	项目制	... 173
7.11	数据	... 174
7.12	排课	... 174
7.13	听课	... 174
7.14	经验	... 175
7.15	销售团队	... 176
7.16	往期	... 176
7.17	氛围	... 176
7.18	家长研修班	... 177
小结和预告		... 178

第 8 章
产品设计：
传递价值，以终为始

8.1	K12 教育培训行业的产品是什么	... 180
8.2	产品设计的流程：以班课产品为例	... 182
	8.2.1 调研需求	... 182
	8.2.2 产品设计	... 186
	8.2.3 产品测试	... 189
	8.2.4 产品落地	... 189
8.3	个性化产品的设计要点：从"卖产品"到"卖方案"	... 191
	8.3.1 产品设计不要只关注教知识	... 192
	8.3.2 提高产品设计的精密度，把产品价值进行量化呈现	... 193
	8.3.3 设置适当的产品规格	... 196
小结和预告		... 197

第 9 章
定价的艺术：
先关注"价值"，
再关注"价格"

9.1 定价的重要性 ... 201
 9.1.1 价格与收入：价格决定定位，定位决定销量 ... 201
 9.1.2 价格与利润：成本上涨时，价格决定利润 ... 204
9.2 如何科学定价 ... 208
 9.2.1 三个重要的名词解释 ... 208
 9.2.2 四种定价方法 ... 208
 9.2.3 采用价值定价法的实施要点分析 ... 212
9.3 涨价的"正确姿势" ... 218
 9.3.1 涨价幅度一般不要超过 20% ... 219
 9.3.2 两次涨价的间隔时间应该控制在 1~3 年 ... 219
 9.3.3 相对于"直接涨价"，减少优惠是更良性的涨价方式 ... 219
 9.3.4 好消息要逐步释放，坏消息要一次性释放 ... 220
 9.3.5 涨价前应该"提前放风" ... 220
 9.3.6 客户通常对总价较为敏感，可以考虑拆分定价 ... 220
小结和预告 ... 221

第 10 章
组织架构 4.0：
基于业务流的组
织架构设计

10.1 K12 机构的组织架构模式发展 ... 224
 10.1.1 组织架构模型之一：单科扩张模式 ... 224
 10.1.2 组织架构模型之二：全科扩张模式 ... 226
 10.1.3 组织架构模型之三：事业部模式 ... 228
10.2 组织架构模型之四：基于业务流的架构设计 ... 229
 10.2.1 为什么要基于业务流来设计组织架构 ... 230
 10.2.2 如何基于业务流来设计组织架构 ... 231
 10.2.3 学科运营：跨部门协作的"特殊兵种" ... 235
 10.2.4 打造"单件流模式"，提高组织运行效率 ... 236
小结 ... 238

附 录

附录 1 名词解释 ... 239
附录 2 教师招聘面试题目参考 ... 243
附录 3 特价班续班工作体检表 ... 246

第 1 章
我所理解的 K12 业务运营

与其他行业相比，K12 教育培训行业有着自身独特的运行规律和特征，只有深刻理解和把握这些特征，从行业运行的底层逻辑出发，制定经营战略和运营动作，才能使机构实现长远的发展。

K12，是个舶来词。

K12 全称为"Kindergarten through twelfth grade"，是学前班教育⊖至高中教育的缩写，即从幼儿园大班（Kindergarten，通常为 5~6 岁）到十二年级（Twelfth Grade，通常为 17~18 岁），原本主要为北美国家采用。在中国，虽然实行的是九年义务教育，但万众瞩目的高考，却是国内基础教育和高等教育真正的分水岭。高考之前，小学、初中、高中——一以贯之的公立基础教育体系同样为 12 年，这 12 年恰逢孩子们在校学习的黄金期，12 年基础教育所积累起来的知识与能力，也在某种程度上成为决定一个人未来人生走向的关键。

本书所提到的 K12 教育培训行业，指的是以幼儿园大班到高三年级的学生为培训对象，以公立基础教育体系为依托，以学科辅导为主要教学内容，为满足学生的学习与升学需求所产生的校外培训行业。要深入理解这一行业，我们需要追溯到 21 世纪初，从行业的发端说起。

1.1　K12 教育培训行业的发展

1999 年，教育部出台《面向 21 世纪教育振兴行动计划》，拉开了高等院校"扩招"的序幕。当年，高校招生人数增加 51.32 万人，招生总数达 159.68 万人，较上年招生人数的增长率达到史无前例的 47%；其后的 2000 年，这一数字为 38%，2001 年为 22%，2002 年为 19%。从某种程度上说，高校录取人数的大幅增加，给更多国内中小学生和家长带来希望，也一下子打开了课外辅导的需求闸门。

当时，K12 赛道上的初代王者既不是新东方，也不是好未来，是比新东方晚一年成立的巨人教育。而 K12 教育培训行业最初的逐鹿之地，是中国的文化中

⊖ 在美国，Kindergarten 特指小学一年级之前那一年，即学前班，对应国内的幼儿园大班。

心、高校云集的北京。

1998年前后，北京取消了小升初考试，实行"电脑派位"划片入学，也就是学生最终上哪所学校，由电脑抽签决定，而非依据孩子的学习水平。这一新政策带来了两个后果：好学生的家长不愿意孩子被"随机分配"到差学校，好学校为了获得优质生源也不愿意接受"电脑派位"。于是，通过奥数比赛的方式选拔生源，开始成为诸多好学校的选择。一方面是学校对升学率的渴望，另一方面是家长和孩子对大学的向往——"占坑班"㊀应运而生，奥数培训也变得火热起来。此时，巨人教育还是一家以音乐、美术等兴趣培养为主的学校；新东方还在专注于英语培训和出国留学；学而思还没有出生。

不过，需求一旦出现，就会被嗅觉敏锐者发现。2000年，剑桥少儿英语进入中国，巨人教育创始人尹雄老师顺势增加了英语课程；2002年，巨人教育又以优厚的条件将超常教育专家徐鸣皋老师招至麾下，徐老师迅速成立一支30多人的教研团队，全部是北京大学本、硕、博毕业生，从数学（奥数）入手，进行小学尖子生的选拔和培养，一时间深受北京家长的追捧。此后相当长的一段时间内，巨人教育都是北京K12教育培训市场上的头部机构。在北京，除了好未来和新东方，不少K12教育培训机构的创始团队（如高思、优才等）都与巨人教育有着千丝万缕的联系。

同样在2002年，好未来创始人张邦鑫老师开始在部队大院做家教，2003年开设数学小班。由于"非典"疫情来袭，线下招生计划被迫中断，却促成了奥数网的兴起，并通过线上答疑、经验分享、择校信息交流等互动行为聚起一批粉丝。"非典"疫情过后，这批奥数网的用户追随到线下，成为学而思的第一批忠实学员。

新东方K12业务的发端也同样可以追溯到2002年，不过却是从少儿英语开始的，"星星之火"源于武汉。这一年，武汉新东方负责人陈向东老师说服前"小星星"英语学校副校长谢琴老师加入，从零开始搭建团队、筹备课程、选定教材、招聘师资，面向少儿英语市场开疆拓土。2002年9月，第一批1500名小学员开班，新东方泡泡少儿英语初具雏形。2004年，泡泡少儿英语品牌正式创

㊀ 所谓"占坑"，就是孩子进入与重点中学有密切关系的奥数培训机构就读，这些机构也将代替名校选拔学生。

立,迄今仍是新东方在K12领域的重要业务板块之一。

可以说,进入新世纪以来,特别是2000—2003年,是中国K12教育培训行业的萌芽阶段。追溯起源也不难发现,K12教育培训行业从一开始就扎根于国内公立基础教育和升学体系的土壤,自带"辅助校内学习"的基因。

经过了萌芽期若干年的稳步发展,2007年前后,国内K12教育培训行业迎来了一波快速增长期。2006—2008年,短短两年间,我国的人均GDP从2000美元增长到3500美元,增长率高达75%。经济的快速增长带动了教育培训需求的增加,一时间,全国各地涌现了不少中小规模的K12机构。这些K12机构大都在2008年前后创立的。同时,从2002年开始,国家相继出台了鼓励民办教育的政策,也为社会资本进入教育市场开辟了道路。据ChinaVenture的统计,2006—2007年是中国教育培训行业投资的高峰时期,两年间完成的投资案例数量及投资金额分别占2000—2007年的72%和74%[一]。

2014年前后,K12教育培训行业又迎来新的机遇期。一方面,在线教育兴起。2013年被称为"中国在线教育元年",尽管此时4G技术刚开始大规模应用,网络教育也还未探索出成功可复制的运作模式,但这并不妨碍业内对教育互联网化的看好,各大网校、在线一对一等机构已经开始悄悄改变人们的消费习惯,传统K12教育培训机构(以下简称K12机构)也开始考虑线上的布局;另一方面,线下机构开始进入整合期。随着竞争的加剧、教培产品和服务的升级,早年如雨后春笋般兴起、规模大小不一的培训机构,陆续进入瓶颈期,需要引入更先进的管理体系、教育体系和资本,来取得进一步的发展。此时,那些在品牌、管理、师资等方面都更有优势的大机构便迎来整合、收购和扩张的新机会。从行业整体来看,也逐步进入了行业集中度提升、运营精细化的发展阶段。

纵观K12教育培训行业20年来的发展可知,伴随着整个行业萌芽、发展和整合进程的,还有生源结构的变化与产品服务的升级。

一开始,立足于为名校选拔"尖子生"的K12机构,生源基本上以冲刺名校的"学霸"为主,相应的教学产品形式也非常简单,除了课堂授课之外,顶

一 《ChinaVenture 2007中国教育培训市场投资行为研究报告》。

多会布置一些作业习题，或进行课后答疑即可，且由于"学霸"们的学习能力和自律性比较强，通常无须再提供其他的教学服务。

后来，K12教育培训行业进入快速增长期，学员数量增加。生源构成中，除了"学霸"，又增加了更多有上进心却天赋稍弱的学生。因此，除了课堂教学，习题巩固、阶段测试等也逐步加入教学服务环节中，以保障学习效果。

再后来，2014年前后，移动互联网迅速改变了人们的交流习惯。与此同时，新一代受教育程度高、更加重视孩子成长的75后、80后家长也开始出现，让很多地区特别是一线城市进入"全民培训"时代。此时，教学再也不是单纯的"你讲我听，我学你看"，而是将线下和线上相结合，形成全方位的"学、练、测、管"㊀学习闭环，作业打卡、每日一题、在线答疑、学情反馈等一系列服务都随之完善。

1.2 K12教育培训行业的运行规律与特征

经过20年的发展，尽管K12教育培训行业在整体规模、产品形态、服务对象等方面都发生了一系列变化和更迭，但与其他行业相比，K12教育培训行业有着自身的规律和特征，这些特征是做好K12业务运营的重要抓手。只有深刻理解和把握这些特征，从行业运行的底层逻辑出发制定经营战略和运营动作，才能使机构获得长远的发展。

目前，国内K12教育培训行业的产品和业务形态主要包括两大类：一是班课产品，即以特定数量的学员为编制，组建课堂，进行统一授课。根据满班人数不同，班课产品又可以分为大班课、精品班课等。二是个性化产品，主要是为客户提供个性化的解决方案服务。个性化产品多为一对一服务，价格较高，其产品形态也较为丰富，除了课堂授课外，还包括学情咨询、考情服务、路线规划等㊁。

㊀ "学"即知识、方法和能力的学习；"练"即练习巩固；"测"即测试和评估；"管"即学员学习的管理和督导。

㊁ 在本书后面的阐述中，如无特别说明，均以班课产品的运营为主要探讨对象。然其运营原理和要点对于个性化产品运营也大体适用，可供参考。

无论是哪一种，从业务运营的角度出发，我们都可以从以下四个方面了解K12教育培训行业的特点：

第一，K12教育培训，也可称为中小学课外辅导，依托于公立教育体系，是学员校内学习的有益补充。

通过回顾行业发展历程不难发现，K12教育培训的诞生就源于公立教育体系下的学习和升学需求。多年来，尽管生源结构不断调整，内容和科目不断拓宽，但其"辅导课业、助力升学"的培训目标从未改变。从这一目标出发，K12教育培训无论从课程体系、教学研发，还是设班排课、运营节奏上，都应该紧紧围绕公立教育体系来进行。

例如，有一个"爬楼梯理论"形象地说明了K12教育培训机构应该综合考虑校内课程体系和学生的实际学习情况，以此来安排教学内容。假如我们将孩子从初一到高三的六年学习过程，看作是在老师的引导下攀爬一个六层高楼的过程，那么每层楼就对应每个年级的知识和能力水平；层与层之间的"楼梯"是对应公立学校的"课程进度"。学生在老师的引导下，按照统一的节奏、沿着楼梯攀爬。正常情况下，经过一年的学习，完成一层楼的进阶。然而，当"大部队"从一楼来到二楼时，可能仍有几个同学还停留在一楼。换句话说，尽管在物理意义上，同一年级的学生们坐在同一间教室里，但可能有个别同学的认知水平和知识积累还停留在上一学年。等他们回过神来喊着"等等我"、向着楼梯间跑去的时候，"楼梯"已经被撤掉了，被撤下用来搭建二楼和三楼之间的通道，因为"大部队"已经开始向着三楼攀登了。重复此过程的话，到了高三，在这座六层高楼中，可能从一楼到六楼都有同学存在，而考试内容和衡量标准是整齐划一的。因此，关注到不同起点的学习者，为他们搭建楼梯，提供合适的教学内容和学习材料，助其赶上进度、攀登到顶层，是K12教育培训机构存在的意义。

第二，K12业务运营必须以"教学质量"为核心，一切运营动作都应以"满足学员需求"为出发点，以"提升学习效果"为落脚点，通过高质量的教学产品和服务，为客户传递价值，才能实现业务的健康持续发展。

随着K12教育培训从业者日益增多，行业竞争日趋激烈，获客难度越来越高，不少K12机构会陷入"营销至上"的陷阱，即为了尽可能多地获得短期流量，不惜加大营销成本。价格战、投放战、拉人战轰轰烈烈的背后，如果挤压的是教师和教研成本，牺牲的是教学质量，那么就变成了本末倒置的做法。

此外，无论是拉拢新客户，还是留住老客户，不少业内伙伴在实际运营中，为了谋求业绩和数据的增长，很容易陷入各种说服购买的"套路"，偏离或忽视客户真实的需求，"为了销售而销售"。这种行为是极其短视的。再次分析K12教育培训行业的诞生就不难理解：既然行业植根于家长/学生对学习效果的追求、对成绩提升的需要，那么满足这一需求就必须且只能以有针对性的解决方案，和过硬的教学质量为前提。即使客户有可能一时冲动，为机构带来业绩的一时繁荣，但是，如果机构没能帮客户解决根本的学习问题，未助其达成学习效果，客户就很难留住。商业的本质是一场无限的游戏，只顾短期利益而有损长远发展的做法是不可取的。

第三，从商业属性上说，K12教育培训行业本质上是服务业，提供体验类产品。

严格来说，教育和培训是两件不一样的事情。教育以育人为目的，常常是个以营利为目的的公益行为；而培训通常以传授某项知识、达成某项技能为目标，它的本质是商业，准确来讲是商业中的"服务业"，是要营利的。我们应该正视K12教育培训行业的这一商业属性，并从其商业本质出发，研究其运营要点、组织架构、扩张模式等方方面面，保证K12教育培训机构和行业的长远发展。例如，认清了K12教育培训的"服务业"本质之后，就不难理解，对于服务业而言，维护"回头客"非常关键，这就决定了"老生续报"这项工作在整个K12业务运营链条中的重要性。

同时，既然K12教育培训是一门生意，明确K12教育培训行业的产品属性非常重要。K12教育培训产品属于典型的"后验品"。所谓"后验品"，又叫"经验商品"，也就是消费者必须在消费过产品之后才能确定它的质量。在这种情况下，后验品的营销，本质在于体验。消费者体验越深入，购买的可能性就越大。所以，K12教育培训行业的营销往往通过一系列"引流产品"⊖，也就是试用体验产品来完成，具体包括特价班、公开课、短期班等。把握好这些引流产品

⊖ 关于"引流产品"的定义和运营要点，将分别在第2章、第3章进行详细阐述。

的设计逻辑和适用场合非常重要。此外，教学产品也并不是简单的课堂交付，还包含一系列细致甚至琐碎的服务，如入门测试、学情反馈、作业打卡、答疑咨询、小老师讲解（学员讲题）等，这些服务作为产品必不可少的组成部分，其设计是否合理、执行是否到位，对客户体验同样重要。

第四，K12教育培训行业的运营节奏有着和农业类似的四季属性。如果随意违背这一节奏规律，错过正确的时间节点，对K12业务运营影响重大。

跟随公立学校的学习节奏，K12教育培训也通常分为寒、春、暑、秋四季课程，其中，春秋季课程多在周末或晚上上课，教学内容紧随校内教学大纲；寒暑假课程多为白天上课、多日连上，内容既包括对上学期知识的复习巩固，又包括对下学期知识的预习入门。深入把握这一"四季规律"，对K12机构的设班排课乃至整个运营链条上各个环节的工作部署都非常重要。我们将在第4章设班和第6章续班中具体阐释。

1.3　什么是K12业务运营

近年来，K12教育培训行业的供给侧和需求侧都处在变化中，互联网技术和资本对行业的影响也日趋深入，一时间，K12机构的业务运营要么失去方向、盲目跟风；要么墨守成规、裹足不前。其实，无论如何变革，K12教育培训行业得以立足的本质特征从未改变。从这些特征出发，厘清行业运行的底层逻辑，以此为抓手确定每一个运营动作的出发点和落脚点，有利于从业者拨开迷雾，看清方向，心中有数，笃定前行。

因此，本书以"K12业务运营"为探讨主题，旨在呈现一些K12机构运营的经验和方法，为从业者（包括管理者和一线从业人员）提供借鉴。那么在具体阐述之前，我们有必要对"K12业务运营"的概念进行界定。

从广义上说，"运营"是与产品生产和服务创造密切相关的各项工作的总称。在本书中，我们不妨以K12机构的"业务流"为基础，来确定"K12业务运营"的概念范围。

具体来说，K12机构的业务流可以用下面的公式来表示

$$收入 = 流量 \times 转化率 \times 课时 \times 每课时单价 - 退费$$

我们可以把 K12 机构的业务流分为两路：第一路叫作"新签流"，也就是我们常说的招新生，即对于原本不是某机构的客户，通过广告投放或其他方式得知该机构课程后，使其实现购买；第二路叫作"续报流"，也就是我们常说的老学员续报所形成的业务流。

在上述公式中，"流量"代表潜在客户的资源量，这一指标的衡量标准是多多益善。流量来源于不同渠道，如地推、广告投放、公众号粉丝、转介绍等。

"转化"就是把潜在客户变成正价课程产品客户（简称正价客户）⊖，转化率越高越好。在"续报流"中，老学员的转化有两个路径：一是同科流转，也就是科目内的续报率；二是扩科流转，如小学语文课程学员扩科报名小学数学课程。转化工作通常是由咨询（销售）团队来组织安排，由教学团队配合完成。

"课时"和"每课时单价"主要和正价课程的设计有关，通常教学团队主导设计和打磨正价课程产品。课程产品确定后，还应该得到咨询团队的认可，只有销售人员认可或喜欢的课程，才愿意向客户推荐，从而保证招生效果。

"退费"是指客户购买课程后，未行课或未完全行课即退费的情况，退费率越低越好。退费率和课程安排、教学质量、教学服务等因素有关，通常由教学团队和教辅团队负责降低退费率。

通过以上公式不难看出，与 K12 机构业务相关的运营工作重点包括以下几个方面：

- 招新：指招收新生，包括两个方面的工作，一是潜在客户资源的获取，二是转化率的提高；
- 设班：即设置班级，并进行合理排期；
- 扩科：即促使学员横向扩展报名科目；
- 续班：通过提升教学和服务质量、合理设置行课节奏等，提高续班率；
- 产品设计：包括产品形态、服务细项和定价的设计，好的产品是 K12 业

⊖ 这里的"正价课程产品"是相对于引流产品而言。"引流产品"即试听类的体验产品，属于营销行为；"正价课程产品"才是 K12 机构的核心产品，包括班课和个性化产品两类。关于"引流产品"的定义，将在第 2 章、第 3 章中进一步详细阐释。

务运营成功的保障；

- 组织分工：每一项具体的工作都必须由合适的团队去完成；如何合理设计组织架构，提高效率、减少摩擦，是保证各项运营工作顺利开展的基石。

细究起来，这几项工作横跨市场、销售、产品、管理等方方面面，实际上已经远远超出了狭义的"运营"概念，但是每项工作又无不紧密服务于K12机构的稳定运行和业绩提升，都是K12机构管理者必须审慎思考和部署的重要工作。

因此，如果设定一个定义的话，本书所关注的"K12业务运营"着眼于广义的"运营"概念，是指从K12机构的"业务流"出发，对影响K12机构业务发展的各项工作进行统筹设计、组织和实施，具体包括招新、设班、扩科、续班、产品设计、组织分工等。本书在组织内容章节时，也将围绕上述六个方面逐个展开，结合业内真实案例，剖析K12业务运营的要点，以期为K12机构的从业者提供思路借鉴。

1.4　K12业务运营的底层逻辑——"三池逻辑"

在本书中，笔者提出了一个贯穿K12业务运营始终的底层逻辑，即"三池逻辑"，这也是本书讲述的理论主线。

1.4.1　什么是"三池逻辑"

"三池"即流量池、销售池、客户池。三个池子呈漏斗状态，关系如下图所示。

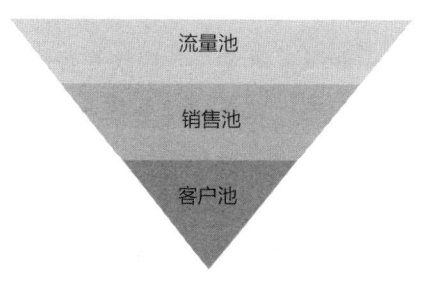

该漏斗显示了客户在三个池子之间的转化关系。当一名潜在客户最初接触某 K12 机构时，是作为流量池中的用户存在的。此时，该潜在客户可能只是机构公众号的一名粉丝；或者是 App 的注册用户；或者由于某次免费讲座的机缘而加入社群。总体来说，流量池中的用户还未完全对机构产生信任，也几乎没有付费动作。

此时，如果 K12 机构推出一款低价引流产品，潜在客户看完引流产品的课程简介，产生兴趣并报名参加，他就进入销售池中。

当潜在客户听完体验课程（即引流产品）之后，成功付费报名正价课，这名家长/学生就正式成为付费客户，进入到客户池中。

由此可见，上述漏斗显示了三个池子之间的家长/学生数量的关系：流量池位于顶端，规模最大；经过"引流产品"的筛选，进入销售池的数量收窄；经由引流产品转化到正价课程中的付费客户数量又进一步减少。

K12 业务运营基本上就围绕这三个池子展开。透彻理解"三池"之间的逻辑关系，掌握"三池"运营的细节门道，基本上就打通了 K12 业务运营的全链条。

1.4.2 为什么要建立"池子"的概念

"池子"的概念和价值在商业领域已经被充分论证。在此，我们以商店选址来类比。假设你要开一家服装店，有三个可选择的地址：地铁口、普通街道路旁和商场内，你会选哪一个呢？

如果从人流量的绝对值角度来排序，一定是：地铁口 > 普通街道路旁 > 商场内。然而事实上，在地铁口开服装店，生意会好过商场内吗？

答案大概率是否定的。开店选址，关于人流量，应该考虑三个问题：

- 人流是否是冲着购物（如买衣服）去的？
- 人流是否是一次性购物？
- 人流是否是多次购物？

显然，虽然地铁口人流量大，但 100 个人中有 99 个都会匆匆走过，可能都不会注意到店面的存在，这样的人流量是没有意义的；普通街道路旁的小店，人流相比地铁口次之，但仍有一部分属于过客，买过一次之后也许就不再光顾；只有商场中的人流量，购物目的性强，反复购买的可能性最高。因此，将服装店开在商场里，业绩是三者中最好的（曾有数据统计，结果确实如此）。

在这里，"商场"就是一个"池子"，它将潜在客户圈在一个物理空间内，这个物理空间不局限于商场内部，而是辐射到商场周边的小区、居民楼、写字楼，附近的居民或上班族都有可能定期或不定期来商场闲逛，当店铺或商品吸引其关注后，就有可能产生购买；这种购买行为不是一次性的，而可能是多次重复购买。

国内知名商业咨询顾问刘润曾提出一个"浴缸理论"，该理论认为，决定业绩的不是客户的流动量，而是留存量。就像在浴缸内接水洗澡一样，流入的水流大小并不重要，重要的是底部的流出口是否关闭、是否漏水。

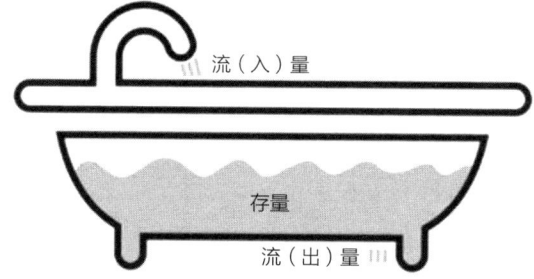

K12业务运营也是如此。招新时，如果是漫无目的地获客，例如依靠电话外呼的方式直接向素不相识的家长推荐课程，显然成功率会非常低、获客成本高昂；如果能建立流量池，将潜在客户"服务"在流量池中，定期向家长/学生输送有价值的课程或活动，逐步培养信任，反复触达，转化的可能性无疑就提高了很多；同样，从老客户维系的角度来说，建立并维护好客户池，也有利于减少客户流失、实现业绩增长。这就是建立"池子"的意义所在。

1.4.3 "三池逻辑"的运营重点

从客户角度看，流量池、销售池、客户池对应着家长/学生在K12机构的三个阶段；从机构角度看，流量池、销售池、客户池则对应着K12机构三个重要的运营节点。因此，这三个池子在运营目标、重点动作等方面各有不同。为保证效率和专业性，这三个池子也需要由独立的团队来负责。

概括来说，流量池、销售池、客户池对应的运营目标、重点动作和团队分工如下表所示：

	流量池	销售池	客户池
对应环节	沉淀资源	招新、扩科	设班、扩科、续班、转介绍
关键词	裂变、黏性	转化	留存、拓展科目
目标	1. 规模越大越好。 2. 黏性越高越好	转化率越高越好	1. 续班率越高越好。 2. 扩科数量越多越好
重点动作	1. 尽可能多地引入种子流量。 2. 通过裂变等方式，尽可能多地积累流量。 3. 持续向流量池用户输出价值，增加黏性和信任	1. 设计引流产品。 2. 将潜在客户转化成正价客户	1. 科学设班、合理排课。 2. 提升教学和服务质量，保证学习效果。 3. 为学员提供规划和咨询服务。 4. 提高扩科率和续班率
执行团队	1. 流量获取团队（地推外呼、广告投放等）。 2. 流量运营团队（社群运营、裂变、活动设计等）	1. 引流产品设计团队。 2. 咨询顾问团队	1. 教学教研团队（含教学产品设计）。 2. 教辅团队。 3. 咨询顾问团队。 4. 教务团队

本书各章节即围绕上表所阐述的"三池逻辑"展开——第 2 章和第 3 章核心主题为"招生"，这里是指狭义的"招新生"的概念，其中第 2 章侧重分析流量池的运营工作，即如何通过建立和维护流量池，将一个全新的潜在客户由"生流量"变为"熟流量"或"半熟流量"；第 3 章侧重阐述销售池的运营工作，包括引流产品如何设计，如何通过社群运营提高正价客户的转化率等；第 4 章至第 7 章重点讲述客户池的运营，即针对正价客户的运营动作，包含设班、扩科、续班等一系列环节，涉及教学、教研、教务等方方面面，是 K12 业务运营的重中之重。第 8 章和第 9 章将探讨重点转至产品层面，分别从产品设计和定价角度剖析如何将精细化运营的理念运用到产品设

计中；最后一章将转向团队内部，谈一谈如何设计组织架构，使"三池逻辑"落地，为 K12 机构的长远发展保驾护航。

1.5　K12 机构的数据模型

在"三池逻辑"的理论框架下，要做好 K12 机构的运营工作，除了把握行业规律、分析客户需求、实施运营战略和执行细节之外，对于管理者特别是中小机构的管理者而言，还必须对 K12 机构的数据模型做到心中有数。

一般来说，一家 K12 机构的运营参考值有两个：一是财务数据，二是运营数据；而业绩收入来源于校区，要保证机构的财务和运营数据达标，另外两个需要密切关注的数据是面积参数和人员配置。因此，一个 K12 机构的数据模型主要包括四个方面：

- 财务数据：主要是各项成本支出与收入的占比；了解和熟悉损益模型，有利于合理的控制支出、配置资源。
- 运营数据：即与日常业务运营相关的各项数据，如班均人数、单位产出等。在后面各章的阐述中，我们也将针对各项具体业务，如扩科、续班等提供业内平均水平的数据参考。
- 面积参数：对于线下 K12 机构而言，校区的选择和租赁是一块很重要的运营成本，也是精细运营的重点。这其中有一些重要的面积参数，如前台、教室、教师休息室、茶水间面积如何配比，都颇有门道，设置合理会有利于提高机构的整体运营效率。
- 人员配置：即一个校区的各岗位人员配置，是搭建团队的重要参考指标。

在此，笔者根据个人多年来的一线运营经验，综合业内平均数据水平，提出一个数据模型，供大家参考。

前文提到，目前 K12 教育培训行业的产品形态主要有两种，一种是班课产品，另一种是个性化产品。这两种产品在产品形态、投入产出、人员配置等方面均有较大差异，所以我们区别开来，分别阐述。

1.5.1 以班课产品为主要产品的数据模型

1. 财务数据

项目	参考值
收入	100%
课酬	20% ~ 28%
教材	1% ~ 2%
教室租金	12% ~ 20%
折旧与摊销	2% ~ 4%
人力资源费	22% ~ 28%
市场推广费	2% ~ 6%
行政后勤费	2% ~ 3%
日常运营费	2% ~ 3%
税金	3%
成本合计	65% ~ 85%
利润空间	15% ~ 35%

对于班课产品而言，各项成本支出的占比如上表所示，是一个较为合理的模型。其中：

- 课酬和人力资源费都属于人力成本，前者主要是针对教师团队的成本支出，后者主要是针对管理人员、营销人员、中后台人员等的人力成本。
- 人力成本、教室租金和市场推广费并称为 K12 机构的三大成本。如果这三项能合理控制，机构的利润水平就不会太差。对于线上机构来说，教室租金基本为零，但市场推广费通常很高。在目前的市场环境下，有些机构的市场推广费甚至超过收入。
- 在各项成本中，有些属于可变成本，如教材，会随着学生人数的增减而增减。这类成本所占收入的比例是不变的。而有些属于固定成本，如教室租金，如果增加一个学员、增加一份收入，这一项成本金额固定不变，其所占收入的比例就会降低。因此，在实际运营中，机构的利润往往来自因学员人数增加而带来的固定成本摊薄，包括教室租金，也包括扩科带来的获客成本摊薄等。

- 课酬既是可变成本，又是固定成本。如果以班级为单位来看，课酬属于可变成本，每增加一个班，都会增加相应的课酬支出；但如果班级数量不变，只在班内增加学员，课酬又是不变的固定成本。因此，在运营中应该努力提高班均人数，即每班的实际招生人数，使其接近满班，才能将课酬成本占比降到最低。

2. 运营数据

项目	参数
单教室产出	300000~400000 元
每平方米产出	5000~7000 元
单平方米学生人数	1~2 人
班均人数	13~15 人
单人报科数	2~3 科
单教室开班数	6~12 个
单教师带班数	6~12 个
教室:教师	≈1:1

在实际运营中，要衡量一个机构进行某项运营动作的效果，财务数据的反馈会相对滞后，而运营数据则反馈更加及时。因此，掌握运营数据更便于决策者事中控制、做出迅速反应。上表为一家 K12 机构的主要运营参考指标，其中：

- 单教室产出和每平方米产出分别从教室和面积两个维度给出收入参考；
- 单平方米学生人数和班均人数分别从招生数量上给出参考；
- 单教室开班数是指每个教室承载的班级数量；单教师带班数是指每个教师的带班数量，这两个指标分别从教室使用率和教师数量配置方面给出参考。

3. 面积参数

对于以班课产品为主要产品的 K12 机构来说，校区布局大致包括：前台、教室、教师休息室和茶水区。基于不同地区线下 K12 机构运营的经验值，我们给出各部分面积参数如下：

- 前台：25~40 平方米。
- 教室：0.9~1.2 平方米/单人。

- 教师休息室:10~20平方米。教师休息室可同时用作会议室、员工办公室等。
- 茶水区:可利用拐角处或其他不容易利用的面积。
- 走廊:宽1.6米左右,大约是两个人并肩行进的宽度。

4. 人员配置

- 校区主管:1人。
- 咨询顾问:每500~800学员人次需配备1名咨询顾问;每个校区至少配备2人。
- 助教:每3~6个班配置1人。
- 教师:每6~12个班配备1名教师。

1.5.2 以个性化产品为主要产品的数据模型

1. 财务数据

与以班课产品为主的机构不同,以个性化产品为主的K12机构在课酬占比上有所提高,这主要是由于个性化产品以一对一教学为主,单小时课酬占收入的比重显著增加;但由于个性化产品价格通常较高,教室租金的占比相对降低。

项目	参考值
收入	100%
课酬	33%~40%
教材	0%~1%
教室租金	6%~10%
折旧与摊销	2%~4%
人力资源费	15%~25%
市场推广费	8%~12%
行政后勤费	2%~3%
日常运营费	2%~3%
税金	3%
成本合计	80%~92%
利润空间	8%~20%

值得注意的是，上述模型仅为基于运营经验给出的参考值；无论是班课产品还是个性化产品，随着OMO（所谓OMO，即Online-Merge-Offline，是指线上和线下全面整合的教育模式）进程的深化，通过流量池运营、搭配直播/录播课程等新的模式，都在改变着K12机构的成本结构。

2. 运营数据

项目	参数
单卡座产出	100000～150000元
每平方米产出	12000～20000元
单卡座学生数	3～4人
单周课时数	4～8课时
单教师学生数	6～12人

由于个性化产品多为一对一课程，通常没有教室的概念，而代之为"卡座"（学生和教师可并排坐的办公桌），所以，这里用"单卡座产出"指标给出参考值。

"单周课时数"是指每周平均每个学生的课时消耗数量，通常为4～8课时；"单教师学生数"即每名教师所带的学生数量，通常为6～12人。

3. 面积参数

布局：前台、卡座、VIP教室、咨询室、公开课教室/自习室、办公室、茶水区。

- 前台：25～40平方米。
- 卡座：2～3平方米/个（需摆放桌椅）。
- VIP教室：除卡座外，部分机构也会设置独立性和密闭性较好的VIP教室，用于高端客户。每个VIP教室约4.5平方米。在数量上，大约每10～20个卡座需配备一个VIP教室，但这一数量通常并不固定，有时也会依各地客户习惯偏好不同而增减，例如有些城市的客户偏好私密性较好的VIP教室，有些城市的客户则认为没必要，卡座即可满足需求。
- 咨询室：5～6平方米，可兼做VIP教室。数量一般为3～4个。
- 公开课教室/自习室：公开课教室（80平方米左右）可用于讲座、公开课等,也可兼做自习室。当机构拥有100个以上的卡座时,可以适量增加1间25人左右的自习室。
- 办公室:平均单人办公面积为2~3平方米。其中,咨询顾问和学习管理师(简称学管师)的办公区域应该分开,因为咨询顾问多与家长交流,学管师则多与学生沟通,二者在一起会互相干扰。
- 茶水区:拐角处或其他不容易利用的面积。
- 走廊:宽1.6米左右。

4. 人员配置
- 校区主管:1人。
- 咨询师:3~5人,负责咨询规划,即销售岗位。相对于以班课产品为主的机构来说,个性化产品单价更高,更依靠销售人员的咨询沟通来实现招生。
- 咨询主管:1人(兼任咨询师)。
- 学管师:2~4人,负责监督管理学员的学习情况,通常40~80名学生需配备1名学管师。
- 学管主管:1人(兼任学管师)。
- 专职教师:6~12名学生需配备1名教师;在校区启动时要储备10~15名教师。
- 运营助理(前台):1人。

1.6 K12业务运营的新趋势

经过20年的发展,尽管K12教育培训行业整体规模不断增长,龙头企业地位初定,但相对于庞大的市场需求来说,整个行业仍然有巨大的发展空间,市场集中度也有待提高。具体来说,影响行业发展的因素众多,笔者浅见,未敢对行业的未来走向做出预测。然而,在K12业务运营方面,有两个趋势已经初见端倪,并且在可预见的将来还将进一步明朗:一个是OMO,另一个是精细化运营。在这里也仅提出一些个人思考,供参考。

1.6.1　K12 机构的 OMO 探索

目前，K12 机构特别是传统的线下机构所面临的内外部环境正在发生变化。

首先，互联网的普及，对 K12 教育培训行业和家长/学生都有着深远的影响。一方面，客户的社交、学习、接收信息等行为方式正在被互联网改变，K12 教育培训行业需要主动拥抱变化，才能赢得更广阔的发展空间；另一方面，互联网能够将优质的教学资源方便地输送给更广泛的地区，帮助更多学员提升学习效果、实现教育公平，这对于 K12 教育培训行业来说也是促进发展的新机遇。

与此同时，K12 教育培训行业内部环境也无时不在发生着变化。一个行业的成熟，通常也意味着该行业产品的日趋同质化，行业内所有的企业都开始竞相补短板，按照同一化的标准升级产品，最终结果就是产品在功能和形态上的差异越来越小。当产品的功能越来越接近时，家长/学生在选择时，就开始更加看重产品的便利性、情感价值或价格等因素。

面对这样的内外部环境变化，线下培训机构是否拥抱互联网、是否开展 OMO 模式探索已经不是问题，关键是如何进行 OMO 模式的转型。

我们可以以健身行为为例，也许你也会遇到这样的场景：

- 你在网上看到一个健身案例（例如"健身 100 天前后的身材对比"那种），其中提到了某健身 App，你看得心潮澎湃，立刻下载了该软件。
- 在该软件中，你制订了自己的健身计划，通过教学视频来训练，随时观测自己的健身数据，还找到了很多一起健身的好友。
- 光在家里训练，你感觉有些动作还是掌握得不够好，有时候自己也不能坚持。这时，该健身软件提示你，有一家离你家不到 500 米的健身房，价格公道，还有专业教练指导。
- 你去过之后，感觉训练效果好多了，于是和教练约好，以后每到周末都去健身房练习，工作日就在家里对照教学视频自己练习。每天的健身数据都会上传到 App 中，以便于教练查看并且指导你在家里训练动作。

- 后来，你介绍了你的好友也下载该健身 App，并且互加好友，相约互相监督。但是他家附近没有健身房，他很期待健身房能够尽快开起来。

这就是一个健身行业典型的 OMO 案例，在上述案例中不难看出 OMO 模式的三个特点。

一是线上线下优势互补、各取所长。线上侧重便利性，通过线上产品提升使用频率；线下侧重体验感，通过门店（健身房）进一步提升效果、增强黏性。

二是线上线下数据共享。无论是线上还是线下的健身数据，都统一由健身软件记录和管理，健身教练实时查看并提供咨询，从而打破了线上和线下的边界，形成更好的体验。

三是线上线下联动，打通获客场景、健身场景和运营场景，实现完整的流量循环。例如，将线下客户引导至线上社交网络，在线上形成口碑的二次传播和增值，降低获客成本，增强黏性。

在 K12 领域，OMO 转型实际上原理类似，但应结合培训行业的特点将工作重点进一步明确。具体来说，可以在三个方面发力：

一是区域拓展。随着一线城市（包括新一线城市）K12 教育培训市场饱和度的提高，下沉市场的价值越来越大。通过 OMO 模式，把校区开到周边城市或者郊区，使学生可以通过直播/录播课，听到来自中心城市的优秀老师的课程。

二是利用线上优势实现产品增值。前文提到，随着市场和消费者的成熟，K12 教育培训行业的产品功能日趋同质化，"课堂教学＋课下服务"的模式已经成为各家机构课程的标配。此时，充分利用互联网手段加强产品的差异化，提升产品价值，不失为一种行之有效的突破思路。例如，西安 Y 学校是一家以一对一个性化辅导为主营业务的 K12 机构。一般来说，个性化业务的利润率相对于班课业务较低，通常在 10% 左右，但该机构利润率能维持在 20% 以上。其中一个重要原因就在于增值产品的开发。该机构开发了自有 App，内含几千个自制的学习视频，内容涵盖学科重点知识、学习方法、考试技巧、心理疏导、家庭教育等方方面面。凡报名一对一课程的学员，App 多交 3800 元，即可观看全部的视频。这些视频实际上就是增值产品，其边际成本几乎为零，但可以为学员带来价值，学员通常愿意买单；对机构来说，也大大提高了利润率。因此，在线下解决"重体验"的问题，在线上提供有足够价值的"轻体验"产品，如在线讲座、直播课、录播课、知识付费产品等，线上线下打包实现产品的增值，是一个可以尝试的方向。

三是通过线上线下联动实现运营效率的提升。高效率运营的含义有两个：一是降低运营成本，包括获客成本、人力成本等；二是通过快速的运营拉动收入提升。具体来说，OMO 模式可以融合线上线下的资源，通过运营"流量池"实现获客成本的降低；或进行潜在客户资源流转的精细化设计，提高收入；或通过作业批改系统、自适应刷题系统等的建立，节约成本，提高效率等。

举个例子，特价班是不少 K12 机构实现入口年级招生的重要手段。但是近年来，传统的线下获客手段效果甚微，流量渠道价格水涨船高，导致特价班的定价面临两难问题——价格太低会导致成本过高、入不敷出；价格过高又失去了特价班的意义。此时，通过线上线下相结合的方式，建立"流量池"，将线上线下获取的资源放到流量池中进行多次裂变、多次招生，一方面降低流量获取的成本，另一方面也有利于提高转化率，增加收入。

综上所述，OMO 转型是一项综合性的工作，可以在战略、产品、运营等多方面帮助 K12 机构更好地适应环境变化、谋求长远发展。同时，在具体的 OMO 转型探索中，建议 K12 机构成立独立的团队，专门开展工作。无论是区域拓展，还是增值产品的开发，抑或是运作流量池等，都最好由专门的团队执行，如果以旧有团队和组织架构为基础，单纯累加工作，会有利益的纠缠，也会有思路的限制，最终效果受到影响。

1.6.2　K12 业务运营的精细化

在商业畅销著作《卖轮子》一书中，作者大致描述了一门生意发展所历经的四个阶段：

第一个阶段是"技术驱动"的初创期。在这一阶段，同业者寥寥，企业只需掌握核心技术，或生产出开创性的产品，即可坐拥收利；

第二个阶段是"关系驱动"的发展期。在这一阶段，随着竞争者的增加，市场上"卖轮子"的供应商越来越多，维护好客户关系，拉拢"回头客"，说服

其不断复购,就是企业赖以生存和发展的重要基石;

第三个阶段可以称为"营销驱动"的竞争期。如果说上一阶段的重点在于维护老客户,在这一阶段,老客户已经不足以帮助企业在激烈的市场竞争中争得一席之地,企业必须大力开拓新客户;

第四个阶段,我们可将其称为"运营驱动"的成熟期。此时,技术、营销等都已经拼得差不多了,产品、渠道都相差无几,同业者之间的比拼开始集中到精细化运营上。谁做得细,运营效率高,定价空间越大,从而越有机会在白热化竞争的市场中脱颖而出。

K12教育培训行业基本上也经历了这样一个发展历程。从最初创建"名师团"打造优质课堂,到老客户关系维护,再到"招新大战",如今已经到了决胜精细化的阶段。

精细化运营,是企业在成熟市场上为自己筑起的一条宽宽的"护城河"。K12业务运营包括招生、设班、扩科、续班、产品设计、定价等一系列环节,每一个环节又涉及研发、教学、教务、市场、技术、后台等多个部门的密切配合,工作具体而又琐碎。在这样的情况下,精细化运营就更要求从顶层设计到基层执行,都有一套严密到位的工作节奏和保障措施。

与此同时,精细化运营还可以有效地帮助企业将运营心法制度化、经验化,大量方法技巧的总结和分享,有利于机构内部迅速组建团队、复制经验,进一步强化自身的竞争优势。

值得注意的是,精细化运营并不代表流程的固化,更不意味着限制创新。企业可以组建相关团队,前瞻性地探索方向、设计路线;同时,也应该通过一系列机制的建立,打造学习型组织,使内部员工的认知水平保持同步,迭代更新。

在K12教育培训行业步入成熟期的当下,精细化运营应该成为每个机构着力发展的方向之一。本书的后面章节,也会试图从K12业务运营的各个环节,拆解精细化之道。

小结和预告

本章重点讲述了笔者从业 10 余年来所理解的 K12 教育培训行业整体特征，粗线条勾勒了行业大致发展历程、行业特点和发展趋势，仅一家之言，供业内同仁参考。在把握 K12 教育培训行业本质特点的基础上，笔者对本书所关注的核心主题"K12 业务运营"进行了概念界定，并提出业务运营的底层逻辑——"三池逻辑"，主张通过建立"池子"的概念，实现高效率、精细化的运营。

下一章，我们就开始从各家必争的"招生"环节说起，讲一讲流量池运营的门道。

教育培训大运营
K12业务精细化操作指南

第2章
招生（一）：建立流量池有多重要

天下难做的事易成。

——《塔木德》

每年暑假，都是各大教育培训机构争夺生源的黄金窗口期，也是 K12 战场硝烟最浓的时刻。近年来，在线教育崛起，各大机构一掷千金，把四五十亿元规模的资金在短短两三个月内狠砸到市场上，目的只有一个：招到更多学员。业内提起来，常常用"烧钱大战"来形容这场获客竞争。

综观 K12 教育培训行业，钱其实已经"烧"了好几波了：前有在线外教英语，后有线上"一对一"，风头不亚于如今的在线双师大班课。说起来都是一掷千金的风光，可如此高的"获客成本"，能否真正带来业绩的提升，在行业内还是一个疑问。

2019 年是几家头部在线教育公司烧钱比拼的头一年。从当年暑期投放数据来看，虽然暑期低价班带来的生源数量可观，但真正转化到正价课的效率并不高，行业平均水平仅为 5%～10%；有机构的正价课获客成本甚至高达 5000～6000 元。

这样的话，问题就来了：

如果招来一个学生要花 5000～6000 元，后续的产品和服务，不足以支持这个学生持续贡献超过这个数字的收入，这样的招生模式是可行的吗？

2.1 教育不是快消品

假如 M 女士是一名小学五年级孩子小明的家长，她认为小明在校内的语文学习还有提升空间，于是打算给他报个培训班，通过校外补习，增强阅读写作能力、进一步提高语文成绩。

于是 M 女士来到一家 K12 机构。机构的工作人员很热情，根据小明的学习情况，向 M 女士提供了对应课程——五年级语文同步加强班，价格为 2000 元，要求一次性付清；每周上一次课，每次两小时，学习时间为三个月。

这基本上就是目前 K12 机构最常见的消费案例。我们不妨分析一下，如果说

K12 教育培训行业的产品是课程，那么 M 女士面对的是怎样一种产品呢？

- 客单价高，常常在千元以上；
- 一次性付三个月学费；
- 产品有没有效果（成绩提升），实际上无法精准评判；
- 产品的体验如何，有赖长时间使用后（如三个月学下来）再验证；
- 产品在使用过程中，可能要付出额外的成本（如时间成本、机会成本、交通成本等）。

面对这样的产品，无疑，M 女士会倾向于做出比较谨慎的决策。

K12 课程产品作为一种预付费的产品，消费者（即家长）实际上面临着"信息黑箱"。换句话说，M 女士作为第一次在该培训机构消费的家长，承担着一定的"信息不对称"的风险。

如果在接下来的学习过程中，培训机构通过优质的课程和服务，使 M 女士的信任感不断加强，那么在后面的续班、复购等消费行为中，M 女士和机构的合作就变得容易多了；持续的信任建立，将引发持续的复购，M 女士也便成为忠实客户，为机构源源不断地创造价值。反之，如果 M 女士在第一次消费中没有建立起信任，这个客户很可能就保不住了，相应的获客成本也就付诸东流。

艾瑞咨询针对家长使用教育培训产品的调查结果也侧面印证了这一点（见下图）。

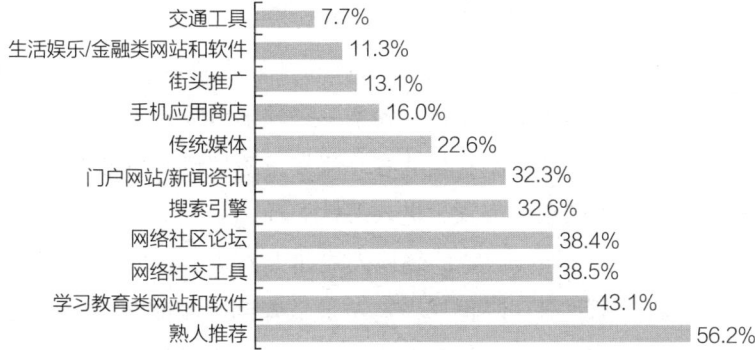

2017年中国教育培训家长用户信任的广告信息渠道

交通工具	7.7%
生活娱乐/金融类网站和软件	11.3%
街头推广	13.1%
手机应用商店	16.0%
传统媒体	22.6%
门户网站/新闻资讯	32.3%
搜索引擎	32.6%
网络社区论坛	38.4%
网络社交工具	38.5%
学习教育类网站和软件	43.1%
熟人推荐	56.2%

在家长们信任的信息渠道方面，选择"熟人推荐"的最多，高达56.2%。这说明，"客户口碑"是K12机构获取新流量时最重要的信息端口。

在实际付费时，影响家长们买单意愿的因素中，"师资力量强"排名第一；"口碑好"排名第二（见下图）。

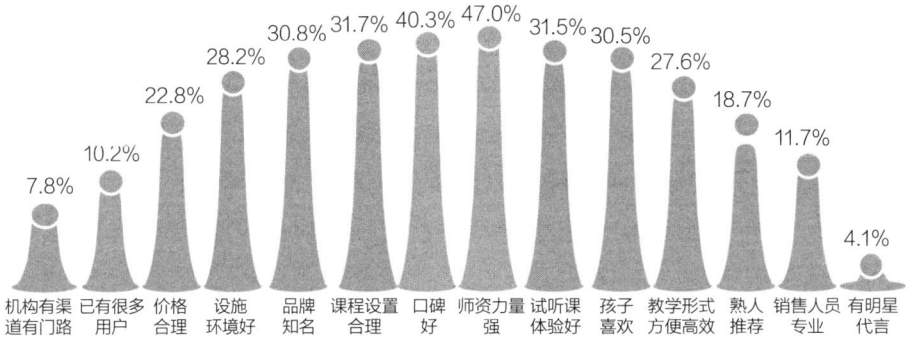

2017年中国教育培训家长用户为孩子最终选定课外辅导机构的关键因素

数据来源：艾瑞咨询

这充分说明，K12教育培训行业与快消品等其他行业不同，一味靠广告信息宣传、渠道投放或者促销降价来获客，并不能真正打动家长。这一行业真正拼的有两个核心要素：一是教学质量，二是配套服务。二者合力形成一家公司的"客户口碑"，这才是K12机构真正的壁垒。

了解了K12教育培训行业的这些特点，我们再来具体看看"烧钱获客"的方式。

如下页图所示。"高获客成本"模式代表的是"烧钱"模式：大规模的广告投放，导致获客成本居高不下；企业无法盈利，必然会挤压运营成本和服务成本，这就影响我们前面提到的行业核心要素——教学与服务质量。一旦这个壁垒被击破，客户口碑就会下降，不管是老客户流失，还是转介绍乏力，都意味着企业必须再次启动高成本的获客方式，进入恶性循环。

2018年，"一对一"在线教育的烧钱大战如火如荼，不少企业因面临着巨大的盈利压力，就将教师薪酬一降再降，甚至最低降到一小时20元（坐标北京）。优秀的教学质量势必以高水平的师资做保障，高水平的师资却绝不可能用低水平的薪金来求得。

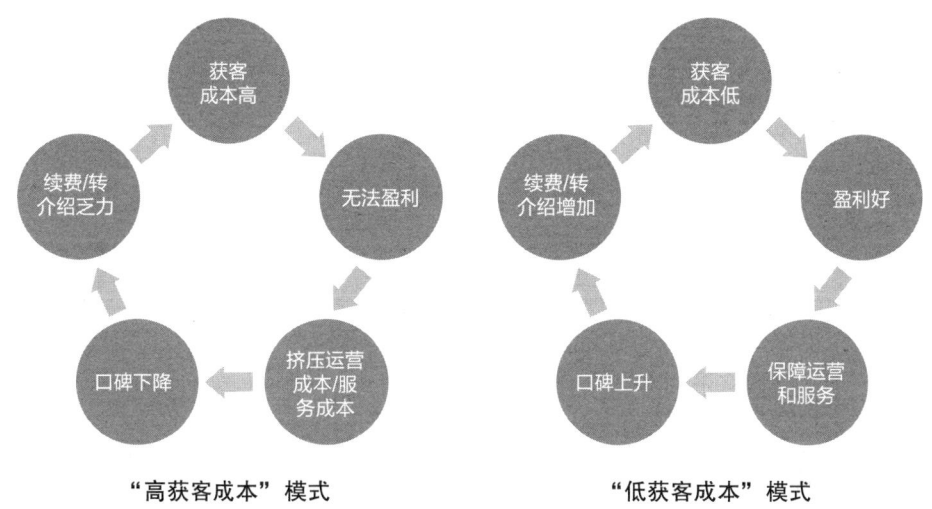

"高获客成本"模式　　　　　　"低获客成本"模式

另外，压缩教师的培训时间，也是不少企业降低教师供应链成本的手段。之前可能至少要用 2 个月的时间来培训新老师，在"疯狂"模式下，不乏机构招聘刚毕业的大学生做老师，来了就上岗的情况。除了师资品控，面对大量的学员，老师的数量有时也难以保证。当获客成本高到动摇培训机构安身立命的根本时，这个动作就不划算了。

而"低获客成本"模式是更接近 K12 教育培训产品本质的健康模式：获客成本相对较低，公司盈利情况良好，就有能力拿出更多的资金来保障教学水平和服务能力的稳步提升；核心壁垒高筑之后，带来整体口碑的提升，在留住老客户、提升续费率的同时，口碑效应的溢出，会促使由老客户转介绍而来的新客户增加，从而进一步降低了获客成本。这才是我们所希望的可持续发展的正向循环。

话说回来，而"低获客成本"模式的确诱人，其中的低成本获客方式到底应该如何去实现呢？

2.2 什么是"招生"

K12 教育培训行业的"获客"，通俗点说就是"招生"，即通过各种方式，向潜在客户传递产品（即课程）信息，尽可能多地吸引家长/学生付费购买。

在这个定义中，包含四个要素：

一是产品——什么样的课程产品招收学员，我们才称之为"招生"？

从广义上说，K12机构开发的所有课程都可以称为该机构的"产品"，包括：讲座、公开课、特价课、正价课等，所有课程招收学员的过程都可以被称为"招生"。但是，一般K12教育培训行业所指的"招生"或"获客"，仅指正价课的招生（课程体系化，定价常在千元左右或以上）。

讲座、公开课、特价课等课程产品，定价通常很低，如0元、9元、19元、49元等，内容也多从正价课中抽取精华片段，独立成课，向潜在客户交付某一个独立的知识点。这类课程的收入完全不能覆盖获客、教学、硬件等成本，它们的功能更偏重于引导家长/学生深入体验课程和服务，从而进一步对正价课产生好感和信任，形成购买。因此，我们通常将这类课程称为"引流课程"，它承担着向正价课引流客户的功能，是一种营销行为。这些课最终成功转化了正价课学员，才算通常意义上的获客成功。我们在本章所讨论的"招生"，主要指正价课的招生。

二是向潜在客户传递的产品信息内容，如下图所示。

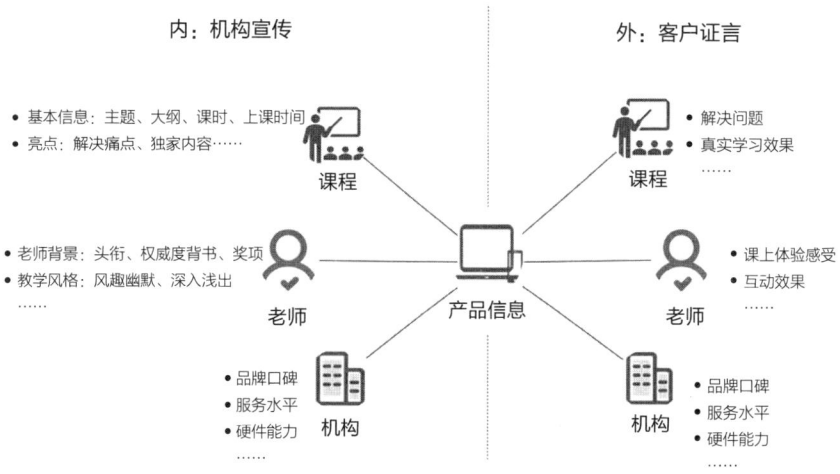

课程产品信息传播维度

一般来说，课程信息的宣传无外乎三个维度：一是关于课程本身，涉及课程体系和内容设计；二是关于老师，涉及教学质量和上课体验；三是关于机构，涉及整体专业度和服务水平。

在这三个维度的基础上,另有"内""外"两个维度:"内"即机构宣传;"外"即客户证言,即客户对课程效果、老师教学和机构服务三个维度的评价。有时,来自客户的评价,比机构的宣传文案更能打动潜在客户。

三是向潜在客户传递产品信息的方式。这也是K12教育培训行业与部分行业相比,在营销方面的不同之处。

经济学中对产品有"先验品"和"后验品"的划分。先验品就是消费者在购买之前,就可以搜索确认质量和特性的产品,例如鲜花、家具、艺术品大多属于先验品;相反,后验品只能在亲身体验后才能判断质量和特性,例如电影、演出、旅游产品等,产品好不好,只有亲自使用过才知道。

从这个角度来说,教育培训类产品属于典型的后验品。对于后验品来说,影响消费者决策的往往并不是生产者所提供的产品参数、品牌影响力等信息,而是来自消费者的真实体验。怎样才能让消费者提前获得真实的体验信息呢?一个重要的信息来源即其他消费者的使用证言,也就是前文我们刚刚提到的"来自客户的评价"。然而,教育培训类产品并不像汽车、数码等产品可高度标准化,来自其他客户的使用评价,仍然不及消费者亲身试用来得直接。此时,另一个信息来源就比较重要了:即让消费者亲自体验产品,直接得出评价,引发购买。

因此,K12产品的营销从本质上说是体验式营销,在成本可控的情况下,体验越深度,营销效果越好。在招生时,如果只是打个广告、写个文案,做一个优秀的商品详情页,往往不足以让家长/学生对课程动心,通过设计各种各样的体验活动,帮助家长/学生深度了解产品形态,产生信任,才是引发家长/学生掏钱买单的直接驱动力。

这也是为什么我们上文提到的讲座、公开课、特价班等"引流产品",只能算作营销行为,是"招生获客"中的一环。

四是产品信息的传播渠道,即潜在客户通过哪些媒介渠道获得课程信息,如下图所示。

课程产品信息传播的方式示意图

一般来说，信息来源包括两大类：一是人际社交网络，大多是朋友熟人推荐，或者老师推荐；二是广告媒介。近 20 年来，随着互联网技术的更迭和产品的更新，广告载体从传统媒体、海报单页、展会，到如今的微信生态、短视频、App 广告等，新形式层出不穷，但从本质来说，都是通过不同的广告媒介，将信息传递给潜在客户（见下图）。

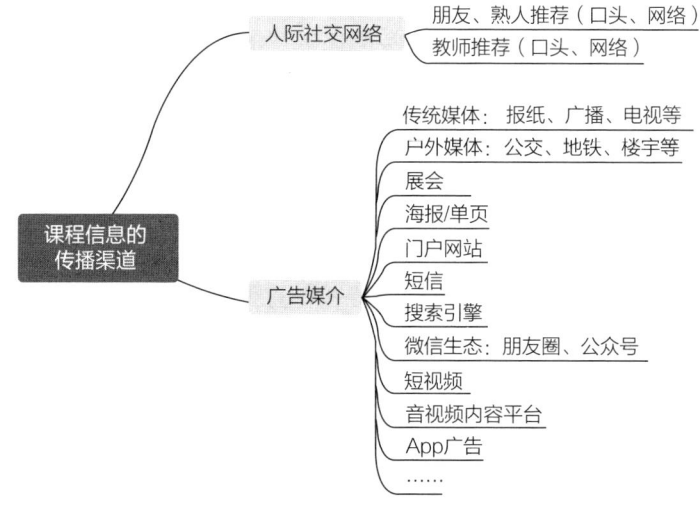

课程产品信息传播的渠道

因此，K12 教育培训行业招生获客的流程和要点，可以用下图来总结：

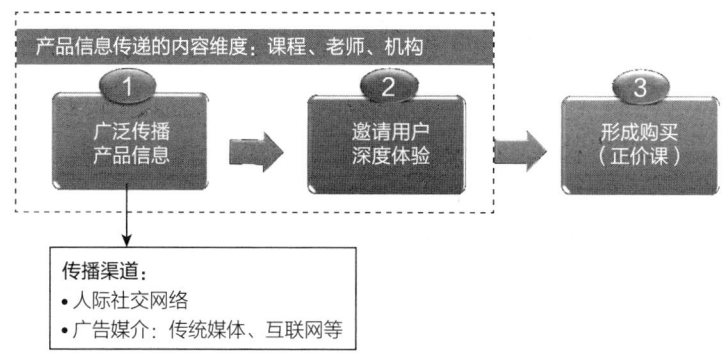

K12 教育培训行业招生获客的流程和要点

纵观近20年来的K12教育培训市场，从行业的老大哥新东方兴起至今，市场环境、信息接入方式、客户心态几经变化，但招生模式没有发生本质性的改变。从上述四个要点来看，产品形态暂不在本章讨论范围内；产品信息传播的具体内容20年来也变化不大；只有后两个要素——信息传播的方式和渠道不断升级，带来了招生模式的迭代。我们来一一分析。

2.3　K12教育培训行业招生模式的迭代

2.3.1　招生模式1.0：单页/海报－讲座－正价课

大约在千禧年后不久，K12教育培训行业渐起。被称为"宇宙补习中心"的北京市海淀黄庄附近，中小学校放学时，人流聚集，是各大培训机构加紧派发传单的好时机。各种各样的课程介绍单页在制作上并不精致，"提分""强化"等字样，却总是非常吸睛。一旦看到有家长对单页内容感兴趣，工作人员就会凑上来向家长主动介绍课程情况。这一景象，就是K12培训机构1.0版招生模式的典型体现。

在该模式下，整体招生的过程非常简单：培训机构把课程信息印到海报或者宣传单页上，通过张贴和派发，拉人去听讲座；听完讲座，再引导家长/学生进一步去报名正价课。

简单粗暴的传播模式，使营销信息触达的范围并不广泛；但是在当时产品供给也不怎么发达的年代，这样的模式仍然足以让机构招到想要的生源。

这里值得注意的是，1.0模式虽然简陋，但整个招生过程中仍然有一个非常突出的中间环节——"讲座"，这个"讲座"实际上承担的就是"产品体验"的功能。因此，1.0模式仍然体现了教育培训产品营销的本质。

2.3.2　招生模式2.0：地推/渠道/新媒体等－会销－正价课

随着互联网的兴起，各种信息渠道变得多元起来，充分利用多样化的通道去传播营销信息、触达潜在客户，是2.0版招生模式的突出特点。

与此同时，在以前的"讲座"中加入更专业的营销环节，将"讲座"升级成"会销"，也增强了招生效果。

所谓"会销"，就是通过活动、讲座、公开课等形式，向家长/学生说明产品、销售课程。既然都是以销售为目的的讲座，这里为什么又要将招生模式 2.0 的"会销"和招生模式 1.0 中的"讲座"相区别，并称之为"升级"呢？

在招生模式 1.0 下的"讲座"中，几乎没有"销"的设计，整个活动安排和课程内容设计都是从纯教学目的出发，邀请家长或学员来试听课程。唯一的销售内容就是在讲座结束后，向家长/学生强调一下课程知识的重要性，并由主持人介绍一下后续的课程安排和报名优惠信息。

而引进"会销"概念后，则从活动目标、环节安排、内容设计等方面，都转变成一个"营销取向"的活动剧本。例如：

- 在主题设计上，不再是随便选取一个知识点进行试讲试听，而是精心选择家长/学生关心的、触及痛点的热门话题，给予讲解；
- 在环节设计上，不再只是讲课和听课，而是在活动开始前就有专门的咨询顾问与家长/学生进行沟通和咨询，收集问题、了解需求，留住潜在客户；活动过程中，主持人和主讲老师会各自有专门的内容设计，如何在讲座干货中加入产品推荐，如何把握节奏、挖掘需求、激起斗志、诊断问题、给出方案、打消顾虑，以及如何安排讲座结束后的优惠、物料等。
- 细节方面，现场学员的座位名牌是否依报名意愿进行安排、是否设置优秀学员案例展示及家长分享，甚至活动中的音乐播放、PPT 设计等问题，很多机构都做到了极致。

2.3.3　招生模式 3.0：地推/渠道/新媒体等－引流产品－正价课

在招生模式迭代到 3.0 模式，通过引流产品的设计对潜在客户的争夺，成了各大机构竞相关注和投入的战场。

前文提到，"引流产品"是以客户体验和转化为目的，课时较短、客单价较低的一类课程产品；从内容上看，多为正价课的片段或精华，独立成课。具体到表现形式上，"引流产品"包括公开课、讲座、训练营、特价课等；而在价格方面，从 0 元、9 元，到 19 元、49 元、99 元或者更高。

如今，主流 K12 教育培训机构的招生模式大多处于 3.0 模式下，一些新兴的在线教育机构也不例外。2020 年的暑期大战中，头部机构正面激战"49 元课"，就是一个典型的例子。各大K12机构通过户外楼宇、外呼、地推、微信朋友圈广告、短视频等各种各样的方式,传播信息,获取流量,将潜在客户引到49元特价体验课上,然后通过这种价格较低的引流课程实现向正价课的转化,完成招生。

如下图所示,招生模式的更迭,更多的是信息传播渠道和体验课形式上的升级,至于整体流程和环节上的优化,并没有本质性的涉及。如果这一招生链条切实有效且成本可控,我们可以一直坚持这样的模式来招生。但这其中的关键词是"成本"。

- 现有的流量来源下,成本会一直可控吗?
- 当体验环节从"会销"升级到"引流产品"后,成本又会如何变化呢?

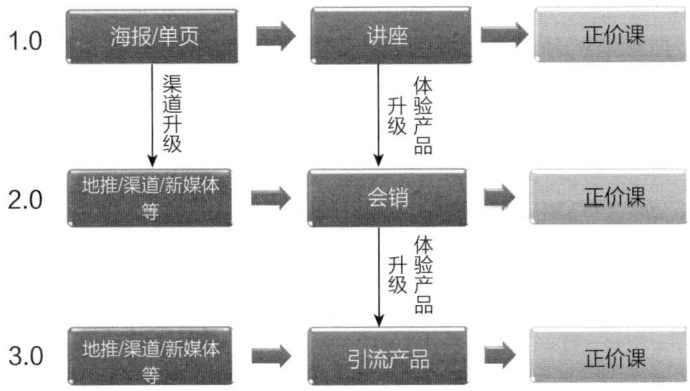

K12教育培训行业招生模式的迭代

我们不妨看一下10年前和如今的流量成本对比。

	渠道	单资源成本
传统流量	讲座/会销	¥¥
	赞助校内活动	¥¥
	布展	¥¥
	海报/单页/外呼	¥¥
	渠道代理	¥¥¥
	户外广告	¥¥
新流量	线上展示广告	¥
	短信	¥
	百度投放	¥

10年前

	渠道	单资源成本
传统流量	讲座/会销	¥¥¥
	赞助校内活动	¥¥¥
	布展	¥¥¥
	海报/单页/外呼	¥¥¥
	渠道代理	¥¥¥¥
	户外广告	¥¥¥
新流量	B站/喜马拉雅等	¥
	微信生态	¥
	App	¥

现在

近10年来流量来源及成本对比示意图

10年来，传统的流量来源变化不大，但是价格却水涨船高。以赞助校内活动为例，10年前，每场校内活动的赞助价格不过千元左右；如今需要8000～10000元，增长近10倍；10年前，一条搜索引擎广告仅需几十元，如今要几百元；热门地段的户外广告就更紧俏了，如北京市海淀黄庄附近某十字路口的广告牌，10年前只需几万元就能买下一年的曝光机会，如今则高达100万元。

在新流量方面，由于互联网产品更新速度极快，人们接触信息的方式也在不断变化。例如，说到"新媒体"，20年前可能指的是门户网站和手机短信，10年前是博客论坛，5年前是微博，3年前是公众号，如今是B站、喜马拉雅等音视频网站。每一种新的媒体形态和流量来源刚刚兴起时，总能以曝光价格相对低廉的姿态呈现。抓住这些新兴的流量来源，是抓住有效降低获客成本的关键之一。

除了流量成本，在招生模式3.0下，"引流产品"的运营，也有可能让机构陷入两难境地。我们来看一个案例。

案例1　　"50元"暑期特价班的前世今生

很多人认为，这两年的暑期"特价课"大战，源于2011年新东方优能中学"50元特价班"的那次出奇制胜。

2010年，北京K12市场还由学而思、杰睿、巨人教育等机构占领，名不见经传的新东方优能中学新初一的暑期数学班只招了60多个人。于是，2011年，优能中学率先出招，将原价近2000元的新初一暑期数学课程免费推向市场，仅向家长象征性地收取50元资料费，以此作为招生入口抢占生源。

一石激起千层浪，此举不仅在当年令新东方暑期招生大获全胜，更在接下来的5年持续执行，令优能中学在K12北京市场杀出一片天地。

2015年4月中旬，新东方再次推出暑期特价课程，历时9天的课程，总价依然维持在50元。到了4月下旬，好未来也开始发力，宣布旗下的学而思推出1元课程，初一新生可以以该价格报名一科暑假班；同时参与的还有好未来旗下的智康一对一，针对高一新生和初一新生推出30元/课时的6人班组课。

没过多久，高思官网上就赫然显示："2015年新初一/新高一暑假课程特惠：1元钱听12次课！"同时还有"1元钱报1科，2元钱报3科，3元钱报5科"的优惠。一时间，纷纷杀出的"特价班"把K12教育培训行业搅得天翻地覆。

此后，每年暑假都成为"特价班""低价课"竞相亮相的爆发期，"特价班"也因为被验证过的拉新效果，似乎成为这几年K12教育培训行业的一种"新常态"。

但是，2019年，作为"50元特价班"的创始者，新东方发布消息，将实施对低价班的价格管控。同年，新东方暑期50元特价班悄然涨价，以199元、299元的姿态出现在市场上。与此同时，市面上的"49元课""1元课"也越来越多地遭到业内关于"转化率下降""成本过高""亏损压力增大"的质疑。

回顾"特价班"的发展历程，在推出初期，的确因其在市场上的稀缺性，以及选准入口年级（小学三年级、新初一、新高一）、客户成长性较高而在招新方面取得了令人瞩目的成绩。

但随着"特价班"成为新常态，转化率不断下降，招生成本就成了机构必须关注的问题。

一方面，激烈的竞争，导致各家机构的流量获取成本大大增加；

另一方面，特价班的低价模式，很容易在转化模型没有计算好的情况下，出现"入不敷出"，甚至"招得越多、亏得越多"的情况。

在这种情况下，特价班的价格制定策略就面临两难的境地：

定价过低，比如1元课，除了收入太低难以覆盖成本外，还会导致吸引的潜在客户不够精准，"无效"资源多，转化率低，从而进一步增加获客和转化成本。

而如果定价提高，过高的进入门槛，又可能将部分可以转化正价课的潜在客户挡在门外。

如何才能破解这样的两难局面呢？

2.3.4 招生模式4.0：流量池－引流产品－正价课

刚才提到，不管是哪种招生模式，都是"信息传播/触达－体验－购买"的三步模式，只是在单个环节上进行了优化而已。实际上，如今互联网媒介手段发达，机构和客户之间的联系更加紧密，数据的收集和挖掘也比10年前容易得多。此时，引入"流量池"的概念，可以给招生工作带来质的飞跃。

在本书第1章中，我们在阐释K12业务运营的底层逻辑时就提出了"流量池"的概念。在这里复习一下：流量池的目标是积累越来越多的种子资源，关键词是裂变、黏性。

那"流量池"的概念怎样对招生产生"质"的影响呢？我们先来看一个真实案例。

案例2　　某K12机构通过建"池"使营销效果翻8倍

某K12培训机构获得了一批当地初二年级的潜在客户数据，数量大约为5000条左右。该数据是一批5年前的老数据。时隔5年，该机构需要在没有任何沟通的情况下，对这批数据进行转化，尽可能多地转化报名初二寒假物理班。

最初，该机构尝试过直接拨打电话，拨打了200个左右，最终转化了1人报名。后来改变了计划，延长转化周期。具体做法是这样的：

第一步：建立微信群，以便把家长吸引过来。可是怎样才能把家长吸引进群呢？团队成员开始思考，作为初二年级的家长且和物理科目有关，会对什么感兴趣？最后决定安排一期免费的初二物理线上课程，包括专门针对初二物理难点设计的6次专题课和1次讲座。这个噱头很重要，如果家长压根不感兴趣，会很难被邀约进群。

第二步：电话外呼邀约。具体流程是：先电话外呼说明情况，然后添加家长微信，再拉进群。添加微信有利于和家长深度沟通。

第三步：引导家长转发消息、产生裂变。只要有家长进群，群助手都会发送欢迎信息，并请家长转发朋友圈来获得听课资格。审核通过后，即给家长发送听课链接。

群人数达到200人的时候，再次用红包刺激，请群内家长邀约其他家长一起进群享受免费课程福利。

第四步：通过免费课程，向正价课程转化。

最终结果：5000条数据各通过一次电话，接通率为50%左右；邀约进群540人；再通过540位家长邀约其他家长进群，最终进群人数达到740人左右。

"6次专题课+1次讲座"后，团队成员陆续进行了两轮推课，第一次转化120人左右，第二次转化60人左右，最终转化200人左右。

在之前"外呼+直接引导买课"的模式下，如果按照200人中有1人成功购课的效率，5000人中预计有25人成功转化；而在后面"建群+裂变+免费课引流+买课"的模式下，约有200人成功购课，营销效果是原来的8倍。

这是一个建立"流量池"的案例。

在最初的招生方案中,由外呼团队直接打电话给潜在客户,能转化购买就转化购买,转化不了也就随之流失;而优化后的方案,最显著的差异动作就是建立了微信群,这个微信群就是"流量池"。在这个池子中,该团队做了两件重要的事情:

1. 提供引流产品,即"6次专题课+1次讲座",通过增强家长的体验,促进转化。

2. 裂变。如果说"提供引流产品"在招生模式1.0到招生模式3.0版本中都有,那么"裂变"动作,可以说是建立流量池的招生模式4.0最显著的效能提升手段。

"裂变"的概念来自"病毒营销"(Viral Marketing),现在已经成为互联网时代实现用户增长的重要方式之一,常用来指通过设计一系列活动,引导用户自愿转发、分享营销信息,吸引新用户,实现机构的用户增长。在本案例中,当群人数达到200人的时候,通过红包刺激,让已经进群的家长,邀请其他初二年级家长一起进群享受免费课程福利,就是"裂变"的具体例证(见下图)。

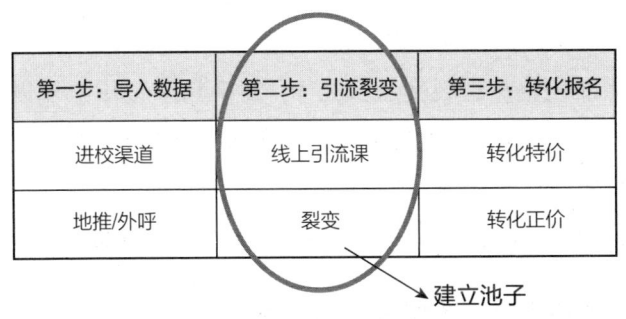

"流量池"的位置和作用

由此,通过"引流课+裂变"两个动作,上述案例成功建立并发挥了流量池的作用,最终实现营销效果提升8倍。

实际上,流量池的功能不止于此。

在池子建立之后,完全可以寻找合适的主题、在合适的时机对流量池进行多次转化。假如上述案例中的团队,后续持续利用该家长群多次转化,效果叠加,恐怕营销效果的提升就不仅仅是8倍了。

我们可以以"种子数量=10000人"为例，用表格的形式来举例说明流量池对营销效果提升的影响。

下表为流量池多次转化后的效果对比。

序号	模型	数量	一次转化		二次转化		三次转化		四次转化		五次转化		转化人数
			转化率	人数	转化率	人数	转化率	人数	转化率	人数	转化率	人数	
1	资源型	10000	10%	1000	—	—	—	—	—	—	—	—	1000
2	流量池	10000	10%	1000	6%	600	4%	400	2%	200	1%	100	2300

注：以上转化次数和转化率仅为示意。根据不同的转化动作设计，转化次数和转化率会有很大的提升空间（下表同）。

如果未建立流量池，10000个种子流量的最终转化人数为1000人；经流量池多次转化后，转化人数达到2300人。

而如果加入裂变动作，效果对比示意如下。

序号	模型	数量	裂变系数	裂变后数量	一次转化		二次转化		三次转化		四次转化		五次转化		转化人数
					转化率	人数	转化率	人数	转化率	人数	转化率	人数	转化率	人数	
1	资源型	10000	0	10000	10%	1000	—	—	—	—	—	—	—	—	1000
2	流量池	10000	1	20000	10%	2000	6%	1200	4%	800	2%	400	1%	200	4600

在裂变中，有一个关键指标叫作"裂变系数"（Viral Coefficient），指的是在裂变活动中，每一位用户可以带来的新用户数量。裂变系数是决定裂变效率的重要因素。在上面的表格中，裂变系数是1，即平均一位用户可以带来一位新用户，那么，裂变一次之后用户总数翻倍，再叠加多次转化的效果，"流量池"的建立将会对转化效果提升4倍。

综上所述，我们可以总结一下招生模式4.0，示意图如下：

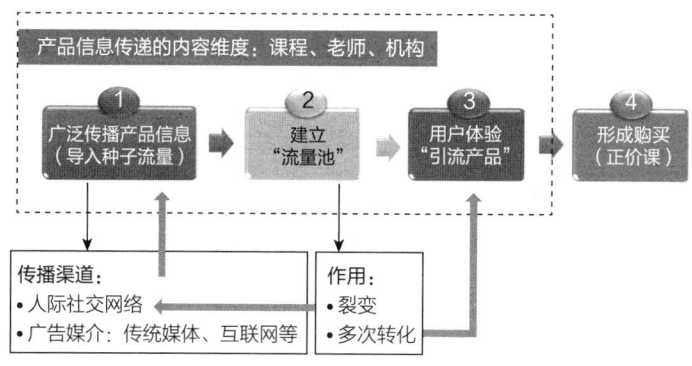

招生模式4.0示意图

显然，这一模式与前三种模式最本质的不同，就是增加了"建池"这一步。

建立流量池有两大好处——裂变和多次转化，从正反两个方面同时带来运营效果的提升：一方面，降低获客成本；另一方面，课程收入也随之增长。

"流量池"在招生中的作用，可以用篮球场上的"篮板球"做个类比。在篮球场上，篮板球是决定比赛胜负的重要因素之一，是所有球员努力争抢的对象。原因很简单：抢下一个篮板球，不仅自己得到一次进攻的机会，还让对手失去了得分机会，一正一反，赛场上的得分效率会大大提升。建立流量池的动作，在招生中的重要性同样如此。加入并且做好这一步，会使招生效率乃至整体运营效率实现提升。

至此，我们可以回到上一节案例中提到的"特价班"定价难题上，如果引入"流量池"的概念，将如何破解这一两难局面呢？

案例3　　深圳小红象学校建"流量池"进行暑期招生

深圳本地的K12机构小红象学校（化名）联合市场、销售、产品等各部门启动了暑期招生计划，具体动作如下：

1. 建立0元流量池：通过各种流量渠道（地推、外呼等），以0元免费试听课或赠送学习资料为依托，建立0元流量池；流量池建立后，定期为家长/学生提供有价值的信息或资料，发起活动，在裂变扩大流量池规模的同时，培养家长/学生的信任度和黏性。

2. 从流量池中招收特价班学员：建立社群运营团队，将流量池中的潜在客户向特价班进行筛选和转化。

3. 转化正价课学员：即从特价课学员向正价课学员转化。

在上面三步动作中，该机构增加了"建立流量池"的环节，有三个好处：

一是通过裂变的形式，可以扩大流量规模，并通过反复招生，降低获客成本。

二是在流量池阶段，可以提前争取潜在客户的信任，提高转化率。如果将家长/学生的信任比作杯子里的水，流量不经过处理直接进入特价班，就相当于向空杯子直接注水，转化难度高，事倍而功半；而在本案例中，运营团队在0元流量池中通过一系列的价值输出，如分享精彩的教学内容、学习资料等，让家长对机构的信任度大大提高，相当于杯子里的水已经被注入一半，此时再进行特价班招生和正价课转化，难度会大大降低，事半而功倍。

三是增加了流量池的筛选环节，可以筛选出对课程内容有高度意向的学员进入特价班，从而能进一步提高正价班的转化效率。

而当流量池充分发挥上述三个功能之后，"特价班"的定价难题实际上就迎刃而解了：一方面通过裂变，降低获客成本，减轻了特价班的成本压力；另一方面，对家长/学生的信任铺垫以及流量池的多次转化，也让"特价班"涨价变得可行。

"特价班"定价的难题解开，机构才能真正依据不同引流产品的特点，科学合理地设定"特价班"的价格和班型，从而发挥引流产品的最大效能。

2.4 怎样建立和用好"流量池"

虽然我们说，如今很多 K12 机构的招生模式仍然停留在 3.0 阶段，但实际上"流量池"在业内已经不算一个新概念。如果去业内咨询，相信很多机构负责人都会说：我们也有流量池。但是，"有流量池"和"投入成本、精力去精耕细作流量池"是两个完全不同的概念。

先抛开实操层面的技术要点不谈，在心态和理念方面，要真正做好流量池，运营负责人应该首先把握好以下两点。

一是不能太急功近利。必须承认，建立和维护流量池是需要时间的，教育培训行业本身也是一个"守住寂寞才能等到花开"、重视积累的行业，如果急功近利，总是轻易被轰轰烈烈的招生大战弄乱阵脚，就很难形成良性的运营和发展模式。

二是要做好教育培训行业的运营，必须要基于对行业和客户的深刻理解。大到行业的运行逻辑，小到家长、学员们的每一个痛点，把握好行业特点，才能真正把流量池越建越大。

2.4.1 流量池的整体建设路径分析

流量池的整体建设路径分析如下页图所示。

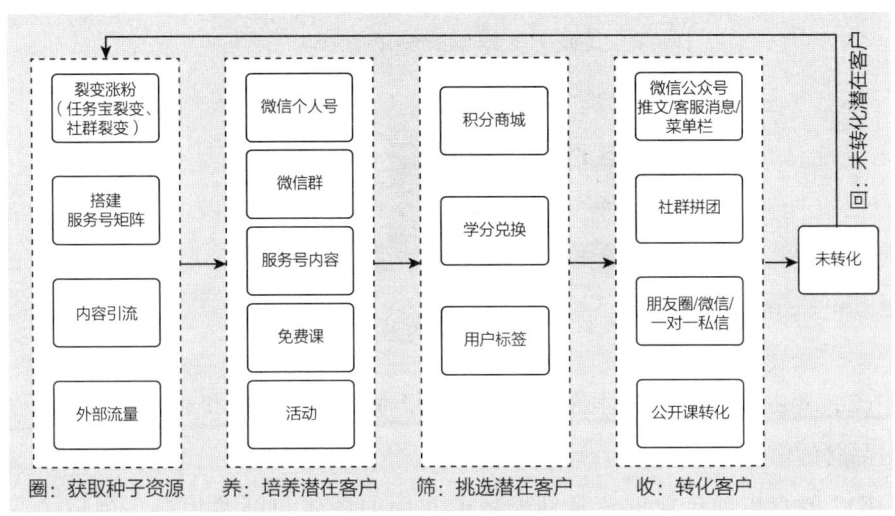

流量池的整体建设路径

总体来说，流量池的整体建设路径可以用五个字来概括：圈、养、筛、收、回。我们来一一解释。

（1）圈：目的是获取种子资源，为流量池不断拉新。

获取种子资源的方式前面已经有所阐述，简单来说，大体可分为外部流量购买和自有流量增长两种方式，如下图所示：

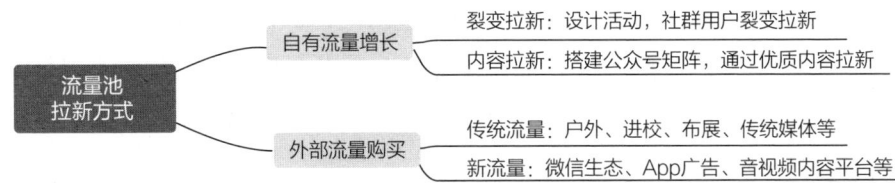

其中，外部流量购买的渠道，我们在介绍招生模式2.0时有详细阐述，核心问题在于流量价格的水涨船高，如何找到性价比高的新型流量来源。

"裂变拉新"和"内容拉新"是建立"流量池"以后的核心优势。基于微信群的流量池，可以通过设计有吸引力的裂变活动，如付费实物助力任务宝裂变、虚拟课程社群裂变等，实现低成本的拉新；而基于微信公众号等新媒体的流量池，可以通过优质内容实现粉丝的增长（见下页图）。

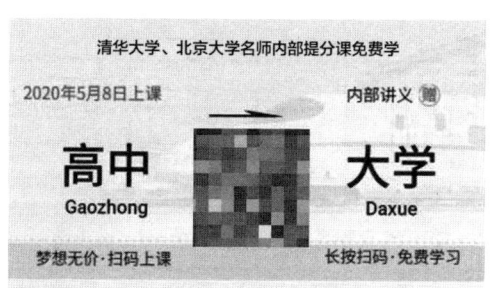

创意裂变海报举例

（2）养：目的是培养潜在客户，为流量池提高留存率和黏性，提升潜在客户对品牌的信任。

K12教育培训行业的流量池，目前常用的载体包括微信群、微信个人号等。将家长/学生拉进流量池后，需要通过持续为家长/学生提供有价值的产品、内容或服务，来帮助潜在客户持续建立信任，提升黏性。有价值的产品或服务包括：定期赠送的免费课程、前沿优质的教育信息、实用学习技巧或学习资料，等等。

（3）筛：目的为挑选潜在客户，针对相应的"引流产品"拉出高转化意向的潜在客户，提高转化效率。

建立流量池的目的，是为下一步邀请潜在客户体验特价课等引流产品积累家长/学生资源。针对不同的引流产品，哪些家长/学生是匹配度高的？哪些是转化意向高的，可以通过用户标签、学分兑换等筛选方式，挑选出有较高意向的潜在客户，进行转化。

（4）收：目的为转化客户，获取收入。

针对上一步挑选出来的潜在客户，通过公众号推文/客服消息/菜单栏、社群拼团和公开课等形式，促成正价客户的转化。

到这一步，潜在客户已经从流量池进入销售池，开始体验课程产品。运营动作，也开始由提高黏性、裂变，转变为提高转化率。

关于销售池的建立和维护，我们将在下一章重点讨论。

（5）回：最后针对未转化的潜在客户，进行流量回流操作，即重新注入流量池，再次开启"圈－养－筛－收－回"的循环。

在大规模社群转化的前提下，一般超过80%的潜在客户是无法被转化的，所以我们会在流量池的运作中加入回流环节，通过各样的活动来不断激活潜在客户，以提高流量的转化率。

2.4.2 用好"流量池"的三个关键要点

1. 团队先行

在招生模式1.0和招生模式2.0下，一般来说，从种子流量的获取到转化报名，这两步都有专门的团队来执行。

其中，种子流量获取的团队包括：广告投放团队、BD进校团队、地推/外呼团队等。

而转化团队则包括特价班转化团队、正价课转化团队等。

然而，加入"建立流量池"这一环节后，无论上述哪个团队，都不适合兼任运营流量池的工作。

流量池的精耕细作涉及很多方面，具体包括但不限于以下几个方面：

- 社群运营；
- 裂变活动设计；
- 福利/资料/课程设计；
- 潜在客户/群的标签分类管理；
- 新媒体内容运营。

……

同时，基于流量池在整个招生及运营中的重要性，目标制订、任务统筹等也需要有专门的团队来完成。因此，要建好、用好流量池，增设一个专门的"流量运营团队"非常必要。一个高效的流量运营团队，对扩大流量池规模、维护流量池质量、提高转化率等至关重要。

2. 建立池子重要，维护池子更重要

"流量池"建好以后，如何将其维护好，使其为销售池提供源源不断的活水，是流量池运营的重要课题。

在这方面,有几个关键点要注意。

①对池子本身进行精细化的分类标签管理。

例如,微信群是流量池的一个重要载体。假如某机构有 100 个微信群,那么每一个微信群的群名如何设置?群名有没有体现该群的功能?除了群名之外,是否有额外的标签作为重要信息的标识?如果这些工作做得到位,面对大量的微信群,每次做活动的时候,都可以从中筛选出适合的流量池,更便于日常的分类管理和维护。

②对池子内潜在客户标签管理以及个性化推送信息。

标签管理不应该仅仅标记到池子,更应该标记到个体。在这方面,企业微信功能比较全,各机构也可以对此进行一些个性化的部署和改造。例如潜在客户对哪些内容感兴趣,之前在哪些机构上过课等,每个潜在客户的信息都可以逐一标记。这样,在推送活动、课程等信息时,就能更加精准,真正提供他们想要的内容,避免了无效的骚扰。

例如,下表是某机构对潜在客户的分类标签。

序号	载体	标签类别	标签内容	标签价值
1	微信公众号	自然属性标签	性别、地域、头像、微信昵称、OpenID、UnionID	精细化运营微信公众号粉丝,提高活动参与率,降低公众号取关率
2		产品标签	集训营、公开课、专题班、系统班	用于扩科、转介绍等活动的精准启动
3		互动过程标签	微信公众号场景:点击菜单、发送消息、扫描二维码、进入 H5 落地页、点击 H5 落地页按钮等	提高文章阅读率、降低取关率、提高粉丝活跃度、增强品牌信任感、提高转化率
4	内部系统（ERP）	自然属性标签	姓名、wxid、学段、年级、手机型号	wxid 主键用于黑名单拉黑,姓名等信息用于内部核查数据的真实性
5		产品标签	集训营、公开课、专题班、系统班	用于扩科、转介绍等活动的精准启动
6		活动标签	1 元解锁、转介绍裂变、群裂变、海报裂变锁粉	用于提高活动参与率、留存率、裂变率、转化率

(续)

序号	载体	标签类别	标签内容	标签价值
7	微信社群	黑名单/白名单标签	捣乱的竞品/内部工作人员	阻挡社群截流的公司挖走客户资源
8	微信社群	社群互动标签	社群场景：在社群中发送消息、邀请人进入社群、退出社群、修改群昵称	精细化运营社群，提高活动参与率，降低退群率
9	微信个人号	微信个人号标签	打通的全链路标签，从微信公众号到社群、到微信个人号	针对不同用户，精细化私聊话术，精细化朋友圈发送

从标签互动的场景来看，载体主要有微信公众号、内部系统、微信社群和微信个人号；

从标签类别来看，标签主要有自然属性标签、产品标签、活动标签、互动过程标签、黑名单/白名单标签、社群互动标签和个人号标签等。机构从学员基本信息、购买产品情况、参与活动情况、社群互动情况、私聊咨询情况等多个维度来标识用户，从而更有针对性地为潜在客户服务。

③通过价值输出，保持黏性。

在维护流量池的过程中，机构不应该只想着从潜在客户那里索取什么，而是要想能贡献什么价值。潜在客户感觉到价值的输出，对机构产生信任后，自然会去配合完成裂变等任务。

在价值输出这一环节，优质的内容（课程、资料）是关键。在此，价值输出的效果可以通过下面的公式来体现：

$$效果 = 意愿 - 摩擦$$

例如，某微信群准备设计一场"资料裂变"活动，即发放学习资料，引导家长转发朋友圈后来领取。那么学习资料应该怎么选呢？

如果是各年级通用的标准资料，潜在客户参与的意愿肯定较差；

如果是教研组精心打造的独家资料，潜在客户参与的意愿就会大大提升；

如果是教研组专门针对该群潜在客户的年级、所处地域以及学习痛点精心准备的资料，意愿将再次提升；

而如果仅仅是从网上下载一些低质量的学习资料，将不但不会增强潜在客户参与的意愿，反而增加了摩擦，带来的是信任流失、负面效果。

④要接受池子有一定的生命周期。

每一个流量池都有一定生命周期，一般来说 3~6 个月即生命终止。如果时间过长，潜在客户新鲜度下降后，仍然强行维护，就可能带来过高的运营成本。

怎么解决这个问题呢？比较建议的方法是，将旧的流量池潜在客户分门别类，通过新建主题，引到新的流量池中去，基于新的主题，可以重新通过运营活动提高活跃度。

⑤同一个潜在客户可以备份在多个池子里。

这里强调"备份"的概念。也就是说，同一个潜在客户，有可能在微信群里，同时也在微信个人号的好友名单里，也在微信公众号粉丝中或者 App 用户中。这样一旦某个池子出了问题，在另一个池子中仍然能够触达该用户。

案例4　某网校流量池的使用场景与流转

下图为某 K12 网校流量在流量池场景中的流转方式，以及部分工具的使用场景。

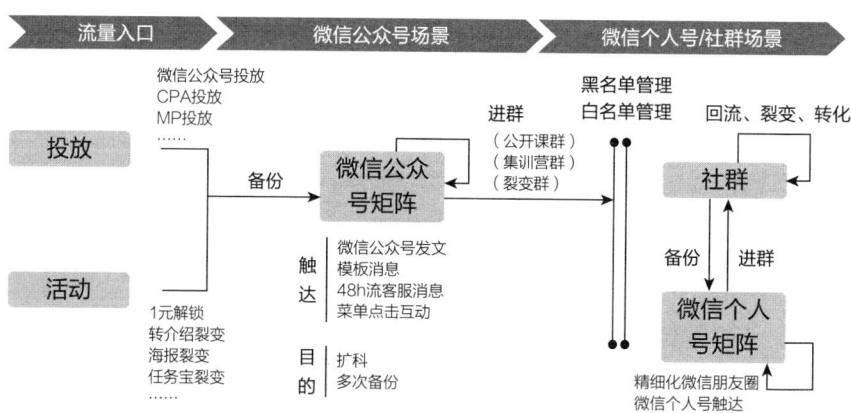

简要说明如下。

1. 流量运转的大体路径为流量入口、微信公众号场景和微信个人号/社群场景。

2. 流量入口分为两部分：一是通过投放进入的流量，包括微信公众号投放、CPA 投放、MP 投放等；二是通过活动进入的流量，例如 1 元解锁、转介绍裂变、海报裂变和任务宝裂变等活动。

3. 流量在进入流量入口之后，首先备份到公众号矩阵。在公众号矩阵，我们主要的目的是让潜在客户报名更多的低价课，并且多次备份，以防失联。在微信公众号场景中，触达的手段包括：微信公众号发文推送、模板消息、48h 流客服消息和菜单点击互动；在微信公众号矩阵环节，会推送潜在客户进入社群（包括公开课群、集训营群和裂变群等）。

4. 在潜在客户进入微信个人号和社群场景之前，该机构会加入一道防火墙，叫作黑名单管理和白名单管理，主要用来阻挡恶意捣乱的竞品进入社群和微信个人号。业内不少 K12 机构都将这方面做到了极致，一般人很难进入他们的社群捣乱。这一方面有效阻击了竞争对手的负面影响；另一方面也有利于提升社群氛围和社群质量。

5. 流量进入社群场景之后，会通过回流、裂变和转化等动作来进行社群的流量循环。

6. 社群的潜在客户同样会备份到微信个人号矩阵，以防止机构和潜在客户失去联系。

7. 潜在客户在微信个人号矩阵，会看到很多精细化的、针对不同用户编辑的微信朋友圈，来做微信个人号的触达，进一步促进流量循环。

8. 最后，家长/学生也会在微信个人号看到微信朋友圈，并进入社群。

案例 5　　　　　　　如何激活沉寂已久的社群

某网校高中有 200 多个微信群，经过较长时间的沉淀和积累，潜在客户已经相对沉寂，即使频繁推送低价导流课程的信息，客户直接购买的比率也很低。

于是，团队商讨决定，首先通过个人微信号对高中潜在客户进行一轮学情调研，目的是了解这些高中生到底对哪些内容感兴趣。调研结果是：英语和数学。

考虑到数学科目所针对的人群特点差异较大，挖掘需求就变得很宽泛，不容易。所以团队选定了英语这一科目。而在英语方面，学生普遍的痛点是：单词记不住或者记住了很快又忘记了。单词是英语考高分的一大拦路虎。

根据搜集到的信息，团队最终确定了"10天打卡高考单词"的活动。团队准备了3场名师直播活动，直播内容是"英语词汇的高效记忆法"，包括词根词缀法、合成法等；直播结束后，开启为期10天的词汇打卡活动，每日将高考的高频词汇，分类上传到打卡小程序，学生可以每天打开并记录。

最终，该活动吸引了10974人，并且通过裂变，带来了将近5000人；单从裂变系数来看，这个数字并不算高，但是考虑到参与者都是沉寂已久的老客户，裂变效果仍然超出预期。

转化方面，在活动的启动期间（即直播之前），团队将潜在客户沉淀至社群/微信个人号/微信公众号，并通过社群消息、微信个人号朋友圈、微信公众号推送的48h流客服消息，就自然转化了低价导流课709单，自然转化率达到了4.4%。

直播结束后，通过社群又转化了721单，转化率达4.5%。

团队进行了数学科目的扩科，转化了195单。

整场活动共计成单1625单，转化率达到10.17%，大大超出预期。

团队复盘活动时认为，此次活动的目的圆满达成，可以归因于三个方面：一是对客户群体的特点分析到位，精心设计活动主题，抓住目标群体的痛点；二是提前部署、周密计划。在活动开始前，团队就多次推演方案的每一个环节，并设置了一套清晰可复用的SOP流程，确保活动的顺利开展；三是课程内容的价值感强，质量较高。在直播课程设计方面，教学团队从高考词汇中精心挑选出1000个易错易考的高频词汇进行讲解，并反复斟酌，总结出一套实用的词汇记忆法，结合高频词汇，用生动幽默的语言讲解给目标学员，取得了很好的反响。高质量的课程内容和价值输出，始终是建立潜在客户信任的核心手段。

3. 裂变活动的设计

在此专门讲裂变活动的设计，是因为裂变是流量池低成本扩大规模的重要手段；而裂变活动的设计也确有很多门道。

裂变，作为互联网时代实现用户增长的利器，它的核心在于要使潜在客户主动自愿地分享。要实现这种"主动自愿"，可以从种子资源的选择、福利激励的设计、裂变玩法设计、分享渠道选择等方面通盘考虑。

通常，裂变活动可以分为以下四种。

① 产品裂变。

例如：

- 设计一个小型课程，获得听课资格的前提是发微信朋友圈。这个课程通常为录播课，成本较低，但要求课程内容非常精彩，足够吸引家长/学生；
- 设计一个讲座或者公开课，获得听课资格的前提仍然是发微信朋友圈。与课程相比，讲座或公开课的内容更简要、准备周期更短，直播或录播均可。

因此，产品裂变有以下几个特点。

一是产品（即课程）质量越高，裂变效果越好。

二是裂变活动讲究规模，因此不应该加入过多的服务，否则成本过高，不容易扩大规模。比如，"100天作文突破计划"，需要提供长达3个多月的服务，要投入巨大的精力，这样的裂变活动通常效果欠佳。

三是在诸多裂变活动中，通过产品裂变而产生的流量往往是最精准的。原因很简单，潜在客户是冲着课程来的，意愿最高。

②资料裂变。

例如设计一个学习资料包（教材或者书都可以），领取的前提是发微信朋友圈（见下图）。

资料裂变海报举例

对于资料裂变,和产品裂变类似,同样是学习资料质量越高,裂变效果越好。如果是网上下载的资料,效果最差(没有教学支持的流量团队常常这样做)。前面我们详细讲过资料裂变的例子,在此不再赘述。

③礼品裂变

礼品裂变即准备一些礼品,例如马克笔、小号篮球、文具等,领取礼品的前提是发微信朋友圈。

礼品裂变的规模可以瞬间非常大,但礼品裂变带来的流量也最不精准,可能会招来很多羊毛党。由于不精准,经济成本反而更高。

④混合裂变。

通常是产品裂变和资料裂变的组合。

在此举一个例子:

第一步:准备一门5次的课程。

第二步:引导家长/学生转发进行第一次裂变。如果把5次课程的海报发到微信朋友圈,即可以领取1G的学习资料。

第三步:邀请家长/学生进群听课。前两次课程不需要做任何动作就可以听,但这两次课程要非常精彩,家长/学生听完了,还想继续听。

第四步:引导家长/学生进行第二次裂变。继续听剩下课程的条件是把5次课程海报再发微信朋友圈,并截图到群。

第五步:发微信朋友圈之后,引入的新用户可以再次循环这个过程。

混合裂变集合了产品裂变和资料裂变的优势,多次转发有可能带来效果叠加;然而也需要格外注意活动程序的设计,如果衔接不甚合理或者太过复杂,也会降低家长/学生的转发意愿。

如果用一个字来归纳流量池运营的要点,就是养。养出家长/学生的信任和规模,是流量池运营成功的关键所在。

在此介绍一个真实运营案例,该案例能充分说明在教育培训行业信任非常重要,对于如何建立信任,也有行之有效的做法可供参考。希望本案例能够对大家理解流量池、高效率运营有所帮助。

| 案例6 | 6个种子的裂变 |

活动简介：

这次活动通过裂变的形式，邀请家长参与线上公开课，促使潜在客户报名正价课。

活动复盘：

活动负责人：W老师；

初始种子数量：6个；

裂变活动：一拉三；

裂变后的参与人数：800人；

公开课的参与人数：228人；

公开课上线率：25%；

公开课转正价课的转化效果：12分钟报名63人，17个小时报名119人；

公开课转正价课的转化率：52%；（正价课价格：960元/期）。

案例分析：

1. 裂变的本质 = 信任变现

本次活动最初只有6名种子家长，都是对W老师平时就建立起较高信任度的家长。在此次活动中，W老师选择使用个人微信号与家长们反复沟通，目的就是打破线上交流的虚拟感，用真实和具象化的人设，向潜在客户传递信任。

要点：用个人微信号，营造真实人设和场景；拉近距离，增强信任度。

2. 种子的质量比数量更重要

种子流量按信任度可以分为三种：

- 熟流量：熟悉度、信任度非常高的；
- 半熟流量：还没有那么信任的；
- 生流量：完全没有建立起信任的。

流量由生变熟的过程，是增强信任的过程，这期间需要耐心反复的沟通。活动启动时，是下午4点左右；W老师端着手机，一直聊到半夜12点。其间不断有新家长进来，他又会不断进行一轮又一轮新的沟通，直到新家长的顾虑被打消，生流量变成熟流量，他们再进一步拉动更多新家长进来。如此往复，一晚上的努力，换来近300个快速对他建立起信任的家长。

做裂变活动时，种子的质量比数量更重要。从流量的角度来看，裂变就好像是一个放大器，如果种子流量是价值很高的"黄金"，那么放大后的流量也都是"黄金"；但如果种子流量是"石头"，那么扩大若干倍后，获得的流量即使再多，也仍然都是价值不高的"石头"。很多机构一味追求数量，盲目追求启动量的数字，但如果质量不好，即使裂变若干倍，转化效果也仍然不会理想。

要点：种子质量比数量更重要。使生流量（新家长）产生信任后，再去发动进一步的裂变。

3. 抓住潜在客户的痛点

要想真正吸引更多人参与裂变活动，除了建立信任之外，更重要的还在于如何为家长创造价值，解决他们关心的问题。

家长的痛点到底是什么？要想找到答案，需要沉下心来，深刻理解家长的需求。

在本次活动中，W老师敏锐地发现了小学生数学学习的痛点。从知识点上看，小学数学的内容可以分为4个大模块：数与代数、图形与几何、实践与应用、统计与概率。这4个模块分散到每个年级，难度螺旋上升。具体某一单个模块，能串讲一遍的优质课程不多，而这样的串讲，又对孩子整体加深对知识的理解、提高解题技巧非常重要。

于是W老师抓住这个痛点，选择"应用题串讲"作为公开课的主题，家长自然愿意参加。

要点：抓住应用题学习痛点，设计课程，增强家长参与意愿。

4. 价值输出：直接上菜和家长点菜

前文提到，用户运营的关键在于真正为家长提供帮助。一次高质量的价值输出，能创造"Aha"式的惊喜，会增加参与意愿；而一个差的价值传递，不仅不会增加意愿，可能还会引起摩擦，起到负面效果。

在流量池内，赠送学习资料是最常见的价值输出方式。什么叫能增加意愿的好资料呢？举例来说，标准资料就是不关注潜在客户需求，直接上菜；而如果能了解家长需求，直接原创资料，专项打造，就是家长点菜。孰优孰劣，不言自明。

具体到本案例中，在公开课的直播间里，有人提出：孩子们在应用题具体哪些方面比较欠缺，能否给出专门的个性化辅导资料？W老师当即表示没问题。于是当晚回到家，他连夜搜集整理资料，在第二天早上7点将资料发到了群里，家长点菜需求得到满足，家长的信任感由此进一步增强。

要点：专门打造的个性化独家资料，远远好于人人可得的标准材料。

5. 拉人：越简单越好

教育培训行业作为服务行业，最重视的就是客户的主观体验。在这方面，有三个监测指标使用较多：客户满意度（CSAT）、净推荐值（NPS）、客户费力度（CES）。对于需要配合的运营活动而言，"客户费力度"可以作为我们设计裂变等运营活动的评判指标之一。

"客户费力度"指的是我们的产品或者运营效果，常常取决于家长/学生做某项动作的费力度，费力度越高，效果越差；越是轻巧省力的动作，家长/学生越容易按照你的指令去完成。

下图横轴为有无信任感（路人/新生无信任，粉丝/老生有信任），纵轴为操作难度高低（拉人进群难度低，付费报名难度高）。针对没有信任感的新生/路人报名，是极高难度的地狱模式；针对有信任感的粉丝/老生报名，是线下的老生转介绍；针对有信任的粉丝/老生邀请朋友入群，是难度较低的精准裂变。我们应该尽量选择"客户费力度"较低的动作去请家长/学生配合，才能更有效地达成我们的目标。

	操作难度高，报名	
地狱模式	线下转介绍	
路人/新生 无信任感		粉丝/老生 有信任感
	精准裂变	
	操作难度低，拉人	

综上所述，在针对种子、痛点、价值、拉人等进行全方位的考量之后，精心设计一整套符合客户心理和行为习惯的运营动作，然后再用公开课收单，效果就是自然而然的事了（见下图）。

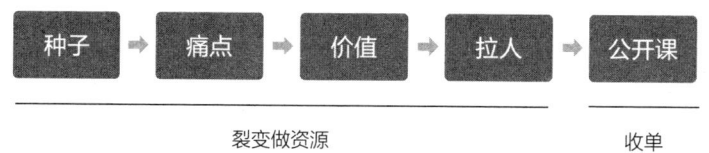

小结和预告

我们在第1章提到，作为K12教育培训行业运营的底层逻辑，"三池逻辑"将贯穿本书始终。

具体到招生环节，招生模式4.0——即"流量池—引流产品—正价课"的模式，恰好与"三池"一一对应。

本章，我们通过K12教育培训行业招生模式的历次迭代，廓清了教育培训行业招生的关键，并重点针对"流量池"的重要性和运营要点展开论述。而到引流产品的设计和转化环节，实际上就进入"销售池"运营的探讨范围。例如销售工具有哪些？分别有什么特点和适用哪些场合？引流产品如何设计更有效？营销课的内容设计有什么技巧？这些问题将在下一章重点讨论。

教育培训大运营
K12业务精细化操作指南

第 3 章
招生（二）：引流产品的设计与转化

天下难事，必做于易；天下大事，必做于细。

——老子

对于 K12 机构来说，在获客成本越来越高的当下，如何提升营销投资回报率（Return On Investment，ROI），提高招生和运营效率，是每个 K12 机构不得不考虑的问题。而要解决这个问题，离不开"流量池"和"销售池"运营的紧密配合。我们先从一个案例看起。

案例1　某少儿培训机构优化营销 ROI 的 4 个阶段

【阶段1】

（1）部署

北京某少儿培训机构每个月能获取 12000 个潜在客户，每位咨询顾问每周能跟进 100 个客户。以一个月有四周计算，则每个月可跟进 400 个客户，该机构需要 30 位咨询顾问完成客户资源跟进。

（2）成本计算

以每个客户获取的成本为 100 元（含人员工资等）计算，则每月的客户资源获取费用为：$12000 \times 100 = 120$（万元）。

每位咨询顾问平均每月工资 1 万元，则 30 位咨询顾问的月工资合计为 30 万元，如果加上社保、公积金、场地、管理费用等，按照系数 2 来计算，则预计需要 60 万元。

营销成本为：$120 + 60 = 180$（万元）。

（3）收入计算

该机构的销售平均转化率为 5%，则每月可转化 $12000 \times 5\% = 600$（人）。

以每人消费 2000 元计算，则收入为：$600 \times 2000 = 120$（万元）。

（4）营销 ROI

营销 $ROI = 收入 \div 营销成本 = 120 \div 180 \approx 0.67$。

【阶段2】

该机构负责人在依照上述方式运营了一段时间之后，发现营销 ROI 太低，没有利润，急切需要升级，因此想出了如下方案。

（1）部署

建立客户资源筛选团队，通过外呼等方式，每人每周可跟进500个客户，一个月可跟进2000个客户。因此，12000个客户总共需要6个客户资源筛选团队的成员。

客户资源筛选团队在总计12000个客户中，筛选出意向度较高的客户，给到咨询顾问团队跟进。据测算，筛选出来的较高意向客户比例约为20%，即每月2400个客户。

我们仍以每位咨询顾问一个月可跟进400个客户计算，因此需要6位咨询顾问。

（2）成本计算

每个客户获取成本100元不变，每月资源获取费用为120万元。

每位客户资源筛选团队的成员，月平均工资8000元，则费用为 $6 \times 8000 = 4.8$（万元）。

每位咨询顾问平均每月工资1万元，则6位咨询顾问的工资合计为6万元。

客户资源筛选成员工资+咨询顾问工资=4.8+6=10.8（万元）。

如果加上社保、公积金、场地、管理费用等，工资成本按照系数2来计算，则预计需要 $10.8 \times 2 = 21.6$（万元）。

营销成本为：120+21.6=141.6（万元）。

（3）收入计算

由于经过筛选之后的客户更加精准，咨询顾问的成就感增强，筛选后，资源转化率达到30%，即 $2400 \times 30\% = 720$ 人。

仍以每人消费2000元计算，则收入为：$720 \times 2000 = 144$（万元）。

（4）营销ROI

营销ROI=收入÷营销成本=144÷141.6≈1.02

相比于阶段1的0.67，阶段2的ROI提升了52%。

【阶段3】

对于上述成绩，该机构负责人还是不太满意，决定继续优化。

（1）部署

这一次，该机构要求客户资源筛选团队不是简单地把意向度较高的潜在客户挑出来，给到咨询顾问跟进，而是让潜在客户添加微信号，然后将其拉入微信群享受福利（如礼品、免费课、资料等）。12000个客户中，添加微信的成功率为50%，即6000人。

微信群建立之后，邀请家长推荐亲朋好友一起进群领取福利，平均每位家长可推荐1人，则微信群内潜在客户变成12000人。

客户资源筛选团队通过微信群的互动（如提交作业、积极发言等），识别出35%的较高意愿的潜在客户，即4200人。

每位咨询顾问仍以一个月可跟进400个客户来计算，共需要11位咨询顾问。

（2）成本计算

每个客户的获取成本保持100元不变，每月资源获取费用为120万元。

每位客户资源筛选团队的成员，月平均工资为8000元，则总计为：6×8000＝4.8（万元）。

每位咨询顾问平均每月工资1万元，则11位咨询顾问的工资合计为11万元。

客户资源筛选成员工资＋咨询顾问工资＝4.8＋11＝15.8（万元）。

如果加上社保、公积金、场地、管理费用等，工资成本按照系数2来计算，则预计需要15.8×2＝31.6（万元）。

营销成本为：120＋31.6＝151.6（万元）。

（3）收入计算

家长在微信群领取福利之后，对机构的信任度更高了。

因此，较高意愿客户的资源转化率可以提高到35%，即为4200×35%＝1470（人）。

仍以每人消费2000元计算，则收入为：1470×2000＝294（万元）。

（4）营销ROI

营销ROI＝收入÷营销成本＝294÷151.6≈1.94

相比于阶段1的0.67，阶段3的ROI提升了190%。

【阶段4】

然而，锐意进取的该机构负责人对上述结果仍然不满意，优化还在继续。

（1）部署

在阶段 3 的基础上，继续保持邀请潜在客户进群等动作不变，再招募 1 名社群运营专员，在微信群中增加维护动作，尽可能保持微信群的热度；同时设计多种讲座、公开课、体验产品等营销课程促成多次的转化。

因此，从微信群当中开发出来的具有较高意向客户的比率提高至 45%，即为：$12000 \times 45\% = 5400$（人）。

咨询顾问采用社群转化的销售方式，通过群内的 SOP 动作，发链接在群内，先转化意向强的潜在客户，再跟进剩余未报名家长。经过这样的操作优化，每位咨询顾问的效率大大提高，一个月可跟进的客户提高到 1200 人。

5400 位高意向客户，共需要 5 位咨询顾问。

（2）成本计算

假设每个客户获取成本为 100 元不变，每月客户资源获取费用为 120 万元。

每位客户资源筛选团队的成员月平均工资为 8000 元，则费用为 $6 \times 8000 = 4.8$（万元）。

新招募的社群运营专员月平均工资为 1 万元。

每位咨询顾问平均每月工资 1 万元，则 5 位咨询顾问的月工资合计为 5 万元。

客户资源筛选成员工资 + 社群运营专员工资 + 咨询顾问工资 $= 4.8 + 1 + 5 = 10.8$（万元）。

如果加上社保、公积金、场地、管理费用等，工资成本按照系数 2 来计算，则预计需要 $10.8 \times 2 = 21.6$（万元）。

营销成本为：$120 + 21.6 = 141.6$（万元）。

（3）收入

得益于"维护 + 多次转化"的动作，较高意愿的资源转化率可以提高到 40%，即为 $5400 \times 40\% = 2160$（人），仍以每人消费 2000 元来计，则收入为：$2160 \times 2000 = 432$（万元）。

（4）营销 ROI

营销 ROI = 收入 ÷ 营销成本 $= 432 \div 141.6 \approx 3.05$

相比于阶段 1 的 0.67，阶段 4 的 ROI 提高了 355%。

上述案例基于一个真实的机构运营案例改编。

细看四个阶段的运营策略，初始客户数量和客单价均未改变：

- 初始客户数量：每月12000个；
- 客单价：2000元。

那究竟是什么原因使得营销ROI一再增长呢？我们不妨从收入和成本两个方面来分析一下。

先看收入。客单价2000元不变，因此，收入的变化直接由购买课程的人数变化决定。四个阶段对比如下图：

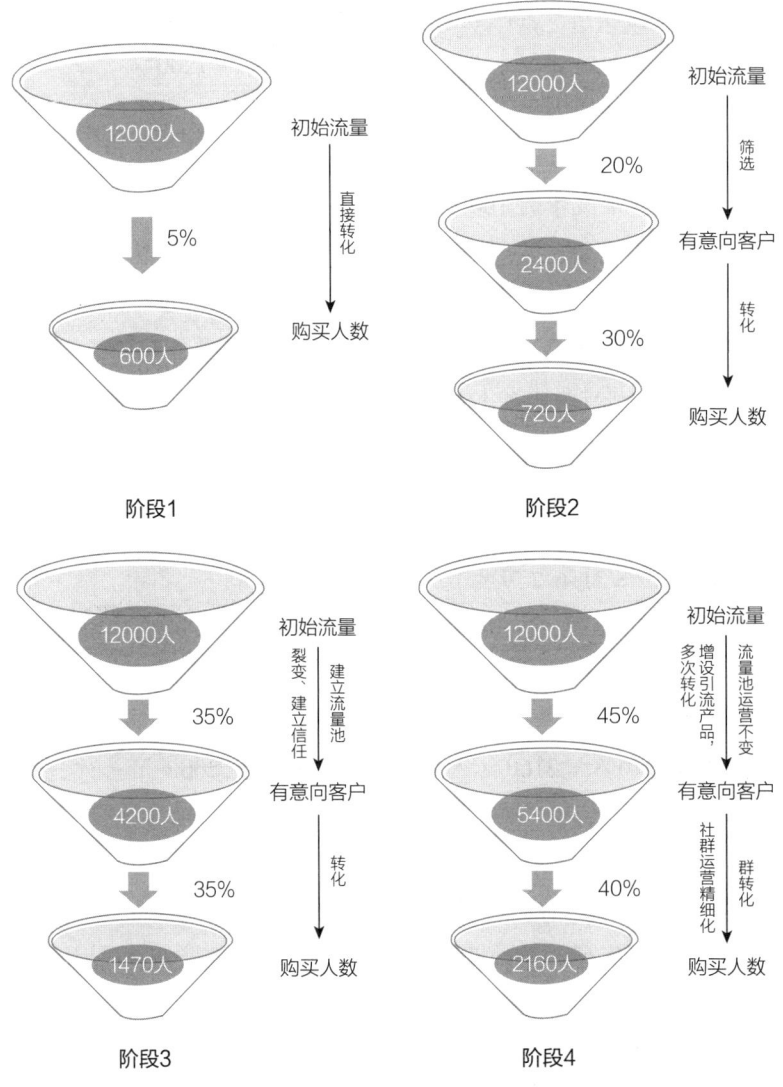

营销ROI四个阶段的转化率对比

由上图不难看出，四个阶段中，通过运营策略和动作的优化，从初始流量到最终转化购买，无论是增加了漏斗筛选，还是提升了筛选效率，都从数据上直接表现为购买人数的增加，从而大大提高了总收入。收入总额从最初的120万元，提高至432万元，提高260%。

再来看成本部分。初始流量获取成本和人均工资不变，即：

- 每个客户的获取成本为100元；
- 咨询顾问人均工资为10000元。

在不断的运营策略优化中，成本变化如下图所示。

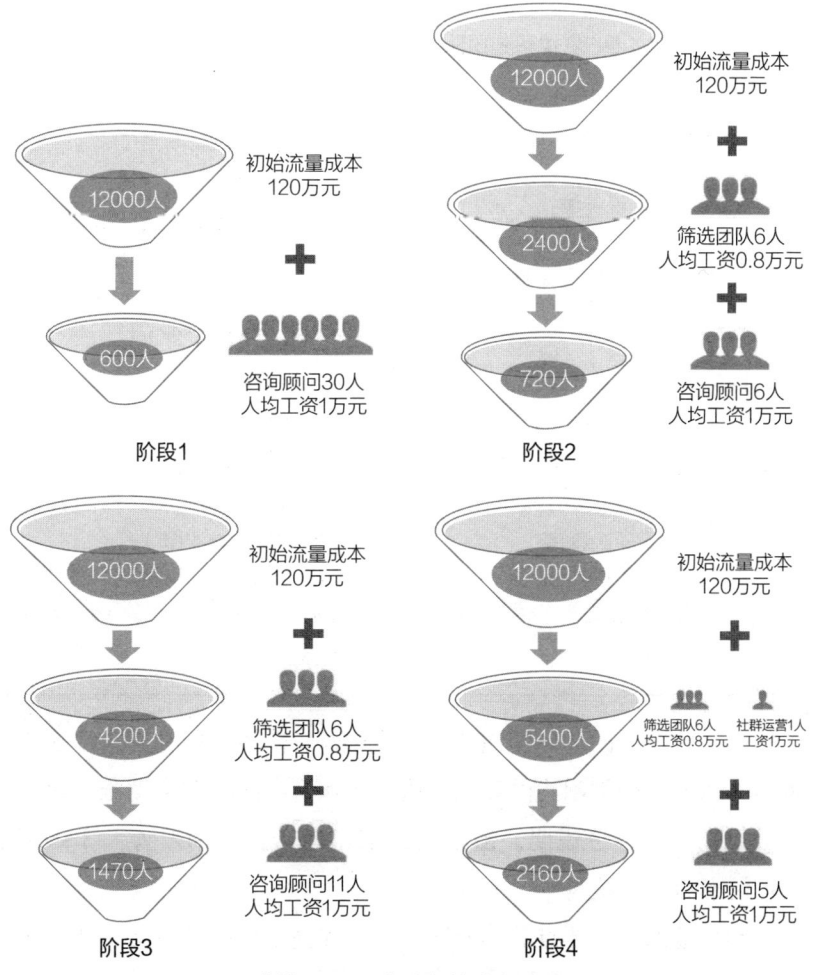

营销ROI四个阶段的成本对比

通过上图不难看出，在阶段 2 和阶段 4，人力成本都有了明显降低；前者是通过客户资源筛选团队的建立而实现；后者则由于采用了"群转化 + 私聊跟进"的销售方式，大大提高了咨询顾问的转化效率，从而降低了人力成本。

总结一下，上述案例中，四个阶段的关键动作和优化效果如下表。

路径	ROI	关键动作	效果
阶段 1	0.67	直接由咨询顾问跟进和转化资源	转化率低 人员成本高
阶段 2	1.02	建立客户资源筛选团队	大大降低咨询顾问的人力成本（由 30 人降为 6 人）； 提高转化效率（从 5% 提高到 6%，即 20%×30%＝6%）
阶段 3	1.94	建立流量池： 策划裂变活动； 价值输出，提升信任感； 通过群互动，筛选潜在客户	裂变活动增加了潜在客户的基数； 群福利增强信任，提高了有意向客户的比例（从 20% 提升到 35%）； 客户更加精准，转化率进一步提高（从 30% 到 35%）
阶段 4	3.05	增设社群运营专员，保持群内热度； 设计多款引流产品（销售池工具），多次转化； 采用"群转化 + 私聊"的方式销售课程，提升了转化率和咨询顾问的人效	增加了有意向客户的比例（从 35% 提升到 45%）； 提升成交人数，提高转化率（从 35% 提高到 40%）； "群转化 + 私聊"的方式，提升人效，降低人员成本（11 人降低到 5 人）

在上表中，阶段 3 的动作即侧重流量池运营，阶段 4 即为销售池运营的主要动作，也是本章内容详细阐述的重点。这个案例升级路径非常清晰，每一步动作都能见到效果；它也充分说明，流量池和销售池运营共同发力，才能实现营销 ROI 和招生效率的大大提高。

那么，销售池的运营要点具体有哪些？它和流量池的关系又是什么呢？

3.1 什么是"销售池"

我们在前两章中已经提到"销售池"的概念。一般来说,将潜在客户引入"流量池"后,通过持续的价值输出,维持流量池的黏性和活跃度。当需要从中选取有意向的客户,进行引流产品的体验时,就进入"销售池"的运营环节。

具体来说,销售池的运营要点有两个。

- 设计合适的引流产品:好的引流产品通过优质内容能切中客户痛点和需求,源源不断地吸引潜在客户积极体验课程。
- 通过精细化运营,将潜在客户向正价课客户转化:好的运营动作设计和策略,能有效提升招生效率。

因此,在运营目标上,不同于流量池规模越大越好,销售池的目标是:尽可能地提高正价课的转化率。

我们将流量池和销售池的概念要点对比如下。

	流量池	销售池
关键词	裂变、黏性	转化
目标	规模越大越好; 黏性越高越好	转化率越高越好
重点动作	通过广告投放、地推/外呼、公立校合作等手段,尽可能多地引入种子流量; 通过裂变等方式,尽可能多地积累潜在客户,以提供足够多的客户去筛选; 通过活动、福利等价值输出,维持流量池的活跃度,提升家长的黏性和信任度	设计引流产品(即销售池工具); 把意向客户吸引到销售池中,通过转化流程,将其变成正价课客户。 注意:销售池课程结束之后,未转化客户会回流到流量池中,应继续维护,并等待下一次进入销售池
执行团队	流量池运营团队	引流产品设计团队; 咨询顾问团队

由于目标不同、重点动作不同,所以在执行时,"流量池"和"销售池"需要由独立的团队来运营。这一点非常关键。例如,一个常见的问题是:咨询顾问能否直接到流量池中转化客户?

答案是不能。通过前面的阐述不难发现，流量池中的潜在客户并不精准，信任度和黏性都不高，此时接入销售流程，成本过高。除此之外，另一个重要原因是：以扩大规模为目标的流量池，更多地适用"增长策略"，而以提高转化率为目标的销售池，更多地适用"转化策略"，这两种动作如果不加以区分，不仅机构内部运营难度加大，也会给家长/学生带来困扰。

销售池的两个运营要点——引流产品设计和正价课转化，看起来是自然连贯的动作，实际上，每个要点在细节的把握上都颇有门道，而且，这些细节的成败，将极大地影响最终的转化效率。下面我们一一阐释。

3.2 引流产品设计

在上一章我们提到，K12教育培训行业营销的本质是体验式营销，在成本可控的情况下，体验越深度，营销效果越好。无论是21世纪初K12机构刚刚兴起时，营销人员大量拉人去听讲座，还是后来广泛推行的试听课，或是如今市面上的"特价班"，无非都是吸引潜在客户深度体验课程的不同形式。

按照体验程度由浅入深的顺序，K12教育培训行业的营销动作可以分为如下几个层次。

K12教育培训行业的营销形式

（1）咨询顾问/规划师描述。家长体验最浅。咨询顾问只是用语言描述课程形式、学习效果等，缺乏实际体验，对咨询顾问的个人能力要求较高。

（2）讲座/公开课。即通过以营销为导向的讲座或公开课活动，展示课程精华，吸引家长购买课程。在此过程中，家长对讲课形式、讲师特点、内容体系都有了进一步了解。

（3）试听。讲座虽然实现了课程体验，但它并不是实景课堂的还原。如果说拿房产做类比，讲座就像是"样板房"，试听则相当于要到实际购买的房子里试住一个晚上，体验进一步加深。

（4）短期班/训练营。仍然以买房为例：在周末试住新房一个晚上还不够，工作日交通情况如何？邻里环境和周边设施体验情况怎样？这些问题恐怕需要试住一周才能了解。房产公司当然不可能满足这样的体验需求，但是教育培训行业可以。短期班/训练营就是在此类需求下精心设计出来的承接产品。

一般来说，短期班/训练营课程周期为3~7天不等，内容上也有了相对独立完整的知识交付感，并且价格较低。因此，家长/学生可以通过1~2周的时间，以较低的时间和金钱成本，较高的还原度，体验到机构的正价课产品。

（5）特价班。这是K12教育培训行业体验度最深的产品形式。相对于3~7天的课程，特价班会拿出一期暑假课程做特价，甚至免费。如此大的投入当然以较高的收入期望为前提。所以一般来说，特价班常常聚焦在入口年级做招生。后文我们将对这一类型的产品做专题分析。

在上述动作中，讲座、短期班、训练营、特价班就是我们所称的"引流产品"，其特点包括以下几个方面。

- 营销导向：即特别设计出来的、以转化正价课客户为目的的课程；
- 客单价较低，通常不超过百元；
- 上课时间通常不超过7天（特价班除外）；
- 在内容上注重与正价课的衔接，以展示课程亮点为重点，以体验和转化为导向。

一款好的引流产品，从产品形态到具体内容，都必须经过精心设计，才能以合理的成本，撬动尽可能大的客户群体，促成付费，最终获得理想的收益。

3.2.1 如何设计引流产品的形态

我们还是先从一个案例说起。

案例2　　朴新网校"7天小学作文提分训练营"设计案例

朴新网校设有针对小学的作文专题班，为正价课程，价格为2400元。现需要对该作文专题班设计一个引流产品。经深入了解客户需求、综合各方因素考量后，朴新网校推出针对该课程的引流产品——"7天小学作文提分训练营"，为期7天，直播与录播课形式相结合，价格仅需9元。

- **为什么是 7 天？**

其一，训练营对应的正价专题作文课总计 30 余次课程，从中选取 4~7 次课程做精彩内容的曝光和露出，比例相对合理。

其二，该训练营推出时，面对的大部分流量尚不成熟，家长、学员的信任度不高，如果训练营时间太短，不能建立起足够的信任，效果将会打折。

其三，训练营为特价产品，课时越长，给家长的"超值感"也会更强，更有利于吸引潜在客户报名。

- **为什么是 9 元？**

引流产品的目的是吸引尽可能多的精准客户来体验，以提高正价课的转化效率。这里，"尽可能多"和"精准客户"是两个重要指标。如果价格太高，对家长的吸引力会大大降低；而如果价格过低，或者干脆 0 元，客户的精准性会大大降低，从而导致营销成本过高。

团队商讨后，将价格定为 9 元，这是一个真正有需求的客户付得起并且不心疼的价格；但对无需求的客户来说，则意味着一定的门槛。

该训练营推出后，效果超出预期，转化率达到 20%，即 100 个潜在客户中，有 20 个报名正价课，在业内属较高水平。

在设计引流产品时，下面三个问题是设计前需要考虑的。

（1）该引流产品是针对哪个正价课而设的？

（2）该引流产品计划设置多少节课？

（3）该引流产品计划卖多少钱？

对应上述问题，引流产品的三个要素也呼之欲出，即内容、课次和价格。其中，内容的设计我们将在下一小节专门讲述。

影响课次多少的核心因素，在于流量的生熟程度和成本收益。

对于刚刚与机构接触的"生流量"来说，他们对该机构的课程和服务了解不多、信任感不强，设计较多的课次/天数（如 7 天课程），无疑能更充分地通过精华干货内容的输出，以及优良周到的服务增强信任，提高转化率。

然而课次过多、时间过长，也会带来如下几个问题：

（1）成本升高。据测算，引流产品的上课天数超过 7 天之后，投入资源的边际效益就开始递减了。

（2）转化周期长，可以开设的期次减少，因此转化次数也相应减少，会间接影响收入。例如，7 天训练营一个月可以滚动开班 4～5 次，而如果设置 10 天的引流产品，10 天才能转化一波客户，那么一个月只能转化 3 次。

（3）时间过长，也会使部分客户产生疲惫感，影响客户体验，起到负面作用。

此外，课次的设计也与学员年级相关。一般来说，高中学生时间相对紧张，引流产品不宜设计时间过长，3～5 天即可，最短不应少于 3 天，否则内容就无法充分安排展开；小学生时间相对充裕，可以安排 5～7 天，过长也不宜。如果超过 7 天仍然有家长未选择正价课程，可以回流到流量池；此时基于上一期引流产品建立的信任，后续再安排新的公开课、短期班等产品反复招生，向家长推荐正价课程的难度会大大降低。

再来看看价格设计。面对不同价格的产品，客户的消费心理和决策过程迥然不同，相应的，需要整合的运营资源及转化动作也不尽相同。

质量	课程定价	转化难度
1	0 元	不假思索报名
2	1 元	看海报就能下单
3	9.9 元	看海报和页面就下单
4	19.9 元/39.9 元	需找渠道推广
5	49 元	不做分销无法裂变
6	69 元	决策开始犹豫
7	109 元	很犹豫
8	399 元	需社群强转化
9	1000 元	需社群和私聊强转化
10	5000 元	电话销售

一般来说，价格越高，潜在客户进入销售池的门槛就越高，数量也就越少，有些可能转化为正价课的潜在客户会被挡在门外。然而另一方面，随着价格提高，客户质量和精准度也相应提高，正价课的转化率也会提高。

而价格过低，则会进入过多的"无效"客户，反而会提高转化成本。

因此，针对不同群体的实际情况以及自身运营资源的部署情况，机构可以选择适宜的价格进行测算和推演，科学做出决策。

另外值得注意的是，我们从第 2 章就不断强调，引流产品的设计和运营从本质上说是一种营销行为，其最终目的是转化正价课学员。因此，讨论一款引流产品是否成功，也应该将其纳入"引流产品 + 正价课"整体的投入产出比范畴内去探讨。从这个角度来看，引流产品所承接的正价课产品形态、客户生命周期也会对最终收入产生重要影响。

我们来看一个例子，如下。

	流量数	转化率	转化人数（人）	可续班次	可续倍数	最终人次	每人次收入（元）	最终收入（元）	收入倍数
机构 A	10000	3%	300	12	4	3600	1000	3 600 000	1.2
机构 B	10000	10%	1000	3	1	3000	1000	3 000 000	1

在上表中，机构 A 和机构 B 的最初流量都是 10000 人，虽然机构 A 的转化率很低，只有 3%，但其承接的正价课产品因有较强的体系性和连续性，可以使客户的可续班次达到 12 次；而机构 B 的正价产品可续班次仅为 3 次，从最终人次上看，机构 A 就对机构 B 形成了反超，从而带来更多的收益。

在经营管理中，"客户生命周期"是一个很重要的概念，它是指一个客户从开始对企业进行了解或企业欲对某一客户进行开发开始，直到客户与企业的业务关系完全终止的这段时间。尽可能延长单个客户的生命周期，是挖掘客户价值、提高运营收益的重要手段。在 K12 教育培训行业，客户的生命周期通常表现为学员在某个机构的续班情况，续班次数越多，客户生命周期和客户价值就越高。

显然，在上述案例中，机构 A 的正价课客户生命周期更长，单个客户贡献价值更高，从营销角度来看，其营销 ROI 也更优。因此，当客户进入销售池后，后面用客户生命周期较长的正价课产品来承接，或者不断打通正价课之间的衔接工作，促成客户的扩科、续班，延长客户生命周期，会带来最终收益的成倍提升。

在实际执行中，引流产品的设计还应考虑其使用的场合，以及期望达成的战略目标等。而好的产品也往往不是单纯设计出来的,需要团队协作,多次演练、不断优化迭代,才能实际跑通。

下面介绍几种常用的引流产品。作为销售池工具,它们有着不同的产品形态和适用场景,供大家参考。

	价格	课次	内容特点	适用场合
讲座	0元	1	内容设置灵活,不限于知识层面,还包括学习规划、家庭教育、习惯养成等	多面向老生,为其提供增值服务,促进"老带新"
公开课	0~5元	1~5	通常为正式课程的片段,集中于知识讲解	多面向新生,将其引流到正价课中
公益课	0元	3~7	通常为正式课程的片段,经重新编排后制作而成	常向公立学校推广,以拓展校内流量
训练营	9元	3~7	以讲知识为主,着重解决知识层面的某一个或者某一类问题	多面向新生,将其引流到正价课中
短期班	50~300元	3~5	通常开在特殊时间点,如"五一"、"十一"、考前等开设收心班、考前串讲班,满足某一时点的学习需求	多面向老生,用于"老带新"。例如:带1名新生,价格减半;带2名新生,价格全免,等等
特价班	50~300元	10~12	通常拿出某一期正价课程,以极低的价格进行招生	通常聚焦在入口年级,多面向新生,用来引流到下一期的正价课程

3.2.2 专题分析:特价班的运营逻辑

这里之所以将特价班这种产品形态拿出来专门分析,是因为特价班是很多线上线下 K12 教育培训机构都在使用的引流产品。不夸张地说,特价班设计和运营得好,可以使机构业绩倍增,甚至影响未来若干年的业绩增长。

案例3　郑州杨树林培训学校引入"暑期特价班"使秋季班人次连年翻倍

位于郑州的杨树林培训学校（化名）是一家拥有15年历史的本土K12教育培训机构。随着教育培训市场的竞争日趋激烈，招生难度增加，该机构开始在2016年暑假期间尝试通过开设0元班招徕学员，学习时长为一周左右，然后再将0元班的学员向暑期正价课转化。然而，运营一段时间之后，0元班的招生和转化情况不够理想，转化率不足10%，远未达到预期。

2016年年底，管理团队开始按照"特价班"的思路，重新设计暑期课程、部署招生工作。

该团队复盘了既有的0元班课程及运营方式，发现存在两个主要问题：一是0元班和正价班教学内容重复，衔接性不强，且没有带给潜在客户明确的价值感，也没有引发足够的购课冲动，更像一堂普通的公开课教学展示；二是几乎没有高效服务动作，除了开班电话和少量作业反馈之外，没有通过更高频次的互动、详细的学情反馈等解决家长的信任问题。

复盘之后，管理团队系统性地设计和部署了后续动作：

首先，调整"0元班—暑期正价班—秋季正价班"的路径，改为"暑期特价班—秋季正价班"的转化路径，拿出一整期新初一的暑期课程做特价，以极大的优惠力度广泛吸引潜在学员。

然后，从市场、校区、教务、教学、助教五个方面，进行系统性、细致化和标准化的统一动作设计与部署，尽可能将每一个环节做到位、不同环节之间的协调配合做到位。梳理了特价班的工作清单共185项，部分如下。

全新的暑期特价班推出后，在郑州家长圈反响强烈。原价为3280元的暑期课程，以99元的价格推出！家长们一开始甚至有些不敢相信。然而，最先参与的家长和学员感受到价值感强的课程和细致到位的服务之后，口碑效应就开始滚雪球一样增加，良好的口碑也最终都转化为实实在在的数据。

2017年，杨树林培训学校秋季班在读人次相比2016年实现翻番，其中有42.4%的学员由当年的特价班学员转化而来；2018年，秋季班在读人次相较2017年再次翻倍，较2016年翻了4倍，其中多达40%的学员由当年的特价班学

2017年暑期特价班项目运营动作表

项目	序号	事项
市场	1	确定学校整体特价班市场招生人次
	2	市场分解各个渠道招特价班的目标
	3	分析竞争对手的暑假招生策略
	4	测算单资源成本以及单个学生成本以确定市场费用投入
	5	市场地推、外呼、网络及渠道等不同方式的特价班绩效考核方案
	6	暑假特价招生动员会的组织召开；目标任务的分解和绩效的宣贯
	7	市场人员招生话术的专门考核（专职、兼职）
	8	巡访各分校区，逐个制订市场推广策略
	9	制订推广时间表（至少窗口期前一个月开始推广）
	10	宣传品设计：海报、单页、易拉宝（突出稀缺性以及课程价值，三个卖点：王牌师资、超长课时、极致服务）
	11	特价班文章网络推送（学校所有公众号）
	12	对于特价班项目每天及时统计数据及分析调整
	...	
校区	1	设置暑期特价班校区专项激励或明确与现有绩效的换算关系
	2	特价班招生动员会（目标、模式、流程、话术宣讲）
	3	分校预算任务和奖励机制的确定并签署
	4	组织校区和教务部门对接暑期课表
	5	分校制订特价班招生计划和方案
	6	特价班招生话术设计、培训、考核
	7	特价班转介绍方案的制定
	8	明确系统报名操作相关流程
	9	提前给家长铺垫特价班转化秋季班的理念（学习重要性、课程衔接性等）
	10	每日生数据回顾，总结经验，复制到其他分校区
	11	每周销售例会，讨论特价班招生和转化工作
	12	每日关注班级招生数据，动态增班
	...	
教务	1	设班准备，确定暑假和秋季行课日期
	2	完成课程标准化及四季切齐的工作
	3	特价班成本测算
	4	召开各分校系统录入人员的会议，总结录入的错误，讲解规范
	5	设计班级课次（建议12次，两周一个循环，共总四期）
	6	特价班设置、项目，销售人员参与设班，明确需求
	7	召开设班说明会，和校区沟设班情况并确认
	8	最终测算教室利用率并给出教室新增需求表
	9	特价班教师排课-平移原则、预测产能
	10	给出续班、扩科对照表
	11	每日更新整体特价班招生进度（校区和项目双维度）
	12	公布动态增班机制
	...	
教学	1	暑期特价班转化任务的制定
	2	召开暑期特价班招生动员会：任务的分解和绩效的宣贯
	3	全体教师的特价班工作宣讲（目的、激励、流程、首课转化部署、课量增减等）
	4	对重点教师进行薪酬一对一的确认（测算收入、树立薪酬标杆、规则答疑）
	5	对教师续班转化话术的设计和培训
	6	根据特价班需要计算教师缺口
	7	缺口教师的招聘计划（社招、转介绍、校园招聘）
	8	新教师快速培养计划（封闭式集训-喊课、批课、反思等）
	9	现有教师的技能提升工作（录题、反思、过课、技能比赛）
	10	特价班教师分析公立学校试卷的重点要求：刷题
	11	每位教师前三讲课程，至少录课三次（看自己以及一位同事的视频，并填写量化表格，互评，写反思）
	12	现场语数外搭班老师一起过课一次（填写现场过课表）
	13	特价班教材的编写：确保衔接性
	14	确定特价教学大纲的提前制定
	15	配合市场部输出市场营销内容
	16	确定特价班SOP教学流程
	17	设计分班考试相关实施环节（时间、内容、班级层次等）
	...	
助教	1	特价班助教配备工作安排（尤其针对兼职教师所所带的特价班）
	2	缺口助教的招聘及培训工作
	3	特价助教的薪酬绩效宣贯和明确
	4	特价班助教每日动作表的制定：出门测、入门测、回访、课堂照片拍摄等
	5	特价班助教和校区、教师的分工和协作的规定
	6	助教服务动作规范（话术、流程、监控）
	7	提前为特价班学生建立微信群（兼职教师班级也可建班级微信群）
	8	助教对特价班班级群的维护和管理（发送内容、形式、时间等）
	9	监控特价班教师以及助教的服务情况，及时调整
	10	搜集总结效果外化的素材，作为前端销售工具
	11	特价助教工作的比赛设计和评选活动
	...	

员转化而来；同时，特价班的招生人数也持续上升，转化率稳定在 30% 以上，源源不断地为机构贡献客户和价值。

1. 特价班运营的核心逻辑

如下图所示。

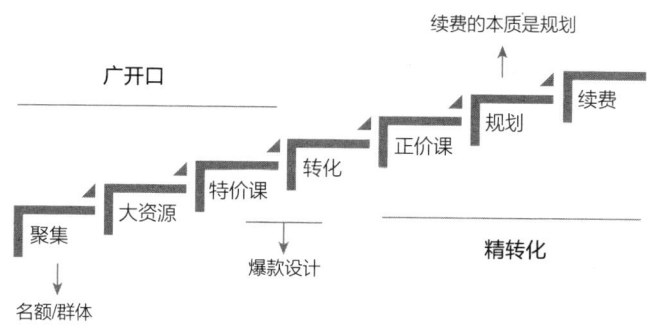

特价班运营的核心逻辑示意图

由以上案例不难看出，特价班的核心逻辑是"广开口、精转化"，在所有引流产品中，特价班可以说将这 6 个字发挥到极致。不同于公开课、训练营等只是将正价课的精华切片拿出来做引流，特价课是拿出一整期正价课程，用极低的价格（如原价 1200 元，现价 49 元）、全方位投入各种资源，将其推向市场，尽可能最大范围地触达潜在客户，做大招生量，然后再将其转化成正价课学员。大规模的投入，带来的效果通常也很直接：经过一次暑假特价班，很多机构的学员规模可以实现体量翻倍，将同业机构的学员直接招至麾下的案例并不罕见。

在特价班的"广开口"招生中，有一个关键的要点，就是"聚焦"。通常，特价班只聚焦在入口年级招生。所谓"入口年级"，就是每个学段中刚刚开始有较大应试需求的学生年级，中学阶段通常是初一和高一；小学阶段的应试入口年级通常是三年级，也可能会随各城市具体情况不同而略有变化，如北京、上海的应试入口年级为一年级，一些低线城市要到四年级甚至五年级才进入入口年级。在入口年级做特价班，尽可能多地抓住学生，抢占入口，可以有效地降低后续的招生难度和成本。

我们以下表为例，来详细解释抢占入口年级和各年级平均用力两种招生策略的不同。

年　级	A：抢占入口	B：均匀分布
六年级	0	250
五年级	0	250
四年级	0	250
三年级	1000	250
合计	1000	1000

假设 A、B 两个机构均计划招收 1000 名学员，A 机构将全部 1000 个名额都投入入口年级——三年级学生中；B 机构则平均用力，三到六年级各招生 250 人。招生第一年可能两个机构的投入产生比相差不大，但随着学员年级的增长，两种方案的收入曲线将明显不同。

第一，A 方案的客户生命周期更长，对学校的收入和贡献更大。

在 A 方案中，按照春夏秋冬四季课程均满员续报的理想情况来计算，小学三年级 1000 名新生一年可以续 4 次课程，4 年即可以续 16 次，理想的最大可续人次为 16000 人次。

而在 B 方案中，三年级新生可续 16 次，四年级可续 12 次，五年级可续 8 次，六年级可续 4 次。因此，最大可续人次为：$250 \times 16 + 250 \times 12 + 250 \times 8 + 250 \times 4 = 10000$（人次）。

A 方案的最大可续人次是 B 方案的 1.6 倍。

第二，由于 A 方案学生的生命周期更长，扩科和转介绍的机会也会更多，从而会为机构带来更进一步的收益。

第三，聚焦入口年级还有一个好处，就是大大降低内部工作的复杂度和协作难度，降低运营成本。各年级学员的认知特点和学习需求都不相同，集中力量、有针对性地研究入口年级学员家长的特点，并设计相应的规划方案，自然比各年级平均用力容易得多。

因此，一方面大力投入，广泛触达客户，另一方面聚焦入口年级，降低成本、提高转化率，这就是特价班"广开口"的核心所在。

特价班的另一个运营要点是"精转化"。由特价班向正价班的转化，本质上是"续班"的逻辑。而续班的本质，实际上是为学员做好规划。帮助家长把学习路径梳理清楚，理顺报课逻辑，是实现转化的根本之道。

综上所述，特价班在招生中的优势非常明显，一是能够开到足够大的入口做招生，二是销售团队与教学团队可以各自实现动作的标准化，各司其职，在"广开口、精转化"的逻辑下，将学员规模的雪球越滚越大。

2. 警惕："特价班"运营的常见误区

（1）误区之一：特价班就是打"特价"、打"低价"。

正因为"特价班"的成功运作往往能极大地提升K12机构的招生效果，因此，很多机构都会一味大打"低价""免费""0元"等诱人招牌，认为特价班的特点就是用低价吸引更多生源。实际上，这样的想法是大错特错的。特价班的关键并不在于"特价"，而在于过硬的教学质量和细致周到的教学服务，以此达到令学员和家长满意的学习效果。

从本质上来说，特价班不是单纯推出低价课，而是用极低的价格，把客户的选择门槛降低，然后用较高的产品质量给予客户超出期待的体验。这两者之间形成"势能差"，帮助客户达成购买决策。"势能差"越大，特价班的效果越好。因此，保证教学质量、重视客户体验，才是特价班运营的重中之重，而绝非"3880元的课程仅卖99元"。如果客户报名特价班后，发现效果不佳，甚至还不值付出的99元报名费，他是断不会报名正价课的。

另外，特价班的筹备难度和成本远大于很多人的想象。一般来说，特价班需要花一年的时间去筹备。假如某年暑假要做特价班，筹备工作几乎是从上一年的9月份就开始了；到当年的3月份，教师要全部招聘到位，并且开始师训工作；3~6月份，师训工作持续进行，新教师还要参与到部分春季课程的招生和教学工作，以更好地熟悉业务；同时，市场、销售、教务等工作也要紧锣密鼓地同步进行。因此，到7月份特价班开班行课的时候，特价班的工作已经进行了大半。

这一整套流程动作对应的是极大的成本压力。如果一味打"低价"牌，不关注教学质量，转化率就很难上去，而转化率低于20%的特价班几乎等同于"燃烧生命"，机构会面临资金链断裂的严重风险。

（2）误区之二：既然特价班效果好，就多多益善。

前文提到，特价班必须非常重视教学质量和客户体验，要保证这一点，就必须投入充分的人力、物力和财力，以实现好的效果。因此，特价班不在多，而贵在精，无论从特价班的期次设置还是招生人数来看，都要考虑机构的承载能力。

有些机构认为特价班是救命良药，就在所有年级都搞特价班，这种"不聚焦"的做法是非常要命的，它不仅给不了客户良好的体验，还会因为投入精力太多、太分散而将机构搞垮。

从时间上来看，目前在业内，转化效果最理想的当属暑假特价班；寒假时间短、课次少，转化效果次之；春秋季特价班效果更差一些。因此，在运营特价班时，应该结合本机构的实际情况，集中优势资源到优势时段去做，如果分散兵力，秋季特价班还未结束又开始暑假特价班，也必将影响效果，很难做到精细运营。

（3）误区之三：要么把特价班仅当成普通课程对待，要么仅当成营销行为对待。

在"三池逻辑"中，特价班作为引流产品，是"销售池"工具，而非"客户池"产品。因此，我们不能把特价班的学员当成自己的既有学员，而应该将其作为市场上的潜在客户资源来对待。这是有区别的。对于既有学员，运营出发点和侧重点是做好教学服务、提升学习效果；而对于潜在客户来说，运营出发点则在于争取正价课报名，运营侧重点除了做好教学服务，还应该关注和分析潜在客户的意向度，并及时做出相应动作。

另外，仅把特价班当成营销行为也是错误的。如果为了吸引潜在客户报名正价课，就拼命营销、召开家长会、说服购买，而忽略了教学效果的保障，那么，即使暑假特价班向秋季班的续班率达到了理想状态，秋季学期如果孩子学习成绩没有提升、学习状态没有实质性改变，"秋续寒"的续班率也会立刻下滑。这是很多线下机构都有过的教训。

（4）误区之四：特价班和正价课产品不一致。

前文提到，引流产品的本质是让家长/学生对课程产品形成体验，进而购买，因此体验产品必须与正价产品保持一致。特价班原本就是一整期正价课程，只是用极低的价格来做推广，在产品形态上，更应该与正价课产品保持一致。

这个道理说起来简单，但在具体执行过程中难免"走样"。例如，正价课是20人满班，但在特价班中，由于学员多老师少，有的机构就选择40人满班；正价课每班会配备一名主讲老师和一名助教，到特价班就不配助教。这都是极其短视的行为，会影响客户体验和学习效果，最终也会影响特价班的转化效果。

（5）误区之五：盲目要求高续班率。

尽管特价班的招生效果显著，但特价班的续班率也通常是有上限的。一般来说，暑假特价班的续班率达到40%就是非常理想的水平了，盲目要求高续班率会给团队带来不必要的压力，效果适得其反。

值得注意的是，有些机构由于将老生集中分配到某些班级，导致一些班级续班率虚高，例如达到60%甚至80%，这毫无意义。这里所谓的"老生"，是指原本就是该机构的学员，此次再次报名参加特价班，并进一步续报到正价课程。这样的续班并没有给机构带来新的生源，反而因为老生集中在个别班级，无法起到带动新生报名的作用。正确的做法应该是，将老生合理分配到不同的班级，例如每班3~5人，通过"以老带新"拉动整体续班率的提高。

（6）误区之六：在同一时间同一年级设置两种不同价格的课程产品。

前文提到，特价班往往聚焦入口年级，"广开口"，尽可能扩大招生量。此时，有的机构为了同时拉拢优质生源，会在同一年级另外设置一个"尖子班"，价格维持原价不变。此时，同一年级就有了两种不同的产品——原价的尖子班和特价的普通班。机构的初衷原本是针对不同学员设置不同的产品，然而，机构的解释成本和运营复杂度都提升了不少，实际结果却可能是两个班型都以失败告终。

因此，既然要做特价班，同一年级就只做特价班，目标过多反而可能两头落空。

（7）误区之七：第一年尝试特价班效果不理想，就放弃了特价班的尝试。

特价班的运营是一项系统性的工作，整体部署庞大繁杂，需要各团队的通力配合。特别是教师队伍需要培训和成长。除非拥有丰富的教师储备，对于很多机构来说，第一次尝试特价班而未达到理想中的效果，其实是个大概率事件。

实际上，特价班的运营应该设置2~3年的长期规划，为教师队伍提供稳定的成长空间，为研发和销售团队提供充分的打磨机会，同时，对于招生和续班效果也可以以更长的周期来监测数据变化和攀升；在逐年的尝试中总结经验。以教学质量为核心，让学员切实感受到收获和改变，不断累积口碑，招生和续班就成为顺其自然的事情。

3.2.3 如何设计引流产品的内容

既然引流产品的目标是向正价课转化学员,那么其内容设计,也必须与正价课的内容衔接,一脉相承。我们需要竭力避免抛开正价课的受众和定位,单纯谈引流产品的内容设计。引流产品的内容设计流程如下图所示。

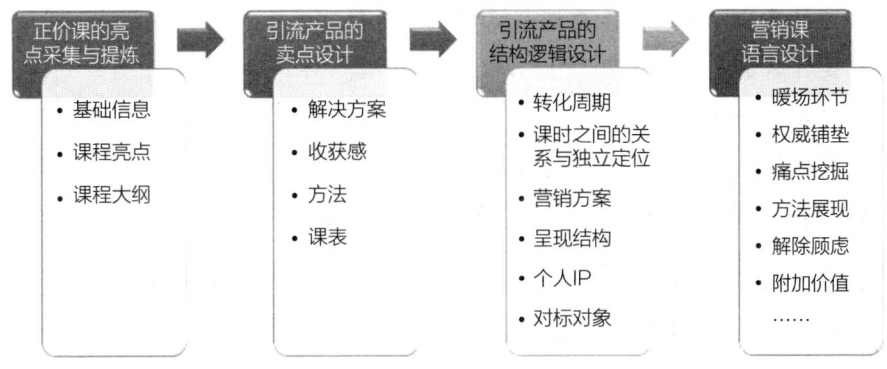

引流产品的内容设计流程图

1. 正价课的亮点采集与提炼

好的引流课程,一定是建立在对正价课定位、产品亮点的精细化研究基础之上的。要研究一款正价课产品,可以参考以下问题。

(1) 该课程的客户画像和特点是什么?

(2) 该课程的客户痛点是什么?

(3) 该课程的课次、价格等是怎么样的?

(4) 该课程解决了客户什么问题?

(5) 该课程的核心卖点是什么?

(6) 该课程提供了哪些服务?

(7) 与该课程类似的 3 款产品分别是什么?分别属于哪家机构?卖点是什么?

(8) 与竞品对比,我们的优势、劣势分别是什么?

(9) 该课程推广思路是什么?有什么特点?

上述问题研究清楚之后,具体到引流产品的内容设计上,有两个关键动作:

一是信息采集,主要是正价课基础信息的收集,具体包括课次、上课时间、每课时长、价格(单小时/总价)、老师介绍等。

二是信息提炼,主要针对正价课的产品亮点,其中下面 4 个维度是提炼的重点:

- 学员画像:应该具体到这个课哪些学员可以上?他们的学习成绩在班上是什么水平?等等。
- 解决了学员什么问题。
- 具体的解决方案:课程主题是什么?都讲了哪些知识点?有哪些服务?
- 与竞品相比,有哪些亮点:包括内容、上课形式、课后辅导等各方面。

之所以用到"提炼"二字,是因为正价课的设计往往采用教学语言,而在设计引流产品时,需要把教学语言转化成客户语言。比如:一些作文课程会通过审题、立意、选材、布局、表达这五个维度去设置相应的教学目标;但是和家长/学生沟通时,在"布局"方面,就需要用"如何写一个抓人的开头""如何写好引人深思的结尾"等字眼来进行替换,用可以引起共鸣的客户语言。

另外,"课程大纲"也是需要收集的正价课重要信息之一。"课程大纲"是收获感的重要外化形式,它的重要性却常常被忽略。正价课的课程大纲与引流产品内容有机结合,构成一以贯之的知识体系,更有助于增加课程的价值感,从而帮助家长/学生形成购买决策。

2. 引流产品的卖点设计

将正价课产品的定位、亮点等信息吃透之后,引流课本身的卖点设计就成为决定其能否成功的关键。比如:引流课解决家长/学生什么问题、带来怎样的收获等。

我们看一个引流课程设计的具体案例。

案例 4　　　　以写作为主题的引流产品设计案例

某 K12 机构设有作文专题班,为正价课程。其主要内容是为学员提供 36 个写作方法,帮助学员提高写作能力。

该机构的引流产品设计团队经认真研究后，决定推出专门的引流产品，课程内容如下：

1. 从36个写作方法中，选择3个作为引流课主体内容；

2. 这3个写作方法聚焦"语言"层面的写作难题，分别从"如何写出夺目的开头""如何写好词好句""如何写出精彩的结尾"三个角度帮助孩子解决"语言简单单调"的问题，为客户提供明确的解决方案（见下图）。

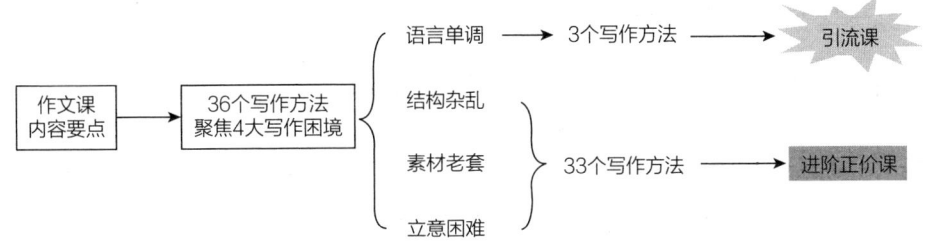

作文引流课与正价课内容关联示意图

3. 在课程最后，向学员简单介绍写作高手的进阶方案，即正价课中剩余的33个写作方法，这33个方法将分别从结构布局、素材运用、审题立意等维度，帮助学员全面解决写作困境，将学员向正价课引流。

如上所述，该引流课程与正价课的关联非常清晰，同时，从付费客户的角度来看，该引流课程又为其提供了独立的解决方案，使客户产生收获感。

除了宏观主题，引流产品的卖点设计要突出价值感和收获感，还可以在"大招"和"课表"两个细节层面发力。

在教学时，知识点往往是通用的，但能否将知识点提炼和总结成独有、易懂、可用的招数，并加以冠名，这往往需要课程设计团队对学员的学习心理和需求有独到深刻的把握。招数提炼得好，能有效帮助学员解决问题、迅速建立客户信任。同时，招数的提炼必须要以知识的严谨为前提，营销绝不能干涉和违背教学规律。例如，有英语课程在营销时宣称能帮助学生"1分钟背诵200个单词"，这显然是不符合教学逻辑的，这类营销语言要坚决杜绝。

引流课的课表，则是客户收获感可视化的重要窗口，也是家长/学生选购买产品时的一个重要决定因素。课程名称是否戳中客户需求、是否有干货露出，都可能影响到家长/学生的决策，因此在措辞时需格外斟酌推敲。

3. 引流产品的结构逻辑设计

在前面引流产品的形态设计中，我们专门讲到课次和时长的设计；此处的"结构逻辑设计"是指总课次和总时长确定以后，每天（每节）课程之间的内容关联和功能定位。总体来说，引流产品的结构逻辑要顺应客户的需求和消费心理，同时配合招生的节奏来进行。下面我们以7天的引流产品为例来具体分析。

7天训练营的结构逻辑设计如下：

天	形式	定位	目标	效果
Day 1	开营直播	痛点挖掘	开营目的是痛点挖掘，让客户对知识产生不会很危险的感觉，对老师产生相见恨晚的感觉	客户产生愿意看录播课的意愿
Day 2	录播	钻头课程1	取悦客户，从客户能理解的角度讲知识，产生共鸣	制造好奇心，使客户越来越想看直播
Day 3	录播	钻头课程2		
Day 4	直播课1	解决方案1	绝招展示，对比证明："别人没有我有，别人有我更优，别人优我更快。"	制造惊喜，使客户产生想报名的意愿
Day 5	直播课2	解决方案2	绝招继续展示，突出绝招适用性	第一批意愿最高的客户直接报名
Day 6	直播课3	干货展示	给出更多的干货，侧重解决从"利用绝招知其然的快，到绝招背后知其所以然的稳"	第二批较为理性的客户报名
Day 7	结营直播	危机感塑造	痛点挖掘后和给予方案后，再次延伸塑造危机感	第三批犹豫期客户报名

7天的课程大致分为"创造需求 – 知识讲解 – 绝招展示 – 危机感塑造"四个步骤，大体逻辑如下：

第一，核心逻辑是"提出问题 – 给到方案"，换个说法就是"创造需求 – 满足需求"的逻辑，这也是几乎所有产品营销都适用的方法；

第二，"在所有解决方案中，我的方案最优"，给家长/学生充分的选择理由。在这个过程中，针对不同潜在客户采用不同策略：先给惊喜，再给干货，从不同角度消除顾虑。

第三，通过危机感的塑造，或者"限量限价"等营销策略实现最大限度的转化。

这里仍以7天小学作文训练营为例，帮助大家理解上述逻辑如何具体应用（见下页图）：

7天小学作文训练营课程设计展示

设计好了每日课程之间的逻辑，还可以通过老师个人IP的打造，为课程加分；或通过营销方案的优化，提高转化率，如增设预报名，让家长/学生活跃起来，烘托氛围，或用限时限量的方式，营造稀缺感等。

4. 营销课的语言设计

在引流产品中，营销课用于吸引家长/学生报名，因此从课程的语言设计上来说，营销课更像是一个"销售剧本"，而非"教学剧本"。之所以称其为"剧本"，是因为好的营销课必须以斟酌修改过的逐字稿为前提，逐字稿的设计和撰写非常重要。

在此提供一个营销课内容设计模板和衡量标准供大家参考，此模板主要适用于以讲解知识、传授大招为内容主体的营销课。

- 暖场环节：即开场视频、开场语、个人介绍、课程简单介绍等；
- 权威铺垫：包括学员好评截图、学习成果外化呈现、新闻报道等，用于建立信任；
- 课程导入：用图片、故事、案例等方式，将课程和知识点导入，使课程内容直观有趣，由浅入深；
- 痛点挖掘：痛点是否为大概率事件？对学习的影响是什么？出现的原因是什么？可以用对比的方式向家长/学生呈现；
- 介绍方法/绝招展示：强调获得感，以及与其他方法相比的独到性/绝对优势，呈现方式强调简单直接；

- 连续爆破：继续用两三个试题来验证上述方法；试题/案例应直接易懂、令人信服；
- 解除顾虑：对于上述方法的适用性、有效性等家长/学生可能存在的顾虑应该做出清晰的说明和解答；
- 说明价值：用第三方推荐/认证，或学员家长好评的方式，再次突出体现正价课的价值；

要想提升营销课的语言设计能力，研究业内同类营销课，精看精听是一个比较有效的方法。机构在这个过程中应揣摩细节、总结经验并迁移运用，最终形成一堂兼具价值感和营销性的课程。

综上所述，无论从产品形态、还是从内容上来说，引流产品设计都是一个很重要的工作，它直接影响到招生效果，甚至整个机构的运营效率。

3.3 引流产品的运营与转化

引流产品设计好之后，如何通过精细化、标准化的执行，保证最大限度地发挥引流产品的效果，尽可能多地将潜在客户向正价课客户转化，就成为销售池运营的下一个重点。

我们先来看线上引流产品的运营。在线上，社群运营是实现客户转化最主要的手段。社群运营的要点如下图所示：

线上引流产品的社群运营要点

3.3.1 抓住关键环节精细化设计，提高转化率

一名潜在客户从进入销售池，到转化为正价课学员，他与 K12 机构的所有交互动作流程及对应的运营数据指标如下图所示：

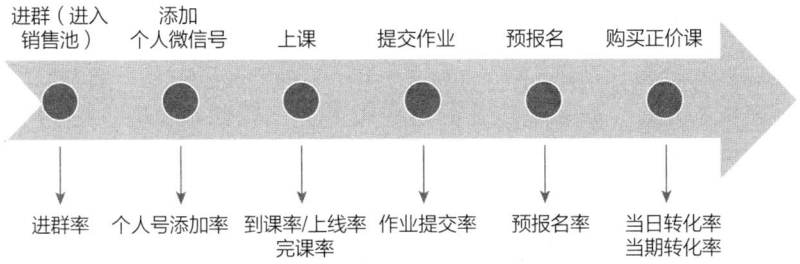

客户体验引流产品的动作流程及关键运营指标

其中，每一个节点的关键数据指标，都有相应的影响因素和运营要点，需要尽可能地去提升：

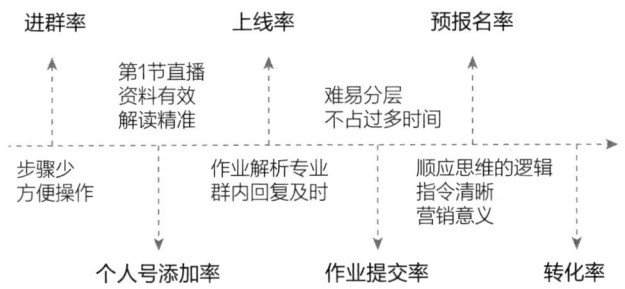

引流产品的关键运营指标及其运营要点

从精细运营的角度，上述每一个指标，都可以尽量做到极致，从而保证较高的转化率。作业提交率等，通常是 K12 机构最为关注的关键指标。而从运营动作上来讲，做好以下几个关键环节，对提高转化率有重要意义。

（1）作业互动。作业互动通常有三个功能：一是激发群的活跃度，二是通过作业的方式让课程的收获感外化，三是通过作业来传递老师的专业度和价值感。

为了保证作业的参与度和提交率，可以在作业题设计和提交方式上下功夫。

以小学课程为例，作业题目的设计通常讲究"少而精"，一方面能覆盖课上的知识点，起到巩固练习的作用，另一方面用时尽量控制在 20 分钟以内。孩子

通常课内作业已经很多，无须再额外增加过多的负担。另外，题目的设计可以尽量体现难易的层次感，例如留 6 道数学题，前 4 道满足大部分学员的练习需求，后 2 道可以给学有余力的学员，激发他们的学习动力和成就感。

在提交作业的方式上，尽量做到操作简便，可以请学员或家长将作业发到社群内打卡，更易于提高活跃度，也能让家长看到其他学员的作业，提高对课程的认知水平。

在反馈作业方面，如果对作业的解析很专业，反馈很及时，有利于增进信任，提升课程的到课率。

（2）学情报告。学情报告的内容非常重要，一要真正切中家长诉求，将家长关心的学习情况反馈给他们；二是语言内容要翔实具体，切忌出现空话、套话。具体来说，学情报告可以分别在测试数据、学情诊断和学习建议这三个方面重点呈现。

（3）上线小视频和课程预告。即在上课之前发布到群内的课程引导视频，通常由主讲老师录制，采用有趣的方式讲述能增加到课率；同时精彩的课程预告也能让学员的收获感提前并外化。

（4）彩蛋。可以在课程中埋设彩蛋，与社群互动有机结合，帮助家长/学生建立信任感、增强黏性。

（5）完课活动。设置精彩有趣的完课活动，或者契合需求的完课礼包，能大大增强学员上课的动力和信心。例如，某科学课上，老师和孩子约定，在全部课程完成后，可以为坚持上完课的孩子发放一套实验小器材，这个福利获得了学生和家长的一致欢迎。

3.3.2 设计与打磨社群运营 SOP 文案

SOP（Standard Operating Procedure），即标准作业程序，就是将某一事件的标准操作步骤和要求以统一的格式描述出来，用来指导和规范日常的工作。K12 社群运营的 SOP 文案设计，是指基于客户体验设计出的一整套社群运营文案，明确规定了咨询顾问们需要在哪个时间发送、发送什么内容、发送给哪些人，从而有效保证了客户体验、提高了运营效率，同时也可以保证咨询顾问的水准。

以下为某作文特训营的 SOP 文案示例：

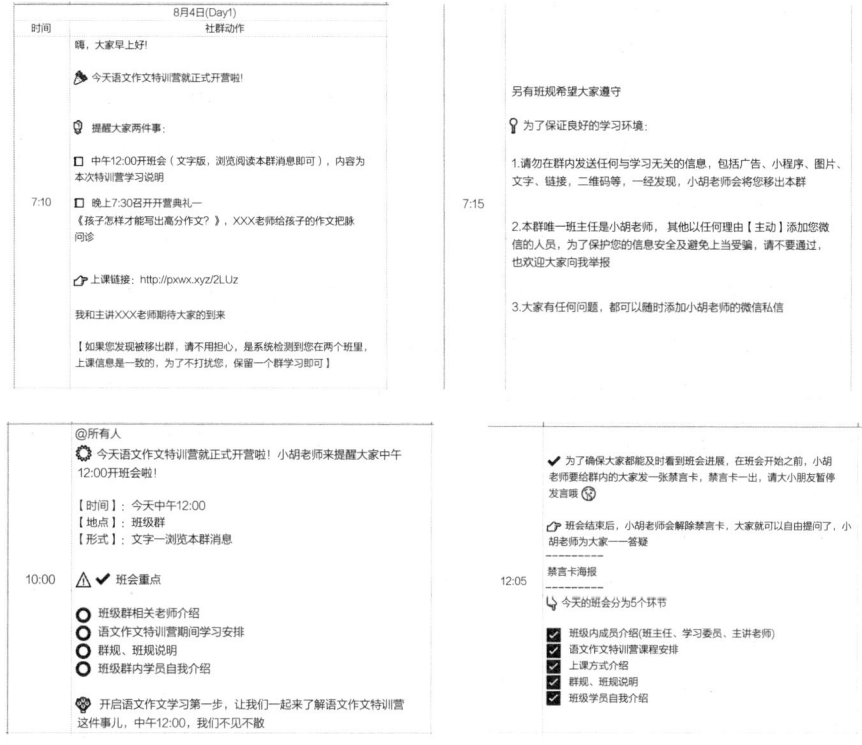

社群 SOP 文案展示

好的 SOP 文案通常有以下几个特点：

- 精简且准确：精简且准确的文案可以节约家长/学生的时间，有效传递信任。
- 痛点外化：将潜在客户面临的问题和需求用恰当的语言表达出来，能更好地吸引家长/学生参与互动。
- 收获感强化：总结课程亮点，提炼课程精彩内容，使家长/学生的收获感得到强化。
- 呈现方式和辅助物料：除了纯文字的表达，还可以针对不同人的习惯偏好，用图片、视频、小程序等方式来呈现。

3.3.3 筛选客户与私聊跟单

社群运营的最终目的是实现转化。要实现这个目的，需要对群内潜在客户进行更精细的筛选、分层以及私聊跟单。

在客户筛选方面，有两种方式：一是通过家长的发言内容，来观察和判断他们的意向高低；二是设计一些活动，或者通过作业、福利等方式，来实现客户的筛选和分层。同时，好的作业或活动，还能使原本黏性较低、较不活跃的家长/学生的参与度越来越高。

在社群中，需要通过私聊的方式去了解绝大部分家长/学生的需求、跟踪意向情况，并最终实现购买。有数据显示，在一个社群中，潜在客户加咨询顾问个人微信号私聊的人数越多，该社群的转化率越高。这就说明，私聊是实现转化非常有效的方式。当然，如果要用充足的时间和每一位家长或学员交流，也会影响到效率。如何调整待加量和转化率的数据使之达到理想中的平衡，还需要进一步测算和实践。

在私聊时，挖掘和发现客户痛点并提供解决方案，仍然是有效的方式。同时，私聊的时间点也有讲究。通常在营销课开课前的等待时间，或者开课前一两天，咨询顾问的时间较为充足，家长的消费心理压力也较低，是沟通的好时机。此时应努力建立信任，等开始报名时，关于一些实际的报名问题就可以更好地建立沟通。营销课结束后，针对未报名的家长，私聊内容的重点就可以转向解答疑问、消除顾虑。

3.3.4　细化和完善销售人员的动作清单

这里的动作清单，是给到所有咨询顾问的动作清单。以朴新网校的 7 天训练营为例，训练营的一个完整流程中，咨询顾问的动作清单包含 113 项内容，细化到每一天、每一小时，甚至 12 分钟就会变一个新动作。

例如，周二是训练营的开营日，晚上会在群内开班会。每到这一天，咨询顾问会在中午 11 点半到达公司，以便统一进行后面的运营动作；而在报名通道开启当天，则会在明确的时间点开始压力测试等动作。

标准的动作清单，和社群 SOP 文案相结合，分为社群外和社群内两个维度解决咨询顾问的动作标准化问题，一方面能缩短咨询顾问的培训周期，实现外部人才软着陆；另一方面可以减少不必要的摩擦，提高内部协作效率。此外，标准化的动作清单还可以减少社群转化的差异度，保证各社群的转化率差异控制在 3% 以内。

目前，标准执行动作清单已经是 K12 教育培训行业咨询顾问岗位的必备了。

说完线上，我们再来分析线下课程的运营与转化。除了将动作标准化之外，线下课程的客户转化主要通过优化学习体验、外化学习效果及报班优惠和福利来实现，需要主讲老师、助教和咨询顾问通力协作。包括：

（1）从各个环节细化运营服务，优化课程体验，提升家长/学生的信任感。

具体来说，从入班开始，就可以通过入门测的方式将学生分班，从而保证教学内容有针对性地展开，提升学习体验和学习效果；在学习过程中，助教老师可以尽可能将课堂透明化，如将课堂细节进行直播、将学员回答问题现场及时拍照发到群中等，以保证家长最大限度地了解孩子的学习情况；此外，作业批改、一对一答疑、中午订餐等细节服务尽量做细，也会大大提升客户体验，吸引更多正价课报名。

（2）家长会。

家长会是展示教学效果的重要渠道，也是营销的重要手段。对于特价班等线下引流课程来说，一般可以召开两次家长会：第一次在开课时，将教授什么内容、预计达到什么效果、需要家长如何配合等向家长做全面介绍；第二次在课程中后期，将孩子的成绩和学习情况向家长做反馈，展示学习成果，并配合优惠、礼品等，促进续班。

（3）家庭教育讲座。

在学生上课的同时，安排面向家长的干货讲座，回应家庭教育的困惑，传授学习方法，都可以增进家长对机构的信任，将学生留在机构进一步学习。

（4）咨询顾问与家长进行及时细致的沟通与咨询。

与线上班不同，线下课程的优势之一就是可以利用接送孩子的机会和家长见面沟通。咨询顾问与家长进行一对一交流，并及时跟进报名意愿情况，将其按意愿强度分高、中、低三层分别突破，提高转化效率。

3.4 销售池的运营团队设计

在前文的阐述中，我们已经提到过销售池运营的重点人员配置，包括引流产品设计团队、咨询顾问团队（负责群运营和转化）等。综合来讲，如果将引流

产品的运营和转化比作一场"营销战役",销售池运营团队应该大体包括以下四个"作战兵种":

第一种:步兵,工作重点是群运营,通过社群 SOP 动作将课程的关键信息大范围地传递给潜在客户,实现成交。

第二种:狙击手,主要负责单点突破。比如有些家长/学生在群内接收到信息觉得还不错,但是没有下定决心。这时候需要有一个经验丰富的咨询顾问给他打个电话,或者进行线上私聊,进行更为详细的答疑解惑,促进报名。

第三种:医疗兵,负责"加血",即帮助咨询顾问制作课程视频、学习福利等物料,或者收集整理学员案例,以辅助课程推荐工作。

第四种:参谋兵,即营销课程的教研设计团队,负责研究客户需求,并根据正价课程特点及客户诉求,设计卖点突出、结构合理的引流产品,从而保障客户从引流产品向正价课程的转化。

具体到实际工作中,上述四个"兵种"可以有不同的岗位名称及细节职责划分,但总体而言,这四种职能缺一不可,相辅相成,合力完成销售池的高效运营。

小结和预告

这一章,我们重点讲了"销售池"的概念,"销售池"和"流量池"的关系以及销售池的两个运营重点,即引流产品的设计和客户转化的精细化运营。其中,客户转化的精细化运营我们重点以线上课程的社群运营为探讨对象。

作为服务业,K12 教育培训行业的运营重点在于"精细"二字,相信读者在本章阐释中已经初有感受。在后面的章节中,"精细"二字理念还将贯穿始终。

在下一章,我们将从招生转向内部运营方面。对于 K12 机构来讲,教学和服务是生命线;如何科学合理地设班,从运营层面保证教学产品和服务价值的高效传递,是下一章将要探讨的重要问题。

教育培训大运营
K12业务精细化操作指南

第4章
设班：业绩决胜的关键

设班工作是K12业务运营的脉搏；设班做得好，运营就好像打通了"任督二脉"，招新、扩科、续班等工作会更加顺畅。

提到设班,我们先从电影行业的一段往事说起。1997 年年底,《甲方乙方》的热映开启了中国电影的贺岁片时代。到了 1998 年年底,共有 4 部电影同时加入"贺岁大战",展开厮杀,其中硝烟味最浓的就是《不见不散》和《好汉三条半》之间的较量。前者是《甲方乙方》的导演冯小刚乘胜追击,后者是来自当年的春晚明星、老牌喜剧人陈佩斯的挑战(见下图)。

《不见不散》和《好汉三条半》海报

然而较量的结果却令很多人大跌眼镜。《不见不散》最终票房高达 4300 多万元,成为当年贺岁电影最大的赢家,而《好汉三条半》却以 100 多万元的票房在 4 部贺岁电影中垫底。

无论从演员阵容还是电影题材来看,两部电影都没有像票房结果这样大的悬殊,那究竟是什么原因导致《好汉三条半》惨败呢?据知情人士回忆,当年由于陈佩斯身处官司纠纷,影响了《好汉三条半》的排期。电影上映仅 5 天之后就被全线撤出,这不能不说是影响最终票房的一个重要因素。试想,一个电影即使水准再高、口碑再好,假如只安排在边远地区院线或较差时段上映,无缘与广大观众见面，其票房也终归不会太高。

在 K12 教育培训行业，"设班"的门道，就类似于电影排期。

所谓设班，即设置班级，是指在招生之前，K12 机构根据教研内容、师资力量、硬件配置等资源，并综合考虑市场、客户、政策等外界因素，设置合适的班型产品及相应的开结课时间、教师安排等要素。

刚才提到的电影排期影响票房的案例，与设班工作有相似之处。如果设班巧妙合理，不仅有助于拉动招生，还有助于后续的扩科、续班等工作。不夸张地说，设班是 K12 业务运营的脉搏，是业绩决胜的关键。

4.1 设班的重要性：完成收入、把控利润

如果拿传统的实物商品做类比，设班工作包含两个方面：一是产品封装（课程设置）；二是产品陈列（课程排期）。

先说产品封装。举个例子。超市里通常会卖散装大米，买的时候需要找工作人员去称 2 斤、5 斤或 10 斤，称好带走；同时，超市货架上还有 5 斤装、10 斤装的袋装大米，摆在那里，供顾客自取。如果你仔细观察会发现，那些封装好的袋装大米通常会比散装大米稍贵一些。同理，买瓜子也是一样，封装好的袋装瓜子，总是要比自己称的散装瓜子更受消费者青睐一些。

为什么会如此呢？实际上，"封装"这个过程主要从两个方面，促进消费者购买：

一是提升和稳定产品价值。相对于散装产品来说，封装后的大米、瓜子等产品质量和价值更加稳定，更便于客户选择。例如买洽洽瓜子的客户就不需要去判别"这一袋瓜子是否比那一袋瓜子更好吃"，直接买走就好，降低了选择的难度。

二是简化了购买流程。散装的购买，一定要有一个售货员在现场称重、解说、包装；封装之后，购买流程简化。

设班也是同样的道理。将课程按照内容主题，设置成一个一个的班型产品，可以让课程内容质量稳定、价值感外化，更有利于学员判断课程价值，降低报名时的选择难度；同时，也更有利于降低机构内部的协作成本。因此，将课程内容"封装"成特定的班型产品，使产品价值得到稳定和提升，促进学员报名，是设

班的第一个重要作用。

再来看设班的第二步动作：排期。业内有个公认的观点，就是 K12 机构的业绩收入，一半在于设班，另一半在于招生。这和我们开头提到的电影排期道理相似。科学合理地设班，必须综合考虑客户、市场、竞品、自有资源等方方面面的因素，全盘统筹做出合理安排，才能获得更多学员的青睐。举个极端的例子：一门课程即使老师讲得再好、内容再有价值，假如将其安排在凌晨 2 点上课，也不会有学员报名；而一个销售人员即使能力再强，也很难卖出一门开在凌晨 2 点的课。因此，设班的第二个重要作用，就是通过合理排课，促进业绩收入的达成。

设班的第三个重要作用是有效地把控利润。通常来说，一个班的平均人数决定了班级的利润空间。班均人数越多，利润空间也越大。科学地设班，能够有效地增加班均人数，提高利润。

那么，究竟如何才能科学合理地设班呢？㊀

4.2 设班原则：有利于招新、扩科、续班

在介绍设班原则之前，我们了解一下 K12 机构中两种不同的开课模式：一是滚动开班，二是四季行课。

滚动开班是指开结课没有相对固定的时间或节奏，招生灵活，满一个班开一个班，没有明显的季节规律。多见于专题班、少儿英语培训班等，常混龄设班。

四季行课则是分别在寒、春、暑、秋 4 个阶段开设的课程，这种班型通常也被称为常规班或系统班，有几个特点：

- 一是按照年级维度设班，不混龄；
- 二是开结课时间相对比较统一，其间的行课期、续班期、招新期节奏也比较明确；
- 三是在时间节奏和内容上，与公立学校保持同步。例如春季课和秋季课

㊀ 本章默认以多学科 K12 机构的设班工作为探讨对象；单一学科类机构设班工作相对简单，本章内容也同样适用。

对应公立学校的春秋季学期，内容多为巩固校内课程，同时有所提升；寒假课和暑假课则对应公立学校的寒暑假，会对上学期知识进行复习总结，同时预习新知识。

对于一些低龄学员来说，他们在学龄前或者小学一、二年级报名学习的英语、思维类课程就属于滚动开班，但是通常进入应试入口年级之后（如三年级），就需要切换成和公立学校学习节奏对应的四季行课模式。这时机构就面临一个挑战，叫"四季切齐"，指的就是将滚动开班模式切换成四季行课模式，这种"切齐"涉及年龄段的切齐、开结课时间的切齐、授课内容的切齐等，整个过程面临一定的挑战，如果做不好，就有可能面临学员流失的风险。

综合来看，滚动开班和四季行课这两种模式从运营上讲各有优劣，分析如下。

滚动开班：

其优势在于招满为止、随时开班，时间安排相对灵活，客户不用等待太久；但不足之处是不利于扩科，因为，在滚动开班的情况下，科目比较难在时段、教师等方面做好搭配。

此外，一般来说，滚动开班的课程多为少儿英语类课程或专题课程，这些课程的内容往往自成体系、逐级进阶，如果开课已经有一段时间，再有学员希望中途插班就相对困难，前面的课程很难补齐。因此，从这个角度看，滚动开班在招新方面有一定局限。

四季行课：

对应来说，四季行课的优劣势就正好相反：其课程内容和学习节奏往往与公立学校的课程体系相贴合，无论是科目搭配还是插班都更容易操作，因此，四季行课的模式更有利于扩科及招新；其不足之处是客户需要等待统一的行课期。例如，有些家长可能5月就报名了暑假课程，但要到7月才开课，那么从5月到7月这段时间，就需要机构有一些维护动作，防止客户流失。

一般来说，滚动开班的设班相对简单，主要依据报名人数的多少而灵活设班即可。因此本章我们讨论的设班，重点针对四季行课的模式，即通常说的常规班或系统班的设班工作进行阐述。

常规班的设班工作有一个重要原则，就是要有利于招新、扩科和续班这三件事。也就是说，设班时，要考虑到如何兼顾招新、扩科和续班三项工作的开展。当然这也反向说明，如果设班工作不到位，招新、扩科、续班都会受到影响，设班工作的重要性可见一斑。从客户的角度来说，设班工作要注意从学员的时间规划出发来安排课程；同时，有规律的排期，也便于家长对课程安排一目了然，降低沟通成本。

如何有序开展设班工作呢？

4.3 科学设班的准备工作

要做好设班工作，必须先完善一些前置要素，主要有三个方面：

4.3.1 搜集充足的信息

在实际运营中，设班工作通常很琐碎：开课时间如何设置？结课时间如何设置？一共要设几个班级？其中基础班有几个、尖子班有几个？分别配备什么样的老师？这些问题的解决首先要建立在足够的信息基础上。

一般来说，需要搜集的信息有三类：

一是公立学校的信息。例如，学校的放假和开学时间，校内补课情况等，不同区域通常会有差异，本地化做得越好，客户的认可度就越高。对于线下机构来说，最简单实用的做法就是去校区周边的公立学校调研。

这其中，公立学校的假期时间很重要，它决定了K12机构寒暑假课程的开课时间和期次，而寒暑假恰恰是招生、扩科的重要时机。在具体设班时，有几个细节可供参考：一是校历通常写着周一放假，但实际上假期往往从上一周的周六就开始了；二是很多学校在正式放假的前一周都是没有课的，理论上也可以设班排课；三是K12机构春秋季的开课时间往往是公立校开学前的一个周末或当周周末，一般来说，机构的春秋季开课时间不宜太晚，否则可能一方面导致教学进度慢于校内或其他机构，不利于招生，另一方面如果开课时间晚，结课时间也会晚，影响到后面的寒暑课程。

二是竞争对手的设班数据，也就是同业机构设了几个班、开结课时间等。同业机构的设班通常也是建立在大量研究工作的基础之上，研究清楚对方的设班情况以及优劣势，然后有针对性地采取不同的策略（直接竞争或者回避竞争）进行自己的设班工作，目标会更加明确。

三是本机构的历史设班数据，包括往年设班的家长反馈、咨询顾问的反馈建议等。

4.3.2 将课程标准化

刚才提到，设班是将课程封装并合理排期的过程。这个过程就类似于在有限的空间内堆积木，封装好的一个个课程班级就是积木块，最终需要将它们拼成一个完整的建筑形状或造型。其间，如果积木的形状毫无规则，堆积起来就会很艰难，就算堆好也难以做到严丝合缝，空间利用不够彻底。如果将积木形状尽量标准化，再进行拼装就简单多了。

设班也是一样，学生们课外补习的时间有限，如何充分利用有限的时间，做好课程排期，是一门大学问。在这之前，如果能将课程班级标准化，排期就会更容易，运营效率也会大大提高。

一般来说，课程标准化的内容有：

- 单次课的时长。一般情况下，建议一个课次设为 2 小时[一]。不过特殊班型可以视具体情况进行调整，如名校班、集训队这类班级，学生基础好，一个课次可以设为 3~4 小时；而对于低龄学员，注意力无法长时间集中，可设为 1 小时或 45 分钟。
- 课次。通常来说，一期暑假班为 10~12 次课；春季班和秋季班为每期 15~16 次课，春秋季班的课次最好相同；寒假班为每期 7~8 次课。课次的具体安排也会视各地放假时间不同、学生的年级不同而有所调整。

[一] 对于单一学科机构来说，也常常将一个课次设为 3 小时。

对 K12 机构而言，课次的多少对收入影响很大，在单价不变的情况下，多加一次课就可能会增加百万元的收入。但是，在四季切齐的模式下，不可为了收入而盲目增加课次，随意增减课程，不仅会打乱运营和教学的节奏，也会影响到客户的信任。

- 期数。暑假时长通常为 2 个月，如果每期课程是 10~12 次课，那么一个暑假可以开设 4 期课；春季班和秋季班多在周末上课，一般可以开设两期，即周六班和周日班。当然具体情况仍要根据当地公立学校的安排进行调整，如南方通常比北方暑假更长、寒假更短；而在春秋两季，不同年级学生时间安排也不同，有些高中学员周末只有一天时间用于课外培训。因此，K12 机构特别是线下机构在设班时，应该充分调研周边目标人群和市场情况，合理安排。
- 价格。价格的设定要尽量统一，不能太复杂，否则对客户的解释成本会比较高。定价越简单，越容易规模化。
- 满班人数。即一个班能容纳的最高人数。确定统一的满班人数后，有利于标准化运营以及测算盈利情况。另外，在线下班级中，满班人数通常设为偶数，便于教师在上课时对学生分组教学。
- 班级名称。班级名称的标准化，有利于家长迅速获取信息，选择合适的班级。

班级名称的拟定有两个重要原则：一是尽可能统一，不要花样太多。例如同样是优等生课程，某机构将小学六年级取名"精英班"，初一取名"好学班"，初二取名"优学班"……这样的班级名称家长不太能区分清楚，会让人无所适从。最好是同一层次的班级取统一的名字，让家长一目了然。

二是找准诉求、清晰易懂。班级名称的设置应该牢记 4 个字——客户视角。举个例子，"高考英语基础班"和"高考英语强化班"这两个名称是机构视角的取名，将学生分为中等生和优等生来培养；有的机构将班级名称迭代，称为"目标 211 班""目标清华大学、北京大学班"，会让家长和学员对课程的价值感更明确。还有机构将班级名称的价值发挥到极致，充分调研家长的诉求，将痛点写进班级名称。例如某机构开设初三数学住宿班，设班前对家长调研，发现家长最关注的是吃住问题，于是该机构将班级名称定为"初三数学冲刺包吃包住班"，简单醒目，一经推出就受到青睐。

下表为某机构的班级标准化示例，将班级名称、满班人数、价格、课时、课次等做了统一，大大方便了接下来的设班排期工作：

年级	学科	层次	班型	满班人数(人)	收费标准(每小时)	每次课小时数		课次（次/期）				合计(次/年)
						春/秋	暑/寒	暑	秋	寒	春	
六年级	语文	培优	精品班	26	50元	2小时	2小时	12	15	7	15	49
	语文	尖子	精品班	26	50元	2小时	2小时	12	15	7	15	49
	数学	培优	精品班	26	50元	2小时	2小时	12	15	7	15	49
	数学	尖子	精品班	26	50元	2小时	2小时	12	15	7	15	49
	英语	培优	精品班	26	50元	2小时	2小时	12	15	7	15	49
	英语	尖子	精品班	26	50元	2小时	2小时	12	15	7	15	49
	英语	精英	精品班	26	50元	2小时	2小时	12	15	7	15	49

4.3.3 明确设班时间和设班顺序

按照一年寒、春、暑、秋四季行课的规律，最佳设班节奏是一年设两次，一次设置半年的课程班级。如果频率太高，每季一次，会减弱课程之间的连续性，例如将暑假班和秋季班割裂开来，不利于续班；而如果频率太低，一年一次，又不容易预测半年之后的时间安排，难以设得精准。

一般来说，每年的3月和9月是最佳的设班时间，3月设置当年的暑假班和秋季班；9月设置当年的寒假班和春季班。

从设班顺序上来说，有三点需要注意：

一是以终为始，先设秋季班，再设暑假班；先设春季班，再设寒假班。因为要尽可能引导暑假班的学员续班到秋季班中，所以在设班时，将秋季班课程排出来以后，就更加明确如何设置暑假班，形成更通畅的续报路径。这也是我们说的"设班要同时考虑招新、扩科和续班"设班原则的具体体现。

二是设班时，先移动老班，再考虑新班。通常，学员中老生所占的比例较高，因此可以先平移老班，尽量保证学员已经认可的上课时间不动，再考虑设置新班。否则新班设置完毕，再将老班拆散，打乱了老生的学习节奏，也打乱了老生家长的生活节奏（家长要接送孩子），不利于续班工作的开展。

三是暑假是换老师、换时间、重新分班的最佳时机，应该充分利用。对于学员而言，暑假是一个学年的结束，新学年即将开始；同样，对于K12机构而言，暑假也是一年的起始。如果确有必要给学员重新分班，或者更换老师、更换上课时间，在秋季、寒假、春季都有可能引起学员不适；而在暑假期间，学员相对会更容易接受。

当然，即使是利用暑假重新分班，也要做好充分的部署，一是提前告知老生家长暑假可能会进行调整，请做好心理准备；二是组织好新旧老师的交接，使新老师充分了解班级学员情况；三在运营层面，做好各项细节保障；假如暑假招收的新生数量足够多，也可以顺势重新组织分班、分层考试，以保证教学效果。

4.4 设班的重点：四个关键要素

做好设班前的准备工作，也明确了设班的顺序，下面就进入设班的重点环节，共有四个要素需要认真考虑，分别是：开结课时间、上课时间、教师和教室（线上机构不用考虑教室）。

4.4.1 开结课时间

下表为某机构暑假班的课表排期，将班级类型、上课时间、期数标示清楚，开结课时间和行课时间也就一目了然了：

设置不同班级的开结课时间，可以参考下面几个问题：

- 目前的开结课时间是否实现了时间的最大化利用？
- 如何根据不同年级及当地学生的特点，选择更好的期次进行排课？例如毕业年级常常会在暑假开学前进行校内补课，在排课时应该尽量避开这样的时段等。

日期	星期	一期		二期 A校区			三期		四期	
		小数四同	小数五尖	小语五	小英六同	初二数同				
7月4日（放假）	六									
7月5日	日									
7月6日	一									
7月7日	二									
7月8日	三									
7月9日	四									
7月10日	五									
7月11日	六									
7月12日	日									
7月13日	一									
7月14日	二									
7月15日	三									
7月16日	四									
7月17日	五									
7月18日	六									
7月19日	日									
7月20日	一									
7月21日	二									
7月22日	三									
7月23日	四									
7月24日	五									
7月25日	六									
7月26日	日									

- 每期课次的设计和行课周期的搭配是否合理？

……

此外，如果有同业机构的开结课时间，也可以标上去作对比分析：

- 我们和同业机构相比，开结课时间是早还是晚？
- 我们应该和对方同时开结课还是应该抢对方的空档期？或者是应该提前开课？

……

案例1　　北京某K12机构巧妙设班赢得生存空间

北京某K12培训机构刚创立不久，虽然课程质量不错，但名气不大，招生乏力。因此，该机构在暑假班设班上颇费心思，成功招到不少学员，为自己赢得了发展空间。

以英语学科为例。在北京，新东方的英语培训无疑是一家独大。因此，该机构在设班时采用了"规避战略"，所有班级的设置都巧妙地避开了新东方的开课时间。

例如，当时北京地区暑假开始时间是7月2日，新东方的课程要7月8日才开课，该机构就选择在7月4日开班。对于学员而言，如果面对两个开课时间接近的机构，显然会毫不犹豫地选择名气更大的新东方；可是如果学员自己的时间安排与新东方有冲突，此时他再去寻找课程时，发现该机构时间合适，就自然选择报名了。

由此可见，该机构巧妙地设置开课时间，和头部机构打好"时间差"，在竞争激烈的培训市场上找到了属于自己的一方空间。

4.4.2 上课时间

设班时，关于上课时间的安排非常重要，它会影响科目搭配和招新策略的选择。

1. 上课时间安排对扩科的影响

下表是一个最简单的科目搭配情况，数学、英语和语文在上课时间上依次错开，保证学员可以同时报名语数英三门课。但这种情况过于理想，没有考虑到学生的水平分层，也没有考虑到教室资源的分配。

时间段	教室1
8:00—10:00	小数
10:10—12:10	小英
13:30—15:30	小语

在实际运营中，上课时间的安排要尽量通过不同科目和教室的组合，实现"3+2"效果的达成，"3"即招新、扩科、续班，"2"即收入和利润。说得具体

一点，就是看似差不多的班级散落在课表上，但每个有着不同学习需求和学习能力的学员都可以从中找到适合自己的班级组合。

例如下表：

时间段	教室1	教室2
8：00—10：00	小数四尖	小数四同
10：10—12：10	小英四尖	小英四同
13：30—15：30		小语四
15：40—17：40		小数四名校

假如小红、小明和小刚都是四年级的学生，他们的优势科目各不相同：

小红的数学和英语成绩都不错，希望在培训机构得到进一步提升，那么可以选择小学四年级数学和英语的"尖子班"；时间上，从上午8点可以一直上到中午12点10分，课间休息时甚至不用换教室。

小明的数学成绩不错，但英语成绩一般，可以选择上完上午8:00-10:00的数学"尖子班"，切换到10:10-12:10的英语"同步班"，时间上可以错开，课间休息时换个教室即可。

如果小红和小明同时希望加强语文学习，可以在上午的课程结束后，共同参与下午1:30的语文学习。一般来说，语文能力的分层没有数学和英语那么明显，所以数学班和英语班的孩子可以一起到语文班学习，从而增加了语文班级的班均人数。

小刚同学是个"学霸"，英语不错，数学更加出类拔萃，"尖子班"和"同步班"都满足不了他的学习需求，那么他可以选择数学"名校班"，上课时间为15:40-17:40；如果小刚也想扩科报名英语和语文也完全没有冲突，他可以从10:10的英语"尖子班"开始上课，承接下午的语文课，以及最后的数学"名校班"，傍晚结束学习。

因此，好的课程排期，可以让不同层次的学员"平行或交叉"地选择不同的班级，多科时间不冲突，高效学习。

2. 上课时间安排对招新的影响

如果以2个小时为一个课次来计算，一天之中的不同时间段是有优劣之分的。一般来说，对于线下机构而言，上午的第一个时间段，即 8:00 – 10:00 属于中等时段；10:10 – 12:10 属于最优时间段，最受客户青睐；而 18:00 以后客户选择最少，因为不少家长会考虑晚上上课的安全问题。但是对于线上机构来说，19:00 前后却往往是受欢迎的时段。

基于此，在每个时段安排什么课程就变得很重要。机构不仅需要考虑客户的时间安排和自己的资源情况，还要考虑竞争对手的设班排期。我们以线下机构为例（最优时间段为上午 10:10 – 12:10），介绍几种不同的设班策略。

- 保守策略：就是把自己最有优势的课程安排在最好的时间段。例如，某机构数学科目最强，就把数学课放到上午 10:10 – 12:10，从而保证用最强的科目吸引最多的学生，最大限度地发挥强势科目的优势。
- 激进策略：就是把相对中等或薄弱的课程放在最优时间段，而把优势科目放到中等时间段。这时，想报名优势科目的家长可能会感觉上课时间不是非常理想，但由于该学科课程实在太吸引人，也就只能退而求其次，选择中等时间段；与此同时，中等或弱势课程由于时间段占优，也可能会吸引到不少学员。

时间段	保守策略	激进策略
8:00—10:00	3（中/弱科）	3（强科）
10:10—12:10	5（强科）	5（中科/弱科）
13:30—15:30	3（强科）	3（强科）
15:40—17:40	3（中/弱科）	3（…）
18:30—20:30	1（中/弱科）	1（…）

注：表中的数字 1、3、5 为各时段的得分情况，假设最优时段得分为 5，最差时段得分为 1。

选择保守策略还是激进策略，一般要看机构的优势科目究竟有多强。当优势科目足以强到能让客户愿意付出时间成本来上课，就可以选择激进策略；反之，则更适用于保守策略。在实际工作中，选择两种策略的机构皆有，但总体来说，还应该本着"以客户为中心"的原则，尊重客户的时间安排来设班，才能更好地为客户提供服务。

- 竞争策略：就是和同业机构的设班排期作对比，将自己的优势科目和对方的优势科目放到同一时间段去"比拼"。

例如，机构 A 的核心优势科目是数学，同业机构 B 的核心优势科目是英语，机构 A 采取"竞争策略"，设班如下：

时间段	机构A	机构B
8:00—10:00	3（…）	3（…）
10:10—12:10	5（数学）	5（英语）
13:30—15:30	3（英语）	3（…）
15:40—17:40	3（…）	3（…）
18:30—20:30	1（…）	1（…）

这种设班策略其实是在向客户传递这样的信息：要么到机构 A 来学数学，要么到机构 B 去学英语。假如机构 A 的数学有足够的优势，就会吸引家长来报黄金时段的数学课；与此同时，由于时间冲突，报名机构 A 的数学课，家长就不可能再报机构 B 的英语课了，所以机构 A 的英语课只要质量过关，也可以获得生源。

- 互补策略：如果优势学科没有强势到足以和对手"硬碰硬"时，就可以选择互补策略，也就是在时间上，将自己的优势科目和对方的优势科目做衔接。

再举上面的例子：以数学为强项的机构 A，如果不能保证数学科目强到"所向无敌"，就可以采用互补策略，将数学课安排到下午：

时间段	机构A	机构B
8:00—10:00	3（…）	3（…）
10:10—12:10	5（英语）	5（英语）
13:30—15:30	3（数学）	3（…）
15:40—17:40	3（…）	3（…）
18:30—20:30	1（…）	1（…）

这样如果学员在机构 B 上完英语课，下课后就可以来机构 A 上数学课。

面对同业机构的竞争，选择竞争策略还是互补策略，关键仍然是看优势科目是否足够强势，足够独一无二地满足客户需求。

另外，还有一点需要强调，就是入口年级的设班，一定要尽量选择最好的时间段，最优的科目搭配。上一章我们提到，针对入口年级做特价班的逻辑是"广开口"；同理，入口年级的班级设置也要以最佳姿态，将口子开到最大，才能吸引到尽可能多的学生，为后续的扩科、续班等提供足够的客户基数。

4.4.3 教师

教师安排也是设班时需要考虑的重要因素。一般来说，教师安排应该考虑以下几点：

（1）在教师的可用时间段内，尽可能将课排满。将课排满，一方面有利于提高教师收入，增强其积极性；另一方面也有利于提高机构的收入和利润。

在具体的操作中，可以采用"平移原则"，从时间和教室两个维度来安排教师的课程（对于线上机构，"教室"的概念可以替换为"直播间"）。如下表所示：

时间段	教室1	教室2	教室3	教室4	教室5
8：00—10：00	英语	数学	物理		
10：10—12：10	语文	英语	数学	化学	
13：30—15：30		语文	英语	数学	
15：40—17：40			语文	英语	数学
18：30—20：30				语文	英语

在上表的安排中，语文老师可以在10:10 - 12:10的时段里，在教室1上课；在13:30 - 15:30的时段里，切换到教室2上课；到15:40 - 17:40，去教室3上课。显示到课表中，就是沿斜线平移下来。英语、数学课程也是一样。这样的安排通常能保证教师充足的课量。

假如生源没有那么充足，也可以跨年级备课，例如：10:10在教室1教三年级英语；13:30在教室2教四年级英语；15:40在教室3教五年级英语等。对于部分非语数英的课程，学生可能不够，也可以适当跨科目备课，或者线下机构就近跨校区授课。

(2）根据教师的绩效数据来排课。具体来说，续班率高、学生打分高，或者转化率高的老师可以多排课，从而更好地实现激励；当然对于一些新老师，也要给足成长和提升的空间。

(3）对于学生水平高的班，一定要配备功底更扎实的老师，否则可能会出现意想不到的情况，引发退班。

(4）搭配科目的时候可以考虑新老混搭、风格混搭等情况，以确保迎合大多数学生的偏好。

(5）特价班的教师应该重点部署。特价班的授课难度相对较大，通常情况下需要专项部署，包括向教师宣讲特价班的开设目的，设置单独的绩效标准以及后续动作清单等。

4.4.4 教室

教室这个要素更针对线下机构的设班需要。线上机构可以以"直播间"的概念来参考。

这里要介绍一个"点位使用率"的概念。教室的点位使用率是指某一教室的已用时间段占该教室所有可用时间段的比例，公式如下

$$点位使用率 = 已用时间（段） \div 可用时间（段）$$

例如，以2小时为一个时段来计，某教室的可用时间是从8:00—20:30，除去吃饭休息的时间，一共有5个时间段。设班之后，该教室实际有课的时间段有3个，那么该教室的点位使用率为60%，如下表所示（★号表示已用时间段）。

时间段	教室1
8:00—10:00	★
10:10—12:10	★
13:30—15:30	
15:40—17:40	★
18:30—20:30	
点位使用率	60%

同理，一个校区的点位使用率就是该校区所有教室已用时间段占该校区所有教室可用时间段的比例。

"点位使用率"的概念之所以重要，是因为它是判断线下机构是否需要扩租校区的关键指标。一般来讲，当点位使用率达到75%以上时，机构应该在半年之内完成扩租，否则可能会出现教室数量跟不上学员增长量的问题；当点位使用率在60%~75%时，大概在一年之内完成扩租即可；当点位使用率在60%以下时，除非生源增长非常迅猛，否则建议暂时不考虑扩租。这一标准是依据多年的K12机构运营经验测算而来，依据上述法则进行校区规模的布局，通常能做出省钱高效的决策。当然，上述经验是建立在当地的K12教育培训市场规模总量足够、生源增长态势健康、市场潜力足以支撑机构发展的情况下的。

除了上面提到的开结课时间、上课时间、教师、教室四大要素之外，在设班时，还有3个问题也需要给予额外关注，分别是：设班的区域化问题、设班与后续扩科/续班的班级对应问题，以及动态增班问题。这三个问题考虑到位，也会大大增强设班的合理性。

1. 设班的区域化（本地化）问题

无论对于线下还是线上机构来说，本地化都非常重要。教学的本地化能更好地针对当地学生的校内学习情况、学力水平提供相应的课程；而设班的本地化则能从运营这个维度为学员提供更细致的教学服务。一般来说，设班本地化是教学本地化的前提条件。如果一个机构或者一个校区在教师数量等教学资源方面尚不具备本地化的条件，说明该机构或该校区的教学本地化时机也尚未成熟。

对于线下机构而言，设班本地化主要是根据校区周边的主力生源校或者同业机构的情况，来调整开结课时间、上课时间等。主力生源校是某机构（校区）的大部分学员所在的公立学校。既然该学校是学生来源的主力，那就说明该学校的学生比较适合本机构课程，这部分学员是机构更应下大力气研究分析的对象，不妨深入学校细致调研，尽可能地完善服务。

甚至可以为主力生源校设置专属班级。比如，专门设置"育才小学班"，服务于育才小学的学员。这样会为家长和学员带来更多的归属感，教学内容的针对性也更强。

对于线上机构而言，也可以按照主力生源省份、主力生源城市来设置班级，班级名称如"高一数学冲刺班（山东）""高二数学强化班（晋城）"等。

通过本地化、精准化的教学服务，提高产品价值和服务水平，是K12教育培训机构发展的一个重要趋势。

2. 设班与后续扩科/续班的班级对应问题

前文提到，设班的原则要有利于招新、扩科和续班。这一原则要通过设班体现出来，让家长和学员明确，目前的班级是很方便续班和扩科的。

因此，建议做好三点：

一是期数对应。例如前面说到暑假班和寒假班都是四期课程，春秋季班分别是二期课程，那么暑假班和寒假班的一期和三期课程，可以对应春秋季的周六课程；二期和四期课程可以对应春秋季的周日课程[一]。

二是班级对照。例如暑假班的某个班级（上课时间、老师）和秋季班的哪个班级对应，科目如何搭配等。

三是特价班转正价班的对照问题。一般来说，特价班学员数量多，转化率为30%左右的话，到正价班之后班级人数会迅速降低。这时可以实行"二对一"的方式，即两个特价班合并成一个正价班；如果学生有分层，还可以采用"三对二"的方式，即三个特价班学员，合并成正价课的一个普通班和一个尖子班。此时也要和老师说好，转为正价班之后课量会减少。

下页表是一个呈现给家长的课表：

每位老师的秋季班上课时间和课程名称，对应寒假班的哪些班级，开结课日期，应该尽量和家长交代明确。其中，上课时间尽量保持不变，如习惯上午8点上秋季班的学员，在寒假课中，仍然能在上午8点的班级遇到熟悉的老师。

[一] 在小学学段，很多城市的公立学校可能会在周中有半天假期，有时也会在这一时间设班排课。

秋季	老师	时间	班级名称	寒假安排			
周六	蔡老师	08:00-10:00	四年级数学尖子班	2017-01-16	2017-01-22	2期	08:00-10:00
	祝老师	10:10-12:10	四年级语文阅读写作班	2017-01-16	2017-01-22	2期	10:10-12:10
	许老师	13:30-15:30	新概念二级综合能力训练营	2017-01-16	2017-01-22	2期	13:30-15:30
周六	祝老师	10:10-12:10	四年级语文阅读写作班	2017-01-16	2017-01-22	2期	10:10-12:10
	苏老师	13:30-15:30	新概念二级综合能力训练营	2017-01-16	2017-01-22	2期	13:30-15:30
	张老师	15:40-17:40	四年级数学尖子班	2017-01-16	2017-01-22	2期	15:40-17:40
周日	孙老师	10:10-12:10	四年级语文阅读写作班	2017-01-23	2017-02-05	3期	10:10-12:10
	张老师	13:30-15:30	四年级数学尖子班	2017-01-23	2017-02-05	3期	13:30-15:30
	陈老师	15:40-17:40	新概念二级综合能力训练营	2017-01-23	2017-02-05	3期	15:40-17:40

3. 实时监控，动态增班

班级设好之后，并不意味着设班工作的结束。对于设好的班级，报名通道开启后，可以实时监控报名人数并记录下来，形成表格如下。

时间段	班级容量（人）	报名人数					当前合计人数	满班率
		5月5日	5月6日	5月7日	5月8日	…		
班级1	15	2	3	1	2		8	53%
班级2	20	4	3	5	4		16	80%
班级3	20	1	1	2	1		5	25%
班级4	20	0	3	3	2		8	40%
班级5	25	2	2	1	0		5	20%

在这个过程中，一要关注报名人数的增长情况，二要关注报名总数和满班率。当发现某个班的学生增速比较快时，可以分析原因、总结经验；而某个班的报名总数和满班率达到一定程度时，就要考虑实时增设新班。一般来说，对线下机构而言，在招生期足够长的情况下，满班率在80%以上时，就需要立即增开新班；如果需求量大，还需要实时测算，以决定是否需要批量增加新班。实时监

控、精准分析，是很多优秀 K12 机构的运营秘籍。

如果对于每一次设班，都有上表这样的动态报名数据记录，那么将历年的数据搜集起来，并加以分析，就会成为宝贵的资料，供后续设班参考。例如：

- 不同时间段、不同科目的班级报名曲线是什么样的？有没有规律可循？
- 今年要开设初三数学冲刺班，哪个时间段最优？历年数据可否给出参考建议？
- 往年哪个班级最受欢迎？是什么原因导致的？该班级有什么优点可以借鉴？今年可否多设一些这样的班级？

……

设班是一项技术含量非常高的工作，除了下功夫分析客户、市场和自身资源之外，充分研究历史数据，持续积累经验，才能实现科学设班、合理设班。

4.5 设班的一般流程

从前面的内容中不难看出，设班是一项需要周密考虑、全盘部署的重要工作。因此，在实际设班工作中，需要各个部门通力配合，综合各方意见和需求确定方案，然后审慎执行。一般来说，设班流程如下。

首先是教学发起。通常，设班工作由教学端先发起，教学部门的工作人员搜集信息（公立校/同业机构等）、调研需求（家长/学生、咨询顾问等）、分析往年数据、列出课表、配备教师、教学内容配置等。

其次是教务配置。教学端提交课程安排后，由负责教务工作的同事去调配教室（直播间）、教材等相关资源，以保证教学工作的顺利开展。

最后是咨询顾问确认。这一步非常重要，在设班的所有流程中，其他都是0，这一步是1；因为咨询顾问和家长直接接触，知道家长/学生为什么不报名；咨询顾问不愿意向家长推荐的产品，通常是卖不出去的产品，即使强迫咨询顾问去和家长沟通也往往是徒劳。在设班时，我们不可能大范围直面家长去征求意见，那么咨询顾问通常更了解家长和学员的想法，咨询顾问认可的课程，也会全心全意去推广⊖。

在实际执行中还有一个很重要的会议工具叫作"设班说明会",就是把教学方、教务方、咨询方三方人员集合到一起,列出课表进行详细的讲解和沟通,任何一方有异议,都可以在会上提出,协调解决。将所有问题理顺,整个流程才会通畅。通常设班要考虑和平衡的因素众多,因此过程会比较艰难,但只有考虑全面,最终才会实现想要的效果。

小结和预告

本章我们重点介绍了设班工作。设班是整个运营中非常核心的动作,是K12业务运营的脉搏。

同时,设班也是一项非常讲究技巧和经验的工作。在实际设班前,应该做好充分的信息收集,并且将课程标准化;设班时,把握好开结课时间、上课时间、教师和教室四个关键要素,遵照一定的设班顺序,从客户需求、竞争对手、市场环境、自身资源、历史数据等各方面通盘考虑各个要素的配置,以"有利于招新、扩科和续班"为原则,科学合理地设置班级。

下一章,我们将介绍另一个重点动作——扩科,通过精细化运营实现客户价值的横向拓展。

⊖ 对于线下机构来说,教学和教务人员往往属于总部,咨询顾问则分属于不同的校区。在实际运营中,也有机构采用由校区发起设班的模式,因为校区(咨询顾问)往往离客户更近、更了解客户需求。但是,这样做的弊端在于很容易引发争抢资源,难以服从大局的现象。

教育培训大运营
K12业务精细化操作指南

第 5 章
扩科：客户价值的横向拓展

K12 机构推出的教育产品有很强的关联性，如果我们的思路能从"运营产品"转向"管理客户"，会打开一片新天地。

腾讯是一家伟大的公司，在人们的生活中已经基本离不开腾讯的产品了，而且，腾讯想做的业务，基本上都能够做得有声有色。以近年来崛起的金融支付业务为例，微信支付功能于2013年8月上线，2015年通过春晚红包互动一举爆发，但相比于2003年就上线的支付宝，微信支付可以说整整晚了10年。可是，到了2017年第一季度，支付宝和微信支付的市场份额分别为54%和40%，微信支付用户大幅增长，开始逼近支付宝。

实际上，腾讯在金融支付、游戏、文化娱乐、教育等领域之所以屡屡出击、战果累累，有一个重要原因是依靠其当家的社交产品——QQ和微信所积累的庞大用户基数。腾讯2020年第一季度财报显示，微信用户数（含Wechat用户）达到12.025亿。在一个如此规模大、黏性高的流量池内接入新产品，比"从0到1"地推广新产品，显然成本要低得多。就移动支付这个领域来说，支付宝是在"运营产品"，而微信则是在"管理客户"，哪一个更省力，就显而易见了。

K12机构的"扩科"逻辑，类似于腾讯这样，在既有的池子里，将客户价值向其他产品横向拓展。

扩科是指在读学员增加报名科目。例如已经报名了数学的学员，再报名语文，就叫扩科。

在K12机构的运营中，做好扩科工作意义重大。从客户角度来说，大多数学员都有多科培训的需求，扩科既能够帮助学员做好全科学习规划，又可以让学员尽量在同一机构内完成多个科目的学习，节约时间，提高学习效率。而从机构运营的角度来说，提高扩科的数量和比例，对于构建健康的营利模型，起着至关重要的作用。

5.1 扩科对机构运营的重要性：提收入、增利润、增黏性

在公司的经营管理中，有一个概念是"客户终身价值"（Customer Lifetime

Value，CLV），指的是一个购买者可能为企业带来的收益总和。一个客户的终身价值包括下面六个维度：

- 初次购买收益
- 重复购买/提高购买频率的收益
- 交叉销售收益
- 成本降低的收益
- 口碑的收益
- 提价不流失的收益

充分理解并思考如何从上述六个维度挖掘客户价值，是提升公司经营业绩的重要途径。对应到K12机构中来，第一个维度"初次购买收益"即学员首次报名；第二个维度"重复购买/提高购买频率的收益"即学员续班；第三个维度"交叉销售收益"，是指在多个课程产品的客户之间交叉销售、提升收益，也就是本章所讲的"扩科"。

扩科在K12机构运营中的重要性主要体现在以下三个方面：

1. 有利于提高收入。客户从报名单科到多科，消费总额增加。
2. 有利于降低成本，提高利润。一名学员扩科，使K12机构的收入增加，但获客成本基本没有变化，成本在收入中所占的比重却大大降低，有利于提高整体的利润率。如下表所示。

	收入（元）	获客成本（元）	获客成本占比
一科	3000		17%
两科	6000	500	8%
三科	9000		6%

扩科带来的成本收益对比

假设获客成本是500元/人。客户如果只报一科，获客成本占比为17%；如果扩到三科，获客成本占比即降到6%，利润率大幅提升11%。对于一个收入规模达十亿元级别的机构而言，利润率提升11%就意味着增加1亿元的利润，这是一个相当可观的数字。

3. 有利于增强客户黏性。对于机构而言，报一科和报多科的学员，其流失风险是大不相同的。一般来说，学生只补习一科的情况很少。假定平均每名学生在 K12 机构会报三科课程——语文、数学、英语。如果一名学员在机构 A 只报了一门数学，就意味着其在机构 B（或机构 C）可能报了语文和英语；由于在同一机构学习多门科目有较大的便利性，该学员就很有可能退掉机构 A 的数学，转投到机构 B 门下同时学习语文、数学、英语。相反，假如该学员在机构 A 报了两科——语文和数学，他退掉机构 B 英语课的概率就会增加。由此不难看出，做好学员的扩科工作，不仅有利于增强客户黏性，也是应对同业竞争的有力措施。

由此可见，扩科对 K12 机构运营起到非常重要的作用。

从单个学员来讲，有利于增强黏性，学员黏性加强，又会进一步增强续班意向，延长客户生命周期，保证学习效果，提升业绩，形成正向循环。

从 K12 机构的整体运营来讲，扩科有利于降低成本，增加收入和利润，保持健康的盈利模型。

纵观 K12 教育培训行业龙头企业的发展，无论是新东方还是好未来，都是从单个强势科目起家，用优质的产品与服务积累口碑和客户；积累到一定规模后，就开始用更丰富的科目和产品发挥规模经济效应，用全科的增长带动整体业绩的提升。

那么，应该如何做好扩科工作呢？宽泛的介绍可能不够直观，下面我们结合天津某 K12 培训学校（以下简称 S 学校）的真实案例，通过该学校以小学数学起家，依靠扩科实现收入倍增的做法，来介绍具体动作。

5.2 如何做好扩科工作

在介绍如何做好扩科工作之前，我们先来看一看如何衡量扩科工作做得好与不好。

在 K12 教育培训行业，有一个重要的运营指标叫作"报科次数"，简称"科次"。如果一名学生报名了语文科目，科次计为"1"；如果该学生同时报了语文和数学，科次则计为"2"；同理，如果该学生报了语文、数学、英语、物理四科，科次则计为"4"。在实际运营中，一个机构的学员数量只能代表该机构的市场占有率，真正决定业绩水平的是学员的"总科次"，即所有学员报科次数的总和。而衡量扩科工作的关键指标则是"平均单人报科次数"，简称"平均单人科次"。

一个机构的平均单人科次计算公式如下：

$$平均单人科次 = 所有学员报名的总科次 \div 学员总数$$

如果某机构有1000名学员，1/2的学员报了一科课程；1/4的学员报了两科课程；1/4的学员报了三科课程，则该校的平均单人科次为：

$$(1/2 \times 1000 \times 1 + 1/4 \times 1000 \times 2 + 1/4 \times 1000 \times 3) \div 1000 = 1.75$$

平均单人科次越高，说明该机构的扩科工作做得越好。

在实际运营中，平均单人科次的常用计算维度还可以包括：

（1）年级（学段）维度，即一个年级或一个学段学生的平均单人科次。根据行业内多年运营的数据，一般来说，小学、初中、高中各学段的平均单人科次参考值如下。

小学生参与课外培训的科目较少，共三门——语文、数学、英语，因此小学段的平均单人科次比初高中略低，达到1.8可以算是业内"良好"水平，2.1以上可以称为"优秀"，做到2.5以上的机构屈指可数。

对于初中而言，平均单人科次达到2.3可以算"优秀"，能达到2.6就非常了不起了。

高中科目更多，平均单人科次达到3可以算"优秀"，有些机构也能达到4的水平。

（2）区域维度，即一个区域内学员的平均单人科次。对于线下机构来说，可以以此来衡量校区的扩科工作情况；对于线上机构来说，可以按省市来统计某地区的平均单人科次，分析报名的科目偏好，从而有针对性地对该地区推广某一科目的课程，提高该地区的扩科水平。

一般来说，维度切分越细，数据的指导性越强，越有利于改进工作。曾经有一个案例，某机构负责人对班级里的每个学员的所报科目做分析，有针对性地做扩科动作。比如，语文班有学员25名，其中有15名学员报了英语课程，未报数学课程。于是重点针对这15名学员推荐数学课程，一般来说从两科扩到三科的难度也不大；然后又针对班中5名只报了语文这一科的学员推广英语课程，努力将学员从一科扩到两科。这一做法看起来是个"笨办法",效果却非常好,大幅拉动了业绩增长。对于中小型机构来说,不妨尝试一下这种极其精细化的动作。

明确了扩科效果的衡量办法,下面就以天津 S 学校为例,看一下扩科工作具体有哪些要点。

S 学校是一家天津的 K12 教育培训机构,优势科目是小学数学,创始人是教学专家;在当地,该机构小学数学的口碑很不错,但是英语和语文一直都没有发展起来。2015 年之前,S 学校的年收入有 1000 多万元。

自 2015 年起,S 学校调整运营策略,一方面加强招生工作,使学员数量大幅提升;另一方面大力开展扩科工作,一下子带动学校收入的成倍提升,不到三年即成长为亿元规模的培训机构。

如下图所示,较之 2015 年,S 学校小学数学的报名人次增长 97.43%,增长了将近一倍;而小学英语的报名人次则猛增 225.10%,几乎和小学数学的报名人次拉平。这说明,该机构在扩科方面的工作取得了显著成效,实现全科报名人次的大幅上涨。

项目	本周(人)	环比增长	学期累计(人)	同期增长率
小学数学	38	1.44%	2685	97.43%
小学英语	18	0.71%	2565	225.10%
小学语文	10	0.55%	1836	94.70%
初中	14	0.40%	3485	146.46%
高中	1	0.45%	221	
合计	81	0.76%	10792	139.55%

S 学校 2016 年秋季课程报名情况

具体拆解该机构的动作,大致可以从教学水平、设班排课、产品设计、营销活动、团队建设等几个方面总结经验。

5.2.1 保证新开科目有足够高的教学水平

S 学校的优势科目是数学,如果新开的英语和语文教学水平不够高,那肯定是不行的。对于 K12 机构而言,留住客户的理由一定是足够高的教学质量和服务水平。

如何保证新开科目的教学水平呢?

第一,要有优秀的教学带头人。对于新开科目而言,选择教学带头人的标准是不亚于优势科目的水平。由于优势科目所积累的口碑,家长可能对新开科目有很高的期望,因此新开科目在高起点上去筹备,才能达到客户预期,为学员真正提供有价值的教学服务。

第二,要建立起良好的教学保障机制。比如:为新开科目提供有竞争力的待遇和资源。当新开科目尚未建立起核心竞争力的时候,作为弱势科目,如果教师待遇不能保证,就很容易留不住人才,这个科目就更加不可能发展起来,从而形成负向循环。例如,S 学校的优势科目是数学,假如数学老师的课酬是每小时 50 元,那么在培养新开的英语科目时,就应该格外照顾英语老师的课酬,比如设为每小时 70 元。因为一般来说优势科目的老师排课较多,即使课酬水平稍低,也能保证较高的待遇水平;而新开科目刚刚推广,排课较少,教师待遇不足就难以保证工作的积极性,导致人才流失。

同时,在教学资源的配置上,也应该适当向新开科目倾斜,优先保证新开科目的教学工作顺利开展。例如初中学段新开物理、化学课程,需要实验器材或者教学教具,都应优先保证供应充足。

5.2.2 在设班排课方面为扩科做好准备

"设班排课"是本书第 4 章的重点内容。其中提到,设班的总体原则是要有利于招新、扩科和续班。因此,扩科的成功离不开设班排期的配合。简单来说,主要有以下几点:

一是在开课模式方面,要将滚动开班的课程四季切齐。因为滚动开班的行课节奏、教学进度等不统一,科目之间难以匹配;而四季行课模式,便于科目搭配。

二是将课程标准化,包括时长、价格、满班人数等。

比如,新开科目的课程要素要与既有优势科目的课程要素保持一致。举一个反面例子:某机构以英语科目起家,英语课的时长为 2.5 小时,价格为 60 元/小时；但其新开的数学、语文科目均为1.5小时一次课，价格为45元/小时。这样的设置不仅不利于科目搭配，而且可能会向家长传递新开科目的质量不如英语课的信号。

三是合理安排上课时间和课程排期，使每一个学员都能够找到适合的班级组合。

以上三点均在第4章中有过阐释，在此不再赘述。科学合理地设班是保证扩科工作顺利完成的前提。

5.2.3　招生入口的科目绑定

扩科不仅仅针对老学员做工作，如果在招新入口就绑定多个科目，在设计引流产品或体验课程时即鼓励多科联报，也是一个可参考的方案。

S学校的具体动作是：

开设"三科联报"特价班，即将语文、数学、英语三科联合做捆绑特价，原价逾3000元的课程，只需99元即可学习。一方面加大了优惠力度，对家长和学员来说是一个利好，另一方面同时体验三科课程，向正价课转化时也就自然而然地向多个科目转化。

S学校也把这个方法复用在了个性化业务上。

最初，S学校的一对一课程只是单科试听，后来经过调研，推出199元的两科4课时体验课，从多个科目共同发力，为提升学员的学习成绩提供整体的解决方案，也实现了业绩的大幅增长。

5.2.4　细致有效的数据分析

前文提到，衡量扩科工作的关键指标是"平均单人科次"，划分维度包括学校、年级、学段、区域等。在这里要重点强调的是，数据分析要尽可能细致，越细致越有效。

S学校为分析扩科数据专门开发了一个小程序，详细标识了每一个学员的所报科目，在界面中，不仅能显示每个学员现阶段的报名科目情况，还能看出与上一期相比，续班和扩科的动态变化。

5.2.5 咨询顾问须掌握足够的学科知识和政策知识

从整个运营链条上来看，咨询顾问是与客户接触的最前端岗位。家长对课程产生的第一印象，来自于咨询顾问的介绍和推荐。如果咨询顾问对某一科目的课程情况、考试政策都不熟悉，是很难打动家长扩科报名的。

S学校在扩科英语时就遇到了类似问题。当时，机构里的很多咨询顾问对其优势科目——小学数学的课程体系、老师风格、教学特色、学习难点重点等是张口就来，可以非常娴熟地应对家长提出的各类疑问；可是对于新开的小学英语课程却了解不多。在接待家长时，咨询顾问的些许迟疑都可能会导致家长的信任流失，影响扩科效果。

因此，针对这个问题，S学校重点部署了两个方面的工作：

一是召开小学英语课程的内部产品发布会，把营销团队的全部咨询顾问都召集到一起，向他们详细讲解学校新推出的小学英语课程。这项工作非常重要，因为课程是通过营销团队推荐给家长，而不是教研老师。这就意味着，课程设计得再好，如果营销团队不能将课程价值准确全面地传递给家长，家长也无法感知到。因此，一个课程产品设计出来，一定要先让和家长密切接触的营销团队认可，做好内部的销售工作，这个流程打通了，才能实现课程价值的真正落地。

内部产品发布会是一个充分传递课程价值和信息的手段，有三个要点值得注意：

- 产品说明要简单清晰。有不少教研团队在做产品说明时，喜欢长篇大论，面面俱到地讲解产品，甚至用动辄几十页上百页的PPT展示。实际上，且不说咨询顾问是否有时间消化和记忆这些亮点，家长往往也没有耐心和时间去听。最好的产品说明应该是两三句话就把核心卖点交代清楚，让人瞬间理解；5分钟内能让家长获取到打动人心的信息；如果家长感兴趣，再进一步解答说明。
- 产品说明不是做一次就结束了，而是应该持续做、及时做，形成相关机制。随着课程产品的不断更新，应该持续向营销团队传递产品特色和亮点变化情况。营销团队了解了产品的迭代和演进情况，也有利于其进一步把握课程的优势，更好地向家长推荐。

- 在产品发布会上，还可以邀请营销团队观看课程 Demo（样片），使其对课程有更加直观的感受。在第 2 章我们提到，教育产品是一种典型的"后验品"，家长/学生只有在亲身体验后才能真正了解和判断产品质量，进而产生信任。对于客户而言是如此，对于"内部客户"的营销团队而言也如此。咨询顾问体验过课程之后再去向家长介绍，传递的就不再只是干巴巴的亮点信息，而是能将其对讲课风格、课堂节奏、上课氛围的亲身感受都加入推荐中来，也让家长对课程实际场景获得感知，产生共鸣。

二是对营销团队加强新开科目的知识培训与考核。培训和考核分别从"输入"和"输出"两个方面来训练咨询顾问对相关知识的掌握程度，其形式也可以灵活多样。例如：

- 知识培训，这是最常见的做法，也通常是效率最高的做法，能一次性将重点的学科知识和政策信息有效传达。S 学校的数学和语文学科知识培训要点均由各学科负责人主讲，内容涉及教材重难点、课程特色知识点讲解、入学测试分析、课外练习题、与公立学校课程对比等，并且都给出具体事例。掌握了这样细致的知识内容，咨询顾问再去和家长沟通答疑，就能做到心中有数、游刃有余。
- 模拟训练，即组织咨询顾问团队模拟家长现场咨询。例如：由同事扮演家长，咨询顾问向"家长"介绍新开的英语课程并答疑。同时，邀请有经验的资深顾问就现场表现点评和指导。这样的实战演习可以安排在知识培训之后，操作性强，对咨询工作的实际指导意义很大。
- 咨询比赛，即组织咨询顾问团队一起来比拼，看谁能把新开科目介绍得更好。这样的咨询比赛可以细分特定主题，将咨询顾问分组，进行评比、打分。由于主题相同，可能家长提出的问题接近，因此更便于逐句分析与对比，从而打磨出最佳咨询方案，供咨询顾问在实际工作中使用。咨询比赛一般可用于大型营销活动之前，往往能迅速提高咨询顾问的业务水平。

对于线上培训机构而言,虽然咨询顾问与家长面对面咨询的机会很少,但也同样可以组织模拟文字咨询、模拟语音咨询、模拟直播间咨询等活动,由同事扮演家长,评委现场打分点评,提高学科咨询水平。

5.2.6 准备有效的咨询材料和文案

结合S学校的经验,具体可以在以下几个方面发力:

第一,制作导学图。导学图是指将机构所有科目的课程按年级或学段详细列出,匹配不同阶段的学习目标,从产品角度为客户提供一个"学习成长路线图"。为什么要制作导学图呢?

由于S学校以数学科目起家,很多家长对该机构的第一印象为"这是一家数学培训机构",家长们到校区咨询也通常是直截了当地要求"请把数学课程介绍一下"。在这种情况下,如何让客户认为"这不仅仅是一家数学培训机构"呢?

于是,S学校做了下面这张导学图,贴在校区一进门最醒目的地方。

××教育导学图

年龄/年组	3~6岁	1年级	2年级	3年级	4年级	5年级	6年级	7年级	8年级	9年级	高一~高三
学科/目标	培养兴趣	拓展思维、夯实基础				走向名校		力争中考			赢在高考
语文		多彩语文	多彩语文	阅读写作	阅读写作	阅读写作	精英/冲刺/强化	精英/尖子/强化			
数学		思维训练	思维训练	精英/尖子/强化	精英/尖子/强化	精英/尖子/强化	精英/冲刺/强化	精英/尖子/强化			
英语	××宝贝TOTs	××少儿KIDs	××少儿KIDs	新课标新概念	新课标新概念精英/强化	新课标新概念精英/强化	精英/冲刺/强化	精英/尖子/强化			
物理									精英/尖子/强化		
化学										精英/尖子/强化	

S学校导学图

如图所示，这张导学图首先将课程按语文、数学、英语、物理、化学这些科目分类列出，然后按照年龄年级拾阶而上，每个孩子适合什么课程、学完之后能达成什么目标、成长路线都一目了然。从 3~6 岁到高三的孩子都能从 S 学校的教学产品中找到匹配的学习方案。

有意思的是，导学图张贴出来之后，每个来校区咨询或者接送孩子的家长，几乎都会在导学图前驻足一两分钟；一来就开门见山只要求介绍数学课程的情况迅速减少；即使有，家长们也常常会在看完数学课程相关资料后，还会提出"你们还有语文和英语是吧？把资料给我看一看"之类的请求，为扩科提供了更大的可能性。

制作和展示这样的导学图，线上培训机构也一样可以实现。例如在面对学员或家长线上咨询"你们都有什么课程"时，就可以把电子版的导学图发给家长/学生；在引流课（如公开课或训练营）上，也可以为家长/学生展示导学图，以便于他们了解课程体系的全貌。

第二，按年级（而非按科目）制作招生简章。过去，K12 教育培训行业的招生简章都是按科目来分别印制的，特别是一些靠单科优势起家的中小型机构而言，往往习惯了按科目来制作招生简章，即使有了全科产品，仍然站在生产者的角度来分科目推荐课程，而忽视了客户的特点和学习需求。

实际上，每一位客户都有着独立而完整的诉求，以年级维度来制作招生简章才更接近客户视角。例如，S 学校在拟订七年级（即新初一年级）招生简章时，考虑到新初一年级学员面临着从小学到初中的角色转变，在知识难度、学习节奏的变化方面都需要时间来适应。针对这样的问题，S 学校七年级招生简章提出"寒暑赶进度、春秋上难度"的原则，专门针对七年级学员设计了不同的科目、时段和层次班型组合，供学员参考和选择，有针对性地提出解决方案。

由于招生简章从问题出发设置课程、以年级为维度介绍课程，咨询顾问在向用户推荐课程时也有了抓手。例如，可以根据学员的不同学力水平和面临的学习难题，为其推荐合适的班型组合；也可以配合校内的学习进度，为学员规划"赶进度"和"上难度"的节奏，从而安排适宜的课程；此外，由于招生简章上所有的课程均为同年级课程，也更便于学员在科学、时间上进行班型的匹配和选择，比如 10:10 – 12:10 的数学课衔接 13:30 – 15:30 的语文课，或者语文、数学、英语三科连上等。

只有真正从客户的实际需求出发，打破科目的界限来设计招生简章、课表等咨询材料，才能提出打动人心的解决方案，同时有利于扩科，实现机构和客户的双赢。

第三，在校区的前台滚动播放多科课程的精彩视频片段。不少线下机构的前台都设有大屏幕，会滚动播放宣传片或老师介绍等视频，利用家长等待咨询、交费或接送孩子的空余时间传递信息。实际上，最好的视频莫过于精彩的课堂瞬间，例如3分钟左右的精彩讲解等。而如果将语文、数学、英语等多个科目的视频片段串联起来播放，会更好地促进家长了解新开科目，对扩科有显著作用。另外值得注意的是，线下机构的前台附近，往往是家长群体中"意见领袖"比较集中的区域，让这部分家长充分了解课程精华，更有利于课程信息的传播。

这一点线上机构也可以实现。例如将不同科目课程中的精华片段做成3分钟以内的小视频，每个视频讲透一个知识点或者拆解一个"大招"，将视频作为福利发到家长群中，能帮助家长迅速了解某一科目的课程，形成良好的印象，进而为扩科打下心理基础。

第四，打磨咨询文案。前文已经提到如何通过培训、模拟演练或考核来提高咨询顾问的业务水平。在此，我们介绍一个具体的扩科咨询案例。

案例1　　　　　扩科咨询案例分析（数学→语文）

咨询顾问：家长您好，孩子近期在日校学习情况怎么样，比上学期有进步吗？（日常了解和跟进孩子的学习情况）

家长：感觉还行，最起码作业好多了，寒假到现在一直抓得挺紧，前几天我问他们班主任了，说挺有进步的，不过有时候还是粗心，不认真。

咨询顾问：粗心、不认真有五个方面原因。第一，视觉性错误。第二，审题能力有待提高。第三，基本知识、基本技能、基本方法不过关。第四，没有养成良好的改错习惯。第五，孩子比较轻敌。难的题目写对了，简单的反而写错了。（发挥课程顾问的专业性，对粗心的问题进行有理有据的剖析）

家长：对对，他就是那样，每次都是越简单越容易出错。（初步认可）

咨询顾问：尤其是男孩子，很多难题都可以答对，简单的题反而错了。在遇到难题的时候，往往会对题目给予足够的重视，而解简单的题的时候，急于求成，答题速度快，出错了也不容易发现。（进一步对"粗心"问题进行分析）

家长：是呢，整天毛毛躁躁的，你说怎么办呢？（充分认可，并开始主动寻求建议）

咨询顾问：我给您一个建议，给孩子准备两个错题本，将错题在每个本上抄一遍，一个本的题马上改完，另一个本上的错题，隔两周再做一次，考试之前再看一次（提出具体可操作的建议）。很多学生都不善于归纳总结错题，没有充分利用错题本。我们曾经对2010年天津市高考理科状元做过一次学习经验的调查，她分享的最有效的学习经验就是整理错题集。（诉诸权威，用高考状元的例子提高说服力）。语文呢，怎么没上呢？（信任充分建立之后，话锋转向其他科目）

家长：我觉得语文没必要报班。

咨询顾问：语文很重要啊（明确纠正"语文没必要报班"的想法）。现在的语文学习要求越来越高，不仅语言积累很重要，重点还包括阅读、作文。（列举理由）孩子马上要上四年级了，四年级阅读篇幅加长，要求会精准地总结归纳中心思想。写作以简单的记叙文为主，要求会运用所学过的12种修辞手法（详解校内语文的重点难点，表现专业性，引起家长的兴趣和关注度）。这些对于新升入四年级的学生来说是有一定难度的（明确目前学员面临的问题）。

家长：我觉得没必要就没让他上，这里什么时候上语文课？

咨询顾问：数学课下课就是语文课（降低上课难度），班上好多同学都上了（用其他同学来营造紧张感）。这样吧，您今天让孩子试听一节语文课。这位语文老师特别优秀，有丰富的教学经验，上课气氛也特别活跃（突出语文课和语文老师的亮点）。

家长：行，她要是觉得不错就让她跟着上语文课。

总体来说，优秀的咨询顾问一定是以满足客户需求为出发点，用学科知识和专业度建立信任，并从课程内容、上课时间等方面规划学习方案，成就学员。

5.2.7 设计专门的扩科体验课程

在前面我们提到，可以设置"三科联报"的特价班，捆绑多个科目招生，主要针对的是新生报名。面对老学员，也可以专门设置用于扩科的体验课程，如特价班、公开课、讲座等（引流产品设计详见第 3 章），邀请老学员体验新开科目，通过价格上的优惠吸引老生尝试。

例如新东方在大力发展数学和语文这两个新开科目时，就成功采用了扩科类特价班的做法，充分挖掘既有英语学员的扩科需求，实现数学、语文业务的迅速增长。

一般来说，邀请老生扩科的时机有几个：一是升年级时，如三年级到四年级、五年级到六年级等；二是校内的学习有新科目增加时，如初二时开始学习物理、初三开始学习化学；三是期中考试或期末考试后，学员成绩出现问题或学习出现薄弱环节时；四是续班窗口期。

在老生扩科方面，还可以开展"老带新"的活动，例如面向老生的扩科类特价班价格为 99 元，但如果老生能带一名新生一起报名，两人均可免费上课，由此实现扩科和招新的双重目标。

在此也为大家提供某 K12 机构的一个扩科体验课程案例，供大家参考。

案例 2　　某机构开设物理扩科短期班，提前锁定新生

根据目前的初中教学安排，物理课在初二年级开设，化学课在初三年级开设。因此，每年暑假，针对新初二学员的物理特价班和针对新初三学员的化学特价班，都是各大 K12 机构的重要招生动作。

2019 年，某 K12 机构独辟蹊径，避开暑假招生高峰期，提前在当年的春季课程中，针对初一学生开设了 5 次物理实验课，每次 30 分钟，共收费 9.9 元。该实验课利用周末时间上课，目的是让初一学员提前了解物理学科；通过实验课的形式，激发孩子对物理的兴趣，并且与物理主讲老师建立联系。

物理实验课推出后大受好评，很多学员积极来上，在课程结束后也毫不犹豫地报名了下一期物理课程。以这样的方式，2019 年该机构的初一春季在读学员有 70% 都在暑假扩科了物理课程。而当年，很多其他机构仍采用暑假开设半价物理班的方式招生。由于该机构物理实验班提前锁定了生源，也最大限度地留住了客户。

后来，该机构又以相同的方式开设面向新初三的化学科目实验课，效果同样不错。

5.2.8　开展扩科相关的运营活动

如果说为扩科设置专门的体验课程属于"重运营"的话，我们也可以通过"轻运营"的方式促进扩科，例如：

（1）为学员进行全科测试，并提供学情报告。"全科测试"是指不管学员报名了几科课程，都为其进行语文、数学、英语等全科的测试。全科测试是受欢迎的，即使未报名相关科目，家长也希望能全面考察一下学员的学习水平。而测试结束后，可以发放详细的学情报告，学员在各个科目的表现如何、薄弱点在哪、有何建议等都体现在学情报告中，以此去规划全科学习，也就更加对症下药了。

（2）开设"专家门诊"，为学员提供一对一咨询。上面提到为学员提供全科测试和学情报告之后，还可以邀请学员及家长到校区，请老师针对测试结果和学情报告进行一对一咨询，提出详细具体的学习建议和解决方案，并根据学员的实际情况推荐扩科。

（3）开展各种形式的活动。例如，S学校曾面向初三学员举办过一场名为"陪你一起考名校"的活动，将有意向参与活动的初三学员拉入一个微信群中，首先请大家确立自己的名校目标；然后请参与的学员去拉自己在读学校的同学来组成战队，4人一个战队，每周答题。工作人员每周会出5~10道题，邀请各战队抢答，这些题目均围绕中考考点展开，语文、数学、英语三科协同。最后，哪个战队答得快、答得好，即可赢得奖励。

该活动引起了不少学员的兴趣，纷纷邀请自己的同学来应战，拿到奖励也颇有成就感。而对于机构来说，这是一场"招新+扩科"双赢的活动：一方面老生拉同学入群，相当于为机构拉了新的生源或种子流量；另一方面，在三科协同答题的过程中，有不少学员会感觉自己某一科似乎应该再加把劲了，进而增强了扩科的意向。

5.2.9　教学结构的搭建与分组激励

在同一学段下，将不同科目的老师，如语文老师、数学老师和英语老师搭配在一起，组建小组（见下页图），共同交流，会更有利于学生成绩的提升，也更有利于扩科。

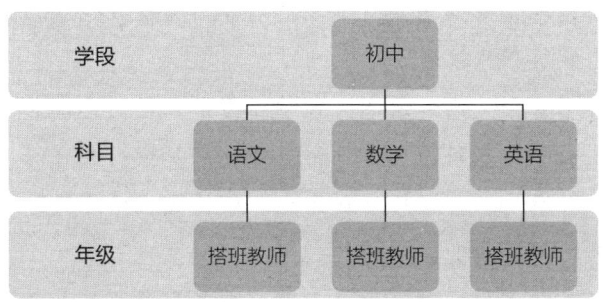

例如，S学校的某校区有这样一个教师组合：英语老师姓苏，数学老师叫乐乐。由于两位老师配合默契，课程也常常连在一起上，学员们都亲切地将他们"二合一"称呼为"苏乐乐"老师。后来，这两位老师又将所有报名数学和英语课程的学员组建了一个大群，两人在群内分开时段做维护和答疑，群内氛围非常好。他们的密切配合直接带动了两科学员之间的交叉报名，扩科效果显著。

除了组建搭班小组之外，对小组进行合理的激励也非常重要。例如，可以将衡量扩科的关键指标——"平均单人科次"的指标任务下达到小组而非个人，比如，小组的平均单人科次从1.5提高到1.8。此时，该团队各科老师必然会密切配合，通过各种方式实现扩科指标的提升。

还有一些机构会设置专门的扩科主管，及时统计扩科数据，制定扩科方案，收集扩科案例，同时监控和激励各小组的扩科情况等。

5.2.10 加强教学团队的内部协作

将不同科目的老师搭班组建小组后，还应该从细节着手，以各种方式加强各科老师之间的协作。例如：

- 将不同科目老师的工位混合排布。工位的安排看起来是小事，实际上直接决定了老师们的日常交流对象。是只和教本科目的老师交流，还是打破科目的界限随时讨论如何提高本班学员的学习成绩？这是大不一样的。
- 在考前、期末等关键时间节点，组织跨科目重难点讲解等活动。一般来说，在期中考试、期末考试前，学员会在各个学科都有归纳复习的需求，即使对只报单门科目的学员也是一样。此时，可以组织一场跨科重难点讲解的活动，例如邀请搭班的英语老师到数学班的学员群里客串，发放复习资料，或重点讲解本学期易考易错知识。客串老师如果讲得精彩，也会吸引学员扩科报名。

- 多科同开家长会。例如语文、数学、英语三科同开家长会，可以由某一科老师全面介绍三科情况，三科老师分别答疑；也可以由校区负责人出面主持，并邀请三科老师分别介绍班级情况，以此促进不同班级的学员家长对其他科目的了解。
- 主讲老师互相调侃，增进学员了解。在不影响课堂教学的情况下，主讲老师之间可以通过调侃彼此、讲与彼此有关的段子等轻松幽默的方式，调动学员对其他科目及老师的好奇心，增进了解、产生兴趣。
- 加强团建。组织教学团队的文化娱乐活动，增进彼此的了解和信任，工作起来也会更加顺畅，并且激发更多的灵感，提供高质量的教学服务。

小结与预告

综上所述，扩科是一项需要联合多个岗位共同发力、协同完成的系统性工作，应该从"管理客户"的思路出发，将设班、服务、教学、市场、销售等各个环节打通，提前部署，周密考虑，实现客户价值在不同科目之间的横向扩展。

接下来，我们将视角转向客户价值的纵向拓展，即续班。我们会在下一章介绍续班工作的开展，包括如何在教研、服务、销售等各方面共同努力，延长客户的生命周期，实现教学效果和机构业绩的双双提升。

教育培训大运营
K12业务精细化操作指南

第 6 章
续班（一）：客户价值的纵向拓展

K12教育培训行业从本质上来说属于服务业。而做好服务业的关键，就在于"回头客"这三个字。

说起服务，中国餐饮业一个绕不开的名字就是"海底捞"。除了近乎"魔鬼"的服务细节，给大家贡献了不少"段子"之外，其后来推出的红海会员、银海会员、金海会员、黑海会员等级制度，也一度成为社交网络上的热门话题。特别是海底捞"黑海会员"的种种权益，更是引发了"吃货"们的热议和艳羡。

作为最高的会员等级，黑海会员需要保证最近半年内在海底捞门店消费超过12000元才能维持权益；相应的会员权益也十分诱人，仅"饭点不用等位"这一项就足以令人惊喜。要知道，在用餐高峰时段，通常海底捞门店的等位时间在2个小时以上，而黑海会员不论何时到店，都享有"插队安排"的特权，最多不超过当前叫号之后的顺延第三位。当黑海会员入座后，餐桌上会摆放一个"黑海会员"的专属标识，这是给店里的服务员看的，有了这个标识，服务员会随时过来询问需求，给予特殊照顾。此外，黑海会员还享有随机折扣，赠送菜品、果盘零食等优惠，具体到不同门店会有不同的安排，但都会保证让顾客享有黑海会员区别于其他会员的"权益"和"殊荣"。

实际上，海底捞此举就是在做一件事：留住回头客。按照会员制度，半年消费12000元即可成为黑海会员；以人均150元的消费水平计算，如果两人就餐，就意味着黑海会员需要4~5天就去吃一顿海底捞。能有如此消费频次的顾客，堪称海底捞的"忠实粉丝""铁杆回头客"了；而通过黑海会员权益将这部分最有价值的"回头客"留住，激励其持续消费，也就保证了海底捞的基本客流和收益。

做好服务业，关键要抓住三个字：回头客。餐饮业如此，K12教育培训行业亦然。据测算，在K12教育培训行业，获取一个新客户的成本，是老客户重复购买成本的7~16倍；而产品价格面向新老客户都是统一的，因此，"回头客"越多，K12机构的收入和利润表现无疑就越好。

在K12教育培训领域，要留住"回头客"，具体来说，就是做好续班工作，也就是说，当学员在一个班级的学习即将结束或已经结束时，通过产品、教学、运营、服务等促使其报名后续的班级学习。一般来说，K12 机构的续班率在 80% 左右是比较健康的数据，越高越好。续班率作为全面衡量教学水平的关键数据，也是对教师考核的重要指标。

那么如何才能做好续班工作，尽可能提高续班率呢？

6.1 续班工作的原则

续班工作的原则可以总结为四句口诀，即：

- 课程要连续；
- 教学要有效；
- 服务要感人；
- 营销有抓手。

参照这四句口诀做续班工作，效果一般不会太差。我们来逐一分析。

6.1.1 课程要连续

要做到"课程连续"需要在两个方面做好安排：

一是设班时，保证班级在上课时间、教师安排等方面的连续性。例如，某学员小明在暑期班是上午 8:00—10:00 上数学课，主讲老师为 S 老师；后面小明续班到秋季课程时，也应该尽量保证这一班型在新学年的数学课时间仍然安排在 8:00—10:00，仍然由 S 老师担任主讲老师。这一点我们在第 4 章设班中曾详细阐释，在此不再赘述。

二是保证教学内容的连续性。每个科目的课程，在内容设置上，都应该保持不同学期之间的连续性和内在逻辑关系；在续班工作中，从学员的学习需求出发，在学习内容和难度进阶方面为学员做好设计与规划。

例如，在设计小学数学课程的教学内容时，先帮助孩子认识不同图形的特点，同时学习乘除法等基础运算；在此基础上，下一期课程可以安排不同图形的周长计算教学；在熟练掌握乘除法运算的基础上，下一期课程即可进行图形的面积计算。不同的知识点相互衔接、形成递进，并且将这种内在的逻辑关系讲给学员和家长听，使其理解连续学习的重要性和必要性，以此带来学习效果及续班意愿的提升。

6.1.2 教学要有效

家长续班，归根结底是对教学效果认可的体现。因此，从各个方面提升教学质量、保证教学效果，是提升续班率的根本途径。

而要实现"有效教学"，必须从教材编写、教师招聘、师资培训等各个方面出发，保障教学质量的优质与稳定；同时，还应该设计科学有效的评价体系，如通过测试、比赛等形式，验证教学的有效性，保证学习效果的落地。而从运营角度来看，实现"有效教学"应该利用好四个"时间"：

第一，课堂时间，主要体现为合理设置单节课时长。通常来说，一次课是两个小时，学霸班可能是三个小时。如果设置一次课的课堂时间太短，除去课上测试、练习、互动的时间，真正讲解知识时间不多，会大大影响教学效果。

这里有一个真实的案例。某 K12 机构续班率下降明显，由之前的"暑续秋"续班率 78%，骤降到"春续暑"续班率仅 50% 左右。经调查发现，其中一个很重要的原因是：该机构调整了单次课的课堂时间，由原来的 120 分钟调整为 80 分钟；而每次课除了讲授知识之外，还有入门测、出门测、课堂练习等环节。最终核算下来，教师讲解知识的时间仅 40~50 分钟，学员和家长普遍反映课程的知识密度太低，学习效果打折；同时，课堂时间的骤减，导致教师们之前确定的教学节奏也被打乱了，进一步负向影响教学效果。

第二，课堂有效时间。课堂有效时间是指一堂课中，学生真正吸收知识的时间，如果教师的语言不够精练、授课方法不够高效、授课枯燥无味，学习效果也不会好；反之，优秀的教师通过课堂设计、精炼语言、教学风采等，能够在有限的时间内，将知识精彩地传递到学员耳中、眼中和心中，实现最佳的学习效果。

第三，课余时间。从学习规律的角度来说，学习效果与投入时间是成正比的，如果学生只是在课堂上学习，时间就比较有限了；如果能充分调动起学员的课余时间，将对学生提升成绩起到重要作用。在这方面，除了布置作业之外，机构还可以给学员提供一些延伸的学习资料、知识视频等；同时，也可以组织一些学习活动，如每日一题、课后小组比赛等。

第四，家长时间。也就是说，应该努力调动家长的积极性，关心、陪伴和监督孩子学习，辅助孩子提升学习效果。首先，家长的关心对孩子而言就是积极的信号；如果能做到陪伴、监督和辅导就更佳。例如在家长圈颇为知名的北京海淀家长，就曾以在奥数课堂上举着手机录课、听课、记笔记而著称，上完课后，很多家长还会再领孩子复习，陪做题、改错等，孩子的学习效果也非常显著。当然，我们不能要求所有家长都做到如此，但仍可以为家长提供一些实用的工具材料。比如，有的机构会精心制作《家长监督手册》，鼓励家长监督孩子完成习题并为其计时，同时在手册中留出专门的空白区域，记录孩子今天的状态，有哪些完成得好，有哪些不足；之前的不足有没有改进，之前的错题有没有解决等。家长的参与和用心，非常关键。

一般来说，教学效果最直接的体现就是学员在校学习成绩的提升，此外还包括良好的学习习惯养成、学习兴趣的提升等。在提高成绩方面，除了公立学校的考试之外，K12机构也可以通过"形成性评价"的方式，来评估学习效果，改进教学计划。所谓"形成性评价"，是指在教学过程中为了解学生的学习效果并及时发现教学中的问题而进行的评价。K12机构可以采用非正式考试或单元测验的形式进行，检验学习成果，使学员的成长和进步可视化。

6.1.3 服务要感人

曾经听过这样一句话："同行没有做的，我们做了，叫服务；同行做了，我们也做了，不叫服务，叫义务。"

K12教育培训行业中，除了过硬的教学质量外，还应该在标准动作的基础上，提供"超出期待"的服务。这个"超出期待"不是指必须要花多少时间、要有多复杂的设计，有句话说服务的关键在"看得见的地方用手，看不见的地方用心"。举个例子：笔者曾经看到一位家长刚报名某机构课程不久，就在微信朋友圈多次大篇幅发布该机构的广告，出于好奇，仔细询问这位家长为什么要这样做。该家长回答，有一次孩子在家上线上课，网络总是卡顿，家长也束手无策。这时，助教老师的电话就打过来了，说道："家长，您好，我们在系统后台检测到学员的网络质量不好,可能影响听课效果,我给您介绍几种可以改善网络质量的方法,希望对您有帮助……",经过两三分钟的操作,网络就调试好了。这通电话并没有花很多时间,但赢得了家长的信任,也赢得了家长的持续追随和四处推荐。

续班工作的本质仍然是让家长信赖,过硬的产品质量和用心的服务,二者缺一不可。

6.1.4 营销有抓手

在和家长沟通具体续班事宜时,仅凭咨询顾问的口头介绍还不够,还应该有实实在在的福利作为营销抓手,例如续班限时优惠、续班礼品等。

此外,现场咨询还应该搭配必要的工具,以充分向客户展示教学产品和服务的价值。例如:

- 教学亮点:如后续课程内容的亮点介绍、课堂精彩视频等;
- 师资团队:如教研和教师团队的介绍视频及图片等;
- 学员案例:如续班案例、学员成绩展示等。

通过以上分析不难看出,续班是一项涉及课程设计、教学、营销、设班排课等方方面面的综合性工作,任何一个环节出现问题,都有可能影响客户的体验,进而影响续班意愿。那么,要将上述四项原则真正落到实处,具体的工作应该从哪些方面开展呢?

6.2 续班工作的具体部署及实施要点

从教学产品出发,和续班相关的工作主要由四个部分组成,即研发、师训、营销和教务。这四个部分相互配合、通力合作,在为学员奉上高质量课程的同时,帮助学员达成学习效果,进而激励其报名下一期课程。这一过程和电影行业颇有相似之处,为方便理解,下面我们就将两个行业作类比(见下页图),针对各环节来分析。

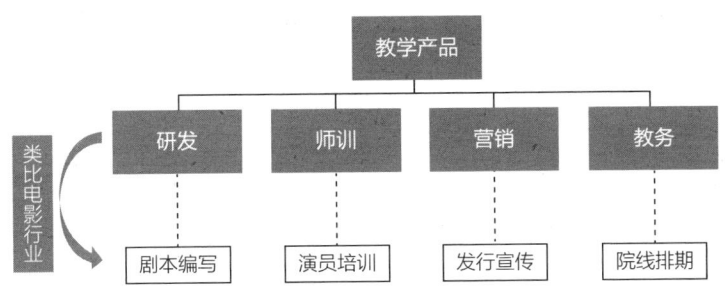

续班工作的主要环节示意图

- 研发：这是 K12 机构教学的基础性工作，其核心职责即教学体系的研发和教材编写，类似电影行业的剧本撰写。教材编写需要功底很强的工匠型人才团队，他们应该对各科知识点和习题类型了如指掌。一般来说，会选拔最优秀的教师进入研发组，组成"中央厨房"，为各学科提供教材资料。

- 师训：也就是教师培训，类似电影行业的演员培训，帮助演员将剧本演绎成精彩的艺术作品。作为主讲老师，其教研功底可以比研发组教师稍弱，但必须有较强的课堂表现力，擅长将知识点有效地传递到学员心中。师训包括一系列核心动作：如教师招聘、师训备课、教师激励、教学环节设计、续班教研、服务管控等。师训必须以研发为基础，且所有主讲老师都应参与师训，才能保证高质量的教学输出；同时，教师还应注意将实际的课堂效果反馈给研发人员，以促进教材研发的改善和提升。因此，师训和研发的紧密配合非常重要；在实际运营中，师训和研发的脱节往往是续班率无法提高的重要原因之一。

- 营销：类似于电影行业的发行宣传工作。营销工作强调良好的沟通能力和文案功底。一般来说，可以由教学团队派专人与营销部门紧密配合，提炼课程亮点，提供能增强客户黏性的内容，包括但不限于课程精彩视频片段、学习资料、学术文章等。

- 教务：主要是设班排课。前文我们多次提到，科学合理地设班排课，保证课程的连续性，对续班、扩科等都会起到重要作用。教务工作通常需要心思缜密、考虑周全的人才。

我们将研发—师训—营销—教务四个部分的核心要点列表如下图所示。要保障良好的续班率，核心职责的九个环节是我们需要关注并落实的。下面逐项分析。

	剧本编写	演员训练	发行配合	院线排期
	研发	师训	营销	教务
人才特点	功底强、工匠型人才	教学能力强、功底较强	沟通能力强、文案能力强	聪明、缜密
关键要求	客户导向，本地化	以续班率为核心，分层指导	紧密配合营销团队	内部资源利用最大化
核心职责	教材编写	教师招聘、师训备课、教师激励、教学环节、续班教研、服务管控	黏性内容	设班排课
具体职责	1.教材的本地化研发 2.试卷及解析等的编写	1.教学技能训练，如：过课 2.教师的日常管理工作（教学质量监控，家长满意度调查……）	1.活动策划 2.与市场/校区对接（招生简章活动文案……） 3.对外部进行调研（竞争机构和客户需求）	1.通过设班排课让老师的产能最大化 2.与学校大教务对接协调
说明	选拔优秀教师进研发组	所有教师参与师训	选拔1~2名教师	选拔1~2名教师

续班工作各环节任务拆解

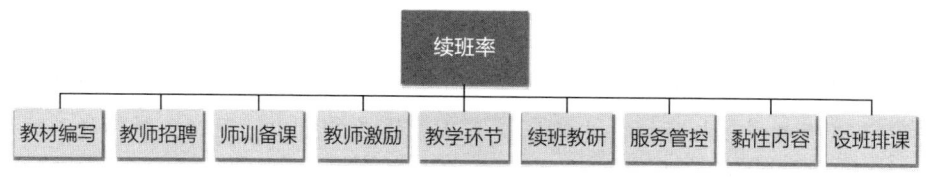

提升续班率的九个环节

6.2.1 教材编写

（1）以客户为导向编写教材。在保障续班率的大前提下，教材的编写并非标准化程度越高越好，而是应该尽最大可能地满足客户对学习效果提升的要求。具体来说，一方面要注重教材的本地化，努力贴近当地学生的学习体系和学习习惯；另一方面，要注意把握教材中知识的节奏，根据不同学生的水平编写教材，学霸班的教材进度可以快一些，知识密度高一些；普通班的学生则应该强调知识的反复巩固和利用。

（2）遵循学生的认知发展规律，按照知识之间的内在联系和进阶关系，科学设置教材中的知识图谱，以保障教学体系的连续性以及不同学期课程之间的衔接性。这也是"课程要连续"原则的具体体现。

（3）建立"泛教材"的概念。除了教师用书和学生用书之外，教材还应该包括预习材料、习题集、测试题（包括出入门测、阶段测等）、PPT课件、学习监督手册、重难点视频讲解、教具材料包、学习类亲子游戏等。其中，学习监督手册是帮助学员管理学习进度、切实提升学习效果的重要工具。该手册可包括但不限于以下内容：

- 本节课的学习目标和知识点回顾；
- 本节课的作业清单；
- 本节课的作业完成情况：如花了多长时间、正确率如何等；
- 错题总结与改正；
- 激励环节：设置贴纸、小星星等。

监督手册随教材发放给学生，并由主讲老师或助教老师监督填写，一方面便于随时了解孩子的学习进度，另一方面也是学生自我管理的有效工具。

重难点视频讲解也是泛教材体系中的重要组成部分。在进行教材编写时，可以摘取出难理解、易考、易出错的知识点，录制讲解视频，并将视频链接二维码嵌入教材中。学员拿到教材后，如果题目不会做，即可扫码收看讲解。

（4）教材编写一定要征调最有经验的教师去完成。很多K12机构常犯这样的错误，即安排有经验的老师去讲课，而让新手老师去编写教材。这样的安排看似节约了成本，实际上是本末倒置的表现。让资深教师先将教材体系的大方向设定好，再由主讲老师去自由发挥、实现知识的具象传达，才是正确的逻辑。

（5）配合师训，将教材的使用落到实处。一般来说，教师课堂授课的内容框架和进度应该严格按照教材进行，但应允许主讲老师在对教材透彻理解的基础上，适当发挥、讲出独特的风格。要做到这一点，一方面应该加强师训，将教材内容向主讲老师培训到位；另一方面，应该鼓励主讲老师在教学实践中体会教材的特点，结合学员反馈，不断总结经验，形成自己对教材的独到理解。

（6）教材编写还应该根据学员特点，突出趣味性、统一格式、方便性等。

6.2.2 教师招聘

提升续班率的关键还在于教学质量，教学质量的关键在于教师，而教师水平的高低，第一看选人，第二看培训。因此，教师招聘是 K12 机构运营中不容忽视的一项重要工作。

一般来说，在简历筛选阶段，有几项因素可以作为加分项：一是名校毕业；二是有过学科竞赛经历并获奖；三是有教学经验；四是有学生干部经历。请注意，我们并非认为名校毕业或者有学科竞赛经历的人就一定能当好老师，只是这样的候选人通常学习能力强，适合做 K12 讲师的概率更大；同时，有教学经验，或者有过学生干部经历的候选人，往往在沟通能力、表达能力方面会略胜一筹，也能一定程度上提高招聘成功的概率。

在教师招聘时，有一个评价标准可供同行参考，即：从"二面"看"一面"之后的学习改进能力。例如，在"一面"时，请候选人 A 讲解某个知识点，然后给出正面评价和负面评价；"二面"时，再次就不同的题目请候选人试讲，然后观察该候选人是否对"一面"时的问题进行了改进。作为一种旨在"传道授业解惑"的职业，如果候选人自己没有虚怀若谷的心态和有效的学习能力，是很难做一名好老师的。

同时，教师面试不应该过于注重教学能力的评估和试讲表现，而忽略了对其他方面（如职业规划、工作热情、综合品质等）的考察。在实际运营中，就曾出现过试讲第一名的候选人在实际上岗后只上了一节课就离职的情况。

关于教师面试中的题目问题，可参考本书的附录 2：教师招聘面试题目参考，从自我认知、适应抗压能力、学习创新能力、协调沟通能力四个方面总结出常用的面试题目和测评重点，供大家参考。

除上述要点外，教师招聘时还应该注意以下几点：

一是应该固定面试教师的流程和负责人。通常来说，人力资源部门负责"一面"，教学经理负责"二面"，部门总监或校长负责"三面"。这样安排的原因是：人力资源部门负责初步筛选，教学经理评估候选人的业务水平、发展潜力等；部门总监或校长则对项目或课程总负责。在实践中，有的机构因人手不足，会临时随机指派普通教师去面试，或者安排讲课水平最好的老师去面试，这种做法不见得有效。作为竞争者，部分被临时指派面试任务的教师难免会担心招到更优秀的人选，影响到自己的地位，导致机构错失优秀人才。

二是在招聘时要注意评价标准的统一。教师的选拔有一定的主观性，如果招聘时筛选轮数较多，往往会出现评价标准不一致、甚至差距很大的情况。例如有些候选人通过了"一面"，但"二面"时却被主考官认为不符合招聘要求；也有的候选人能力不错，"一面"时却遗憾离场，这些都是对机构资源的浪费，也阻碍了优秀人才为机构做贡献。

三是尽量保证教师队伍的男女比例均衡。这一方面有利于在教研时产生多视角、多风格的碰撞；另一方面，不同的学员也会对老师有不同的偏好，保证男女教师均衡以尽可能满足不同学员的喜好。

四是针对不同学段的学员，要考虑其对教师风格和形象的偏好。例如对低龄学员来说，教师形象要尽量有亲和力，说话没有口音等。

6.2.3 师训备课

（1）新教师培训。在新东方、好未来等 K12 机构，对新入职的教师岗前集训是一项重要工作。通常，这样的集训会选在相对偏远的郊区，集训强度很大，密集的培训加上赛课，非常考验人的意志力。这样的集训对新教师来说非常重要：2~4周的高强度培训是一个筛选机制，跟不上的新教师往往会自行放弃，而留下来的教师则能将集训中学到的技巧运用到课堂上去，不仅实现了教学能力上的提升，到后面应对高强度教学工作时，也有了足够的心理准备和承受能力。

（2）全体教师培训。除新教师培训外，对于全体教师而言，也应该定期培训，提高业务水平。特别是可以与附近的公立学校加强联系，如可能，可争取每年参加一两次公立学校系统的培训或教研会议，以加深教师对公立课程体系的理解，更好地为学员服务。

机构内部还可以建立师训讲堂，面向全体教师定期分享经验。教学是个技术活儿，讲究"传帮带"，资深老师傅的点拨和经验传授，往往能使学徒事半功倍。

此外，值得一提的是，一个有生命力的 K12 机构必须要有足够高的"教学天花板"，代表该机构的最高教学水平，并且这一水平要让其他在职教师看得见、学得到。如果一个机构最高教学水平也平淡无奇，与普通教师也差距不大，普通教师会觉得没什么可提升的空间；而如果有"教学大神"在身边，将对提升教师队伍的稳定性大有裨益。

(3) 过课、录课、喊课、听课。在师训备课过程中，可以通过这四种方式提升课堂质量。

过课是指教师把课程准备好之后，在教学主管、资深教师或其他相关负责人面前讲一遍（过一遍），讲完后由主管或资深教师给出建议。这个环节很重要，机构内部应该遵循一个原则：教师不能把第一遍教学留给学生。

录课是指教师把要讲的课程内容录下来，然后反复回放、自我评析，总结提高。

喊课是指教师将课堂上的重要知识、关键语句热情地大声说出来，培养气场。

听课是指教师去听其他优秀老师的课程，从实际课堂场景中揣摩教学技巧，学习提高。

实际上，过课、录课、喊课、听课这四项工作也反映了组织培训中常常提到的16字箴言：我说你听，你说我听；我做你看，你做我看。通过新老教师之间的"传帮带"，实现教学水平的提高。

(4) 及时进行教学反思和反馈。教学反思是指一位教师在上完课后，及时反思和总结本堂课授课过程中的优点和不足，形成经验教训，指导下一步的教学。K12教育培训行业有个公认的说法："写一年的教学反思，相当于教了三年的课"，足以见得教学反思对教师成长的重要性。

这里的"反馈"是指教师将自己的教学反思提交给教学主管或者资深老师傅，教学主管应及时给予反馈，从而引导教师沿着正确有效的道路成长。

(5) 举办教学技能大赛。除了课堂培训外，以赛代训是效果很好的培训方式。通过打擂台或者通关制等游戏开展教学比赛，在比赛中打磨课程，能极大地激发教师的备课热情，提高教学水平。

举办教学技能大赛的一个要点是及时地激励和反馈，比如现场宣布结果发奖励、赛后即刻给予指导。

(6) 刷题，是指每个教师都定期按要求完成公立学校的考试真题。这一点非常重要。在K12教育培训中，教师除了为学员讲透知识点、梳理体系之外，还有一项重要工作，就是帮助学员把握出题规律，剖析解题技巧，取得成绩提升。要做到这一点，教师必须保证一定的做题量，特别是公立学校的考试真题。

（7）以续班率为中心，对教师分层指导。续班率的高低，不仅能反映机构的教学状态，也是教师水平的"晴雨表"。因此，可以从教师个人续班率中发现问题，并给予单独指导。

例如，续班率在60%~70%的教师，可能是教学技能不过关；

续班率在70%~80%的教师，可能有些统一的服务动作没做好；

续班率在80%~90%的教师，可能对班级里个别学员的关注不够。

（8）续班操作手册（SOP）。在第3章中，我们提到过社群转化SOP（标准作业程序）的概念，续班时也可以制作SOP操作手册，将续班的服务动作拆解，包括何时联系家长、如何召开家长会、如何反馈学情等，将这些动作要点发放给每一位老师，保证续班动作的标准化，从而保证续班率的稳定。

6.2.4 教师激励

提高续班率的核心主体在于教师团队，对教师团队实行目标明确的激励机制，将有利于续班工作的开展。

（1）基于目标传递的动员会。动员会能否产生应有的效果，需要注意两个方面：一是目标要明确，奖罚制度要分明。例如在动员会上应该明确，我们的目标是续班率达到多少、续班率达到90%、80%、70%分别可得多少奖金等；二是将整体的续班工作路线、分工部署清晰地传递给员工，使工作有的放矢。"信息的充分传达"是对教师信任的体现，从某种程度上讲也是一种激励。

（2）详细讲解薪酬制度，并为教师树立标杆。在此我们可以看一个案例。

案例1　某K12机构设立"续班奖"和"满班奖"激励教师

暑假期间，某K12机构为激励教师做好特价班的教学服务工作，提高续班率，调整了教师的薪酬标准，如下：

1. 设立续班奖：每成功续班一人奖励70元；
2. 设立满班奖：满班奖为跳档设计：

当续班率为40%以下时，不设满班奖；

当续班率为40%~60%时，按满班人数的50%领取满班奖，每人55元；

当续班率为60%以上时,按满班人数的100%领取满班奖,每人55元。

新的薪酬标准开始实施后,该机构负责人特意召开薪酬标准说明会,向教师讲解新的薪酬方案,并举例说明:

优秀教师 A:

该教师带新初一特价班,该班暑期在班人数为20人;经过教师A的努力,共有9人续班,续班率为45%。

教师A的续班奖为:$70 \times 9 = 630$(元)

教师A的满班奖为:$55 \times 20 \times 50\% = 550$(元)

教师A共得奖金:$630 + 550 = 1180$(元)

普通教师 B:

该教师带新初一特价班,该班暑期在班人数为20人;经过教师B的努力,共有7人续班,续班率为35%。

教师B的续班奖为:$70 \times 7 = 490$(元)

由于续班率未达到40%,没有满班奖,教师B共得奖金490元。

在会上,该机构负责人强调说:"教师A和教师B的续班人数仅差2人,奖金却相差一倍以上。因此,新的薪酬制度意在鼓励大家提高续班率,续班人数越多,奖金增长幅度越大;如果续班人数达到60%以上,奖金又几乎翻一倍。"

通过上述案例不难看出,设置有激励作用的薪酬方案并详细说明,是实现激励的有效方式。

(3)实时公布教师的续班数据排名,也能起到激励作用。

下图是某K12机构在续班期间公布的教师续班数据表,直接公示了教师的奖金涨跌情况,刺激作用更加明显。

排名	教师	续班奖(元)	满班奖(元)	8月25日13点奖金	8月21日16点奖金	涨幅(元)
1	刘××	11260	12614	23874	19634	4240
2	王××	10185	10738	20923	19268	1655
3	蒋××	7920	10006	17926	16753	1173
4	贾××	5245	7830	13075	12615	460
5	杜××	6495	6224	12719	12804	-85
6	赵××	5180	7288	12468	11311	1157
7	赵××	4860	5234	10094	7324	2770

某K12机构公示的教师续班数据表

（4）除了通过刚性的奖罚制度予以激励之外，还应该适时开展续班辅导，通过一对一沟通、小范围经验交流等方式，给予教师足够的关怀，以较为柔性的方式激发教师热情、提升战斗力。

（5）对于续班率过低的教师，应该设立淘汰机制。

例如，下表是某机构的"暑转秋"的续班情况。以框中的情况为例，本来是一个12人的小学语文班级，最后只有1人续班，剩下11人都"用脚投票"表示不满，不愿意继续学习，这说明该班级的教学出现了重大问题，该班教师也不能胜任教学任务，应予以淘汰。

教师姓名	项目组	暑期常规班总人数	续秋季班人数	续班率（70%以下）
	小学数学	44	29	65.91%
	小学数学	25	12	48.00%
	小学数学	6	0	0
	小学英语	40	26	65.00%
	小学英语	18	6	33.33%
	小学语文	29	19	65.52%
	小学语文	8	5	62.50%
	小学语文	34	20	58.82%
	小学语文	34	17	50.00%
	小学语文	12	1	8.33%
	初中物理	44	30	68.18%
	初中数学	13	8	61.54%
	初中化学	57	35	61.40%

6.2.5 教学环节

科学合理的教学环节设计，能够最大限度地保证学生对于课堂知识的学习、巩固和利用，达成学习效果。这里笔者提出"九步闭环、七轮重复"的教学环节设计，如下页图所示。

"九步闭环"包括课前预习、进门测试、课堂导入、课堂讲授、课堂巩固、出门测试、课后巩固、作业打卡和学情反馈。这九个步骤连贯起来，形成一个完整的教学闭环；其中，除"作业打卡"和"学情反馈"外，另外七个环节涵盖预习、评估、授课、巩固、测验、练习等步骤，都是对知识的反复训练，故称为

"七轮重复"。如果在每个知识点上能做到"九步闭环、七轮重复",基本就能保证学员对于知识的熟悉和掌握[一]。

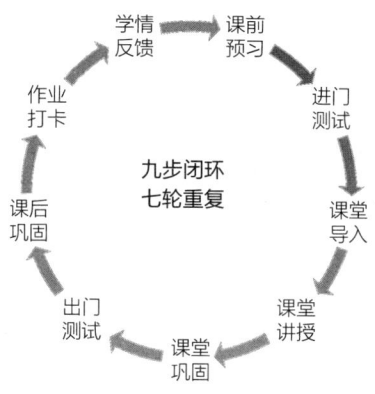

"九步闭环、七轮重复"示意图

具体来说,"课前预习"往往通过提前发放预习资料、课前热身等形式完成,目的是帮助学员提前熟悉相关知识,将学员的认知水平拉齐,保证课堂效果。

"进门测试"和"出门测试"分别用于学前评估和学后测试,便于教师及学员自身对学习情况有所掌握。

"课堂导入"是唤起注意、唤醒之前学习记忆的一种方式,可以有故事导入、案例导入、图片导入、场景导入、音乐导入等方式。

巩固环节包括两个方面:一是课堂巩固,除了常见的随堂练习之外,一个有效的巩固方式是设立"小老师课堂",由学生上台讲授知识,能将知识讲得清、讲得好,就说明该学员已经对知识充分掌握;二是课后巩固,除了常规的作业之外,也可以采取学习比赛、错题追踪、在线答疑等多种方式。

"作业打卡"通常是实现课后学习监督的一个"硬手段",大部分机构都会使用。但是,这个看似普通的环节,如果巧妙设计,也可以发挥意料之外的效果。这里再为大家提供一个真实的案例。

[一] 对于不同层次的学员可以灵活调整教学环节,如针对尖子生班级一般更侧重知识的讲授,巩固练习的比重可以适当降低。

案例2　　Z老师巧妙利用微信打卡改变孩子学习习惯

某K12机构开设了暑期特价班，Z老师是主讲老师之一。续班结束后，Z老师的续班率排名全校最高。在总结和分享经验时，她特别提到一条"微信打卡"的做法，让家长感受到孩子学习的积极性。

一般来说，很多老师都会提出"作业打卡"的要求，但并不会严格要求打卡时间，仅要求"当天打卡"即可。但Z老师在提出打卡要求后，又附加了一条：每个学员每天必须在晚上7点半之前完成打卡。

规定提出后的第一天，有部分学员按要求完成打卡。第二天，Z老师无意间带到课堂上一袋糖果，于是她以糖果为奖品，当堂奖励前一天按要求打卡的学员。没想到，此举激发了孩子们的热情。当天，Z老师再次强调，须按规定时间完成作业打卡，否则没有奖励。结果，当晚在约定时间之前完成打卡的孩子再次增加。

这看起来是一个很小的举动，可是持续几天后，按约定时间完成作业打卡的孩子越来越多，Z老师开始收到一些家长惊喜又意外的反馈。

家长们说，没想到报名了一个培训班，却一举改变了孩子一直以来做作业拖拖拉拉的毛病；以前回家总是磨磨蹭蹭，可现在回家第一件事就是先把作业写完。这样令人欣喜的变化，使家长们对Z老师和该机构的课程产生了巨大的信任和认可，续班率也因此一路提升。由此可见，通过教学环节的巧妙设计，改变孩子、打动家长，是实现续班的有力抓手。

6.2.6　续班教研

各家K12机构往往都很重视教研，通过教学研讨提升课程质量、实现学习效果。而针对续班工作，其实也应该设一个专题研讨会，将相关员工的伙伴凑到一起，讨论如何从各个维度提高续班率。

续班教研会一般应该包括以下内容：

（1）当前班级学生的整体情况。例如该班的学生分别来自哪所学校，学生的续班意向等。可以通过电话沟通或家长填表的方式来收集信息，以便更好地开展续班工作。

（2）对学员个体情况的具体分析。例如学员的学习状态、理解能力、出入门测试结果如何；如果推荐续班可以推荐到什么班型等。

（3）确定家长会模板、展示案例、结业典礼设计、学情报告模板以及重点问题答疑示例等。这些关键工作都应该在续班教研会上由大家讨论商定，形成最佳方案，然后统一部署。

值得一提的是，结业典礼的设计对于续班工作很重要。根据客户体验中的"峰终定律"，客户对一项服务的评价由两个因素决定，一个是服务过程中的高峰体验，一个是服务结束前的最终体验。对于K12教学服务而言，愉悦的课堂氛围、某个学习习惯的改变、学习成绩的提升，都可能是客户的高峰体验。那么，最终体验从哪里来呢？课程结束时，设计一个结业典礼，用总结和表彰的方式，回顾一个学期的学习过程，将学习成果外化，将学习的成就感仪式化，甚至可以通过一些环节的精心设计，制造孩子的"高光时刻"，都将是极好的最终体验，将极大地促进学员坚持好下一阶段的学习。

（4）不续班学生的数据统计及原因分析。这样的分析不仅对当下续班工作有用，也可以借此发现教学工作中的不足，从而改进。例如，某K12机构通过续班问卷发现，很多家长不续班的原因是对教材不满意，于是下大力气改革教材，最终提升了教学质量和口碑，续班率也随之提高。

调研不续班原因时，一定要引起注意的是"家长是否说真话"。"为调研而调研"的表面功夫不可取；听取客户的真实感受才是我们的最终目的。因此，我们有时不必拘泥于时间和形式，完全可以在续班期过了之后，客户的戒备心放下后，再真诚地与其沟通，了解实情。

（5）针对"续班摇摆学员"提出有效对策。在续班工作中，会存在三类学员，一定续班的"铁杆粉丝"和一定不续班的"路人学员"需要教师关注，但"续班摇摆学员"是值得我们花心思了解诉求、重点争取的对象。具体的做法包括：重点分析问题、"对症下药"给出方案、了解家长的真实想法等，真正得到这部分学员的信任之后，才能更有效地帮助他们持续学习。

（6）对现场家长沟通和家长会场景充分地"模拟演练"，在真实情景下才能胸有成竹。在K12教育培训行业，付费者和体验者分离是一个重要的行业特征。日常授课时，教师接触最多的是作为"体验者"的学员；而对于付费者——家长，接触机会就在"一对一家长沟通"和"一对多家长会"中。因此，如何实现积极有效的沟通，向客户传递价值，是影响续班率的关键。

6.2.7 服务管控

除了教学教研环节的精心准备之外，要做好续班工作，服务也应该管控到位。一般来说，和续班相关的教学服务包括以下几项：

- 将"九步闭环"中的服务环节执行到位，例如作业批改等；
- 实时的反馈和答疑；
- 家长会，包括学情反馈和学习规划等；
- 助教老师提供的其他服务。

基于上述服务内容，相应的管控手段有以下几种方式：

（1）电话回访。下图为某 K12 机构电话回访的问卷及反馈。问卷采用"3 + 1"

××学校教学质量监控报告						
			A校区二年级语文班		B校区四年级语文班	
回访率			100%		57.14%	
			反馈人数	代表性反馈意见	反馈人数	代表性反馈意见
教学质量及服务	1.通过在××学校的学习，您的孩子是否有所进步？可否举个例子说明？	👍	8人	1.看图说话、成语教得好；孩子会说会用了；2.比不参加培训班时，成绩有明显进步，老师认真负责；3.老师挺好的，孩子阅读有进步，造句水平提升明显	8人	1.×老师很负责，希望×老师一直教下去；2.秋季希望×老师继续教；3.夏季报了一期，准备秋季继续报名
		👎	2人	1.老师上课没什么激情；2.看不出学习效果	0人	
	2.您是否加入了××学校班级微信服务群，并收到孩子的学习情况反馈？	👍	10人	每天都互动	8人	特别满意，×老师在结课后一直和我保持互动
		👎	0人		0人	
	3.任课教师是否布置作业，并要求家长在微信上反馈完成（打卡）呢？	👍	10人	孩子有进步或退步，老师都会通知家长	8人	
		👎	0人		0人	
NPS 净推荐值	4.您有多大可能性推荐这位老师给您的亲戚朋友呢？	评分	10人	10人10分。平均分：10分	8人	6人10分，1人9分，1人8分 平均分：9.6分
总星级			4.8★		4.92★	

的问题设置，3个问题是关于教学质量和服务的，另有一个单独的问题考查客户的净推荐值情况。通过这种方式，可以比较清晰地了解客户对教学服务的满意度情况。

（2）对于家长会的抽查。前文提到，家长会非常重要。因此，可以抽查教师召开家长会的情况。例如家长会什么时间开？会议持续多长时间？环节设置如何？资料发放情况？等等。

（3）微信群服务的监督与管理。如今不乏一些插件程序，可以实现群活跃度的监控，不过，最有效的监督还是人工入群、评价打分。例如可以设置若干项统一的微信群服务评价标准，逐一打分，然后进行排名，并参考这项排名来考核老师的教学服务工作情况，管控力度会比较到位。

（4）助教的工作清单和淘汰制度。对助教工作的管理可以采用工作清单管理的方式，明确助教的具体职责细项，并依此打分；同时设立优胜劣汰机制，以激发其工作的积极性。

6.2.8 黏性内容

这里的"黏性内容"，是指教学团队与市场部门相配合，前者为后者提供的有助于增强客户黏性的营销层面教学内容。大致包括：

- 营销学习资料、学术文章、学习视频等；
- 与续班有关的咨询文案、咨询材料等；
- 与市场部门共同进行的活动策划及相关内容等㊀。

不同的内容应把握不同的时间点来提供。一般来说，主要有三个时间段可以为客户提供黏性内容：

一是从报名到开课之前的这段时间。客户报名交费后，课程还未开始时，此时可以为家长和学员发送一些课程的相关介绍、学习信息等；在帮助学员了解课程、做好上课准备的同时，更是用到位的服务和关怀，赢得客户的信任。

㊀ 上述三项黏性内容，在流量池和销售池的运营中也会用到，但在本章中，仅聚焦在与续班工作相关的营销内容上。

序号	时间	第一天	第二天
1	7:00	在群内推送提示；当日上课的时间、教室	同第一天
2	7:50	课前准备：包括(头像、幕布、三色笔保证笔水充足、黑板擦是好用的或者抹布湿度刚刚好)	同第一天
3	7:55	引导学员将手机放到指定位置，让学生养成习惯，拍摄收手机的照片发到群内	同第一天
4	8:00—8:10	统计考勤并将考勤情况发到班级群内。开课10分钟内(未到的及时联系，步骤：微信询问—校区沟通—打电话问原因)	同第一天
5	8:10—8:25	座位照片。拍集体正面照，并标记人名，发送三科沟通群。同时准备四份纸质座位表，助教留一张，每科老师留一张	开课10分钟，收入门测试题，并在下课前批改完成。成绩记录到花名册上
6	8:30—8:45	抓拍（视频）：内容包括开班介绍、互动环节、提问环节、教师辅导、打卡奖励、黑板做题、家长会拍照、笔记展示、入门测高分展示要求：人脸正面、不遗漏任何一个学生、正能量、根据教师提示进行视频录制	抓拍(视频)：开班介绍、互动环节、提问环节、教师辅导、打卡奖励、黑板做题
7	课间	纸质座位表交给任课老师	入门测试题交给老师审阅，然后下发，改正后回收。建议课间修改完成，同时可与学生建立情谊
8	课间	检查笔记，对学员的学习态度做到心中有数。寻找好的笔记，等第一科结束，完整地拍下来	将入门测试题即时私信拍照反馈，统计成绩，填写入门测试题分析表
9	课间	擦黑板、洗抹布	同第一天
10	课间	课间与学生沟通聊天	同第一天
11	课间	引导学员在课前两分钟将手机放到指定位置，让学生养成习惯	同第一天
12	第二节课	与家长沟通。结合笔记和学员课堂表现，与5~10个家长沟通，让家长认识到初中是不同于小学的。(后有话术)并做好记录（形式不限），下班前发送到沟通群	结合已改正的入门测试题与5~10位家长沟通情况。结合笔记和学员课堂表现，反馈孩子的学习效果。下班前发送到沟通群
13	第二节课	迅速记忆人名和孩子能对上	检查笔记。监督听课效果、拍照片备用
14	第二节课	检查笔记。监督听课效果、拍照片备用	
15	课后	在朋友圈进行课程效果外化展示。班主任会下发每日主题及话术，九宫格+文字	同第一天
16	课后		回收剩余订正后的入门测试题，拍照修改后的入门测试题，发送家长并沟通学情
17	课后	复盘提交：下班前提交当日的学员跟踪反馈表到沟通群，内容包括打卡统计、入门测试题成绩、家长沟通情况、续班意向、后期跟踪等(有统一模板)	同第一天

某 K12 机构寒假助教工作清单示例

二是从课程结束到续班的这段时间。结课并不代表续班工作的结束；通过有价值的黏性内容与客户保持联系，用比较灵活的方式为客户提供服务，也有利于续班工作的提升。

三是家长等待时间，也就是孩子上课时，家长在校区里的等待时间。这时也可以给家长提供一些有价值的黏性内容，如家庭教育讲座、课程精彩片段等，增进客户对课程的了解和对机构的信任。

6.2.9 设班排课

这部分内容已经在第4章有详细阐释，在此不作赘述。

综上，我们从研发、师训、营销、教务四个层面的九个环节，对续班工作的要点做了详细论述。然而，除了专业权威的教材编写、过硬的教学质量和服务以及周密细致的设班排课等，要想做好续班工作，提高续班率，还离不开对续班工作时间点的把握。这就涉及一个重要概念——续班期。

6.3 续班期的设计：续班的时间和节奏把握

6.3.1 什么是续班期

续班期指的是在特定的一段时间内，开展老学员续费工作，这段特定的时间就叫续班期，也有的机构称其为"窗口期""续班窗口期"或"老生续费期"等。

续班期的设置原理，从本质上说是针对新老学员，区隔时间段分别开展招生工作，以提高效率。对于这个原理，我们可以通过下面的示意图，用"高速公路上的汽车容纳量"做类比。

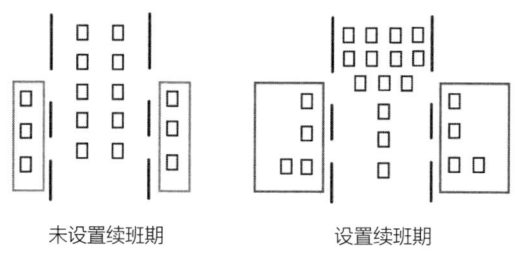

续班期设置原理示意图

假定图中两个黑线之间的部分是高速公路，方块代表汽车。在左边的图中，高速公路上已经有部分汽车正在匀速行驶，此时，高速公路之外的汽车想行驶进来，公路的容纳空间是相对比较有限的；而在右边的图中，如果让已经在高速公路上行驶的汽车先走，就可以腾出更大的空间，来容纳更多新驶入的汽车。

在这里，高速公路就相当于我们的招生资源（包括时间、人力、财力、物力等）；已经行驶在高速公路上的汽车就相当于老客户；在高速公路之外欲将行驶进来的汽车就相当于新客户。如果设置续班期（如右图），老生集中报名，既有利于集中服务老生，又能腾出更多的资源，便于招录新生。因此，总体来说，设置续班期之后，有利于报名人数的增加。

6.3.2　设置续班期对机构运营有什么意义

（1）相对于零零散散地报名交费而言，安排老学员在续班期集中交费，可以使机构获得更集中和充裕的现金流，从而有利于提前对资金进行规划利用，如加强人才引进，或加强物资调配等，进而有利于经营节奏的把握。

（2）续班期之后，各岗位可以有更多精力应对招新工作。老生和新生在教学诉求、对机构的了解和信任等方面有诸多不同，在咨询、物料设计等方面也有差异，如果放在一起可能会带来分散目标、产生混淆，降低服务的专业性和针对性。而如果先安排老生续报，再集中精力招新，无论是从物料设计配备还是规划服务等方面，都能保证更好的效果。

（3）老生在续班期内提前报名课程，有利于增加客户的转换成本，从而降低客户流失的风险。例如《巴菲特的护城河》这本书中，将一家公司的"护城河"（即核心竞争力）归结为四个方面，其中之一即为客户使用一项产品或服务之后，再转去使用竞争对手产品或服务所产生的"转换成本"（Switching Cost）。无疑，客户对一项产品或服务的转换成本越高，其忠诚度也就越高。客户的转换成本和很多因素有关，例如使用习惯、个人情感等，其中有一个重要因素是财务成本。当一名客户在机构预存了一定金额的费用之后，无论能否退费，其转换成本都会增加。因此，从经营的角度来看，通过续班期使老生客户提前续报交费，也有利于降低客户流失的风险。

（4）设置续班期，还可以避免老生因进不到原班而产生投诉或者流失的情况。教学过程也是教师和学生情感交流的过程。选择自己熟悉或适应的老师，常常是客户的重要诉求，能够更好地达成学习效果。因此，设置续班期，可以让老生先行报名原有的班级，跟随熟悉的教师继续学习。

（5）续班期本身也是一个事件营销的契机，有利于招新工作。由于续班期的集中报名过程，会出现交费的"火爆"场面，例如线上的大规模报名接龙，或线下排队交费等。将这些火热报名的场景做成图文宣传材料，不仅有利于续班氛围的烘托，也有利于招新工作的开展。

（6）设置续班期还有利于教师的续班率考核，刺激续班工作的积极性。如果没有统一的续班期，不同的教师在开展续班工作时可能节奏、时间周期并不统一，难以考核量化；而统一的时间节点，能将续班节奏拉齐，再去对比续班数据就相对公平，更有利于激发大家的工作积极性。

从机构的角度来看，续班期是重要的节拍器。无论教学还是招生，都需要以续班期为核心来设计进度和动作。对招生工作来说，续班期前会着力做本季课程的招生；续班期开始后，重点则转向下季课程的招生工作。对于教学工作来说，续班期一般安排在期中考试前后，续班期也影响了教学安排，续班期前会重点完善本季课程的教学安排，续班期后，就开始进入下季课程的教学安排中来。

6.3.3 如何设置每期课程的续班期

在谈设置续班期之前，我们先要了解 K12 班课的运营节奏。我们在第 1 章提到，K12 班课有明确的四季属性，一年分寒、春、暑、秋四季课程。其中，春季班和秋季班相似，都是跟随公立学校的学期课程进行，多为周末班；寒假班和暑假班相似，会利用公立学校放假期间集中连续上课。

因此，K12 班课中春秋季课程和寒暑假课程的运营节奏不同。我们先来看春秋季课程的运营节奏，如下图所示。

招生期（续班+招新）	春秋季行课期				开课前续班小高峰	暑寒假开课
开课前学生维护 1.避免空档期退费 2.提前铺垫信任，有利于续班	开课	家长会	续班期	续班"颗粒归仓"期 结束		
	1 2 3 4 5 6 7		8 9 10	11 12 13 14 15	招新期	
	保障行课稳定			招新期		

春秋季课程的运营节奏

通常，春秋季课程约为15~16节课。我们以行课期15次课为例。

- 第1~3节课：开课期。开课的前三次课通常要有足够多的亮点，以便留住客户，防止开课后退费，因此这三节课也是重要的"防退期"；
- 第4~7节课：稳定行课期，稳定保障教学效果以及与家长的沟通。

其中，值得注意的是，在第7节课前后有一个关键步骤，就是组织召开家长会。家长会的作用主要有两个：一是将孩子的学习情况和教学服务情况向家长做汇报；二是通过规划和安排后续的学习，向家长阐明续班的重要性和必要性。

那么，为什么要在第7节课前后召开家长会呢？第7节课正值行课期进行到一半，在公立学校的学习节奏中，也恰逢期中考试前后，很多公立学校也会在这段时间召开校内家长会。因此，这段时间是家长对孩子的学习成绩比较关注和敏感的时间，对于校外辅导的需求也相对强烈。如果能抓住这个时机，提供符合学员要求的学习规划和解决方案，往往更能促成续班的达成。

- 第8~10节课：有了家长会的集中沟通和铺垫后，即正式进入续班期。期间可以通过一对一的咨询沟通，解决家长在细节上的疑问和顾虑，促成续班。这一阶段也是教学效果的验证期，续班数据即为教学效果的体现。
- 第11~15节课："颗粒归仓"期，同步开始招新工作。在这段时间，大部分老客户已经完成续班工作，只有少数客户存在疑虑或摇摆，可以通过进一步的沟通，实现"颗粒归仓"。与此同时，由于主要的续班工作已经完成，此时教学、营销等各个团队可以开始招新的工作。
- 结课后—下一期寒暑假课程开课前：招新期+续报小高峰。春秋季课程结束后，即可将精力全部投入招新工作中去，只要下期课程还没开始，就需要尽可能多地招收新生。

另外，在这个时间段内，还有两点需要注意：

一是在寒暑假课程开课前的一个星期，通常还会有一个续班的小高峰。因为部分家长会有"开课前再交钱"的习惯偏好。因此，也可以提前准备好，利用这波小高峰，进一步提高续班率。

二是从结课后到下一期寒暑假课程开课前,需要对已经报名的学生做好开课前的维护工作。比如,假设寒假班是 1 月底开课,但很多学生可能在 12 月初就报了名;12 月底秋季课程结束后,一直到 1 月底寒假班开课前的这段时间,如果机构与学员没有任何沟通和联系,既不利于感情的维系,也不利于学生学习状态的维持。因此,在上期课程结束后,应该及时将续班学员转至下季课程的班级群,然后利用开课前的这段时间,通过社群、电话等方式,不断为学员输出有价值的免费课程或学习资料,避免"空档期"造成客户流失。当然,未续报的学员可以转入流量池,同样可以进行类似的价值输出。

以上即为春秋季运营节奏及续班期的时间设置。寒暑假课程的运营节奏大致原理相同;不同的是,春秋课程一般是周末上课,分两期,即周六班和周日班,每期 15~16 次课;而寒暑假课程是连续上课。以暑假为例,一般会设四期课,每期约 12 次课。

在这样的行课节奏下,暑期课程的运营节奏是:

- 每期课程中都设开课期、家长会和续班期,保证续班工作稳定开展;
- 招新期在第 3 期、第 4 期课程行课时同步进行;一直持续到春秋课程开课前;
- 在春秋季课程开课前一周左右,仍然会有一波续班的小高峰。
- 春秋课程开课前,仍然要做好学生维护工作(见下图)。

招生期(续班+招新)	暑寒假行课期(以暑假为例,寒假的课次更少)					开课前续班小高峰	春秋开课
	第一期			第二期	第三期	第四期	
开课前学生维护 1.空档期避免退费 2.提前铺垫信任,有利于续班	开课 家长会 续班期 结束						
	1 2 3 4 5 6	7 8 9 10 11 12					
	保障行课稳定				招新期	招新期	

寒暑假课程的运营节奏

案例 3   为何"双 12 教育节"会失败

自"双 11"之后,"造节"成了很多行业和机构促销的手段之一。近年来,K12 教育培训行业也跟上了这股风潮,有部分机构打出"双 12 教育节"的旗号,希望能利用集中大促的机会，留住老客户、吸引新客户，实现业绩的激增。

然而事实上，做过"双12教育节"的K12机构基本上都以失败告终，不仅没有达到预想的"业绩激增"效果，有些机构在做完教育节活动后整体运营情况急转直下，甚至出现生存危机。这又是为什么呢？

问题就出在打乱了业务节奏上。前文我们提到，通常11月是公立学校的期中考试季，按照正常的节奏，在期中考试前后即召开家长会、进入续班工作；到12月，续班工作已经完成大部分，仅剩"颗粒归仓"的个别动作。而此时，假如某机构别出心裁，一定要将势能积聚到"双12"这天集中爆发，老生续报和新生招生一起进行，这就意味着该机构的续班工作比别人晚了一步，进而产生以下几个后果：

一是其他机构已提前将自己的老生"锁死"，该机构几无抢夺同业机构学员的可能；

二是此时其他机构已经忙完续班，开始招新工作，于是该机构的老生很有可能被其他机构当成新生抢走；

三是续班和招新同步进行，势必会造成目标和资源的分散，哪一项都不能全力以赴做到最好。我们说过，续班和招新针对的目标人群不同，他们的学习诉求和对机构的信任度不同，必然使得咨询内容、物料准备、活动节奏等都不尽相同，这也是实行续班期的意义所在。

因此，"双12教育节"不仅违背了续班期的原理，也违背了K12业务运营的行业规律，所以会出现新生招不好、老生又流失的"雪球越滚越小"的现象，经营情况急转直下也就不足为奇了。

6.3.4 如何安排续班期内的工作节奏

确定好续班期的时间后，如何安排续班期内的工作节奏也非常重要。通常遵照"先安排原班报名，再安排跨班报名"的原则。

原班报名是指在续班期内，老生报名与原班对应的新班级。在线下机构，原班报名意味着升班前后班级的上课时间、校区、难度层次（如尖子班、普通班等）、授课教师等对应关系均不改变；在线上机构，原班报名意味着升班前后班级的上课时间、难度层次、主讲老师、辅导老师等对应关系均不改变。

而跨班报名则是指在续班期内，当原班报名结束之后，老生可以选择其他班级报名学习。这种情况主要发生在换时间、换校区、换难度层次、授课教师以及扩科等情况之下。

假设续班期有两周时间，那么一定要在第一周把原班报名的需求处理好，第二周再集中处理跨班报名的续报工作。为什么要这样安排呢？还是出于有效分工的考虑。首先，让有忠诚度的老生先续，可以更好地做后续的工作；其次，有额外需求的老生，通常需求更复杂，处理起来花费的时间也更多，分批集中处理，可以大大提高工作效率，为客户提供更好的服务。

当然，对于新设的课程或新起项目来说，就没有必要遵守"先安排原班报名、再安排跨班报名"的原则了；当满班率不足50%时，也没必要遵守这一原则，统一放开报名入口、鼓励学员尽早报名即可。

6.3.5　如何设置续班期的频次和时间周期

结合K12教育培训行业四季行课的规律以及国家相关规定○，续班期一般是一年4次，时间点分别如下：

暑	秋	寒	春
最后3~6次课	10~11月（期中考前后）	最后3次课	4~5月（期中考前后）

（1）暑假班的续班期：前文提到，暑期课程往往设4期左右，在每期课程的最后3~6次课期间，即为续班期。如果暑假班为特价班，可以适当延长续班期的时间，因为特价班多为新生，对机构的信任度没那么高，可以适当给客户更多做决定的时间。

（2）寒假班的续班期：寒假比暑假时间短，课次也更少。一般寒假班一期课程仅7次课左右，最后3次课即为续班期。

（3）春秋季的续班期：分别在4~5月和10~11月左右，均为当学期的期中

○ 国家规定，校外培训机构不得一次性收取时间跨度超过3个月的费用。

考试前后。一般来说，春秋季的续班期可以安排 2~3 周的时间，具体时长要视品牌号召力的大小而定，如果品牌号召力足够大，续班期可以缩短。

值得注意的是，续班期的时间不宜过长，原因有几个方面：一是过长的时间使客户失去紧张感，不利于报名；二是如果较长一段时间内都在输出营销性内容，会给客户造成不好的体验，影响正常教学，效果适得其反；三是前文提到，续班期是 K12 机构的重要节拍器，如果续班期过长，也会影响下季课程的招新和教学节奏。

6.3.6 续班期内，应该怎样给客户"无法拒绝"的理由

在这里，我们探讨续班期的逻辑，一直是从机构角度出发，设置续班期可以提高分工的有效性，利于招生工作的开展。可是，站在客户的立场上，他们有什么理由按照我们的安排，在续班期内完成续报呢？

一般来说，我们可以给出以下几个方面的理由：

（1）课程名额的稀缺性。除了总课程名额有限外，由于后面会有新生报名课程，如果老生不提前续报，就有可能无法跟随熟悉的老师和班级上课。在实际操作中，有些机构还会采取倒计时、实时报等方式，不断公示"××老师还剩几个名额"这样的信息，营造氛围，烘托稀缺性。

（2）座位的稀缺性。如果满班率未能特别理想，也可以通过"选座位"的方式，即"先报先选前排座位"，鼓励家长在续班期内及时报名。

（3）优惠，多为课程学费打折。一般来说，"春续暑"的优惠力度最大；"暑续秋""秋续寒"的优惠力度次之；"寒续春"的优惠力度最小。为什么会如此呢？因为春季学期结束后，孩子的年级、学力都上了一个层级，学习需求也会随之变动较大。因此，春季课程结束后，往往是家长们犹豫换机构学习的时间，此时提供较大的优惠力度，可以在一定程度上坚定客户续班的决心，留住老客户。同理，"寒续春"一般换机构的可能性较小，优惠力度也就相应变小。

此外，优惠文案也可以根据具体情况斟酌。例如有些机构认为"95 折""97 折"的招牌不吸引人，于是换成"直减 300 元"的字样，效果立竿见影。

另外需要注意的是，优惠力度不是拍脑袋决定的，通常全年的续班优惠要统一部署、提前做测算，优惠得太少，影响收入；优惠得太多，又会使利润受损，

因此需要慎重决策，将价格和成本一项一项地梳理出来，最终做出决定。

（4）送礼品。一般来说，线下机构会送书包、饭盒、雨伞、文具等实物礼品；线上机构常常采用可兑换商品的积分形式。不管哪一种，送礼品时有以下几个因素可以考虑：

第一，调研家长和学员的需求，提供合适的礼品；

第二，将物流成本纳入测算；

第三，如果成本太高，可以考虑只在"暑续秋""寒续春"两个大的窗口期发放礼品。

应该注意的是，尽管上述理由可以加速客户下单报名，但家长续班的真正原因还是两个方面：一是课程好，二是老师好。所以，续班期还应该做好下个季度的课程规划，及时发布课程大纲，只有从客户需求出发，合理设置续班期，并提供真正有吸引力的服务，才能实现有效续班。

小结和预告

本章重点聚焦在客户池运营的关键动作——续班，从续班工作的原则出发，然后逐一剖析与续班率相关的九个环节，从研发、师训、营销、教务四个层面，详细解释了优秀续班数据背后的原因。除了细致到位的运营工作之外，续班节奏的把握、续班期的设置，也是决定续班成败的关键。老生先续报、新生后报名；原班报名先行、跨班报名随后……只有遵循学生的学习规律和 K12 业务的运营节奏，才能保证续班工作的成功开展。

下一章，我们仍将目光停留在续班这一主题上，将关注重点转向一个特殊而重要的续班工作——特价班的续班动作要点，一究其中的门道。

第 7 章
续班（二）：特价班的续班门道

如果特价班的续班工作能做好，正价课的续班水到渠成。这就好比说相声，如果能在天桥街头把往来的行人逗乐，那到剧场里去演，效果一定不错。

对于很多伙伴而言，大众点评推出的"霸王餐"活动一直是一项令人心动的福利。所谓"霸王餐"，就是一些商家与生活服务类平台（如大众点评、美团等）合作，给报名的用户提供免费的探店活动。它不一定只是一顿诱人的美餐，也可能是一次酒店试睡，或者婚纱照写真，或者一次贴心的美甲服务。无论是哪种服务，被平台选中的用户都可以免费体验；而商家也一定会竭尽所能把品质做到最好，因为客户探店的好体验不仅会使该客户成为回头客，还会通过点评的方式传播给其他潜在客户，为商家带来更多客源。

"霸王餐"的运营逻辑，如果放到 K12 教育培训行业，就是"特价班"。关于"特价班"的概念和运营要点，我们在第 3 章中有过详细阐述。从本质上说，特价班就是潜在客户深度体验的"试用装"。特价班的关键不是"特价"，而是用极低的价格，把客户的选择门槛降低；然后提供给客户超出期待的体验，形成两者之间的"势能差"，帮助客户达成购买决策。

特价班的运营逻辑包含两个要点：一是"广开口"，即尽可能最大范围地触达潜在客户，做大特价班的招生量，这一点我们在第 3 章已经详述；二是"精转化"，通过优质的教学质量和细致周到的服务将特价班学员转化为正价课学员，这个过程就是特价班续班（见下图），也就是本章要讨论的内容。

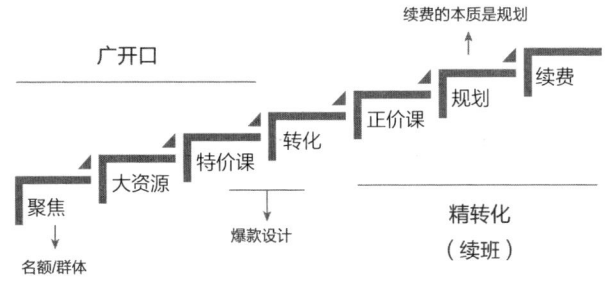

特价班的核心逻辑

为什么要专门介绍特价班的续班呢？

第一，特价班续班工作做得好，正价班的续班率必将随之提高。

首先,特价班是对整体教学能力的一次锻炼和提升。前文提到,过硬的教学质量才是特价班成功的必要条件。特价班对教学能力的要求往往比正价班还要高得多。主讲老师如果能讲好特价班课程,吸引客户续班,那么他到正价班课堂上授课,获得学员的认可就不再是难事了。这就好比相声演员说相声,如果能在天桥街头将来往的行人逗乐,那么他在剧场说相声的效果一定不会差——免费客户往往比付费客户更难打动。

其次,特价班是一次残酷的实战,家长可以"用脚投票"随时走人,这就要求机构在特价班运营过程中必须不断地复盘内部协作,力求将每一个细节拿捏得更加到位,每一个环节配合得更加亲密无间。因此,一次特价班做下来,对于整个学校的内部协作(销售、市场、助教、教师等)也是一次极为有效的锻炼。

第二,上一章我们着重从研发、师训、营销、教务四个层面着手,讲述续班工作的整体框架和实施要点,本章聚焦特价班的续班工作,我们将换个角度,从具体的执行层面切入,看一看续班工作有哪些值得注意的关键点。

从管理思路到执行技巧,笔者总结了18个特价班续班的关键词,分别是心态、关怀、协作、咨询、技巧、家长会、讲座、服务、教师、项目制、数据、排课、听课、经验、销售团队、往期、氛围、研修班。这18个要点不仅是特价班续班的关键动作,对于正价续班也同样适用(见下图)。下面我们一一解析。

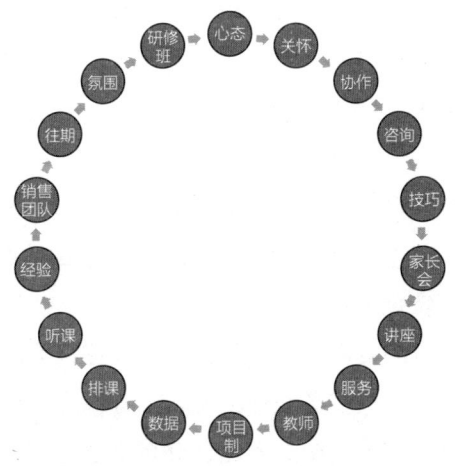

特价班续班的18个关键词

7.1 心态

前文提到，特价班是投入大资源的获客方式之一。因此，很多K12机构在推出特价班时，往往会投入巨大的人力、财力、物力，希望借此一役实现学员规模及业绩收入的大增。在这样的情况下，特价班如能顺利运行，一切俱佳，而一旦特价班初期转化数据不理想，就很容易乱了阵脚。

因此，在特价班续班的18个关键要点中，笔者将"心态"一词放到了首位，听起来比较虚，但对于管理者来说至关重要。

笔者曾亲自带队进行过数次特价班的运营和管理工作。某年暑假，在西安就遭遇了开局不利的局面。当时的团队是首次参与特价班运营，经验和磨合度均有不足，而笔者个人尚有其他工作分心，因此，该年暑假共设四期特价班，首期特价班即将结束时发现，转化率仅17%，低于同业水平，也远远没有达到预期。试想，从几个月前就开始准备，所有人投入巨大精力、抱有极大期待，而收效却不甚理想时，从中层管理者到基层小伙伴，怀疑和悲观的情绪会一时间在团队中迅速蔓延。

此时笔者意识到当务之急应该做到三点：第一，稳定心态，保持大将之风，自己首先不能着急；第二，将信心及时传递给所有员工，切忌出现管理者与员工或者员工与员工之间相互指责的现象，多表达肯定、鼓励和关怀，指出优点，提振信心；第三，冷静下来，和同事们一起复盘总结，寻找运营中的问题，在下一期特价班中及时改进。

经过这三点的调整，也确实取得了不错的效果，当年暑假后三期特价班的转化率不断提高，到第四期整体转化率达到37%，比第一期提高了20%；其中，第四期新初一的特价班转化率更是达到了45%。

管理者除了保持自身的良好心态之外，还应该特别关注和调整教师心态。由于特价班时间紧、任务重，很多老教师不喜欢带特价班，而新教师又常常会出现对困难预估不足、不够重视的情况。因此，有必要通过召开恳谈会、动员会的形式，统一思想、鼓舞士气，保证教师团队以积极的心态和良好的精神风貌面对学员与家长。

7.2 关怀

从某种程度上说,将特价班的运作比作一场战役也不为过——统一部署、多兵种作战。面对这样的"攻坚战",战友之间如能相互关怀,传递温暖,将非常有利于增强凝聚力,提升斗志。

特价班行课期间,主讲老师往往非常辛苦,有时一天要连续讲10个小时的课,如果正值暑假高温时期,身体损耗会更大;助教老师、咨询顾问等也常常忙到吃不上饭。此时,如果能贴心地准备一些水果、零食、水、饮料等补给,及时送上鼓励关心的话,或者由校方组织专项慰问,都是会温暖人心的举动。曾经有机构在这方面就做得非常细致到位,在选择水果零食时都贴心地站在老师的角度去考虑,例如不准备梨、葡萄等糖分太高的水果,老师吃完嗓子会更加不舒服,而代之以更清爽的品种如黄瓜等。

此外,特价班期间还可以在规章制度上更加人性化,例如有的机构在特价班期间取消打卡制度,因为特价班工作量已经非常庞大,很多教师连吃饭的时间都紧张,此时有续班指标作为考核就够了,不必在上班时长上做出苛刻要求。

要温暖客户,首先要温暖自己的员工,彼此之间的温暖才会进一步传递。这看起来似乎有点"虚",在实际工作中却是非常重要的。

7.3 协作

特价班的动作是"多兵种协作"的过程,不是靠一两个"英雄大侠"就能完成的。要加强协作,有两个要点供参考:

一是建立最小工作单元。这一概念我们曾在第5章阐述"扩科"时提到过,指的是从客户角度出发,将续班"工作流"中的相关老师组成一个小组,这就是一个"最小工作单元",或称"最小战斗单元"。例如,暑期特价班往往是语数英三科,那么续班的最小工作单元往往是"3+1+1"的模式,"3"即语文老师、数学老师、英语老师;"1"是一个咨询顾问;另一个"1"是助教老师。这5位老师以学员为核心组成最小战斗单元,有利于沟通协作,提高工作效率。在每个最小工作单元中，最好有一个"自燃型"的队员作为单元负责人，负责定期组织伙伴内部交流、给团队打气等。这一点很重要，因为在特价班时期，教师被分散到各校区去上课，常常很长一段时间见不到自己的主管，此时需要在一线指定一名"指挥官"来凝聚人心、鼓舞斗志，保障各项工作顺利进行。

二是召开学情分析会，单元内部、单元之间的员工们可以通过"定期会议"实时碰撞和交流。交流的内容包括但不限于：分析当前班级学员的学习状态及遇到的问题，探讨如何提高教学水平和教学效果，同步分享当前的续班工作进度、家长反馈、续班意愿，并讨论接下来的续班对策等。一般来说，特价班设10次课，期间要保证至少有3次这样的学情分析会，保证信息与观点的充分共享。

7.4 咨询

我们反复强调过咨询文案和话术的重要性。打磨话术的本意并非是"套路"客户，而在于从服务客户的立场出发，如何把想说的话精确地表达出来。

一般来说，续班咨询的基本思路是：指出问题—给出建议—介绍价值，从学员的学习需求出发，让家长和学员认识到报名正价课的必要性和价值收获。

俗语云："不打无准备之仗，方能立于不败之地。"咨询工作的核心就在于提前预设问题、撰写模板；然后逐一考核，并及时将优秀案例公示，广泛学习。咨询沟通有时类似于辩论，辩赢的技巧往往不在于辩手的智商多高或者知识储备多丰富，而在于是否能将对方辩友的观点全部预判到位并做好准备。

因此，打磨话术的一项关键工作就是将家长可能会提出的问题逐一列出，并斟酌确定相应的回答方式，以清晰地传递价值感。下面是某K12机构在特价班续班启动前列出的家长可能提出的问题、困难或质疑，事后复盘发现，基本上覆盖了80%的家长疑问或困难：

- 你们这个正价班价格太高了……
- 市场上这么多培训机构，为什么选你们？
- 我们已经决定报名了（但催促几次后，迟迟不交钱）。
- 孩子成绩太差，还没想好正价班是不是适合我们。
- 孩子成绩很好，还没想好正价班是不是适合我们。

- 以前一直在另一家机构学习，现在没想好是否转到你们这里。
- 家里太远，没想好是否报名。
- 学生想报，但家长不同意。
- 家里经济困难，比较缺钱，所以没想好。
- 一直没有想好，也没有明确拒绝，拖延报名。
- 感觉学习效果不理想，正在犹豫。
- 孩子要学的科目太多，没时间再报班了。
- 孩子升初中要换学校，换了学校再来学习就不方便了（特价班往往在入口年级，如新初一，面临升学换学校问题）。

如此，将方方面面的问题都考虑周详，做好准备，咨询时就可以做到胸有成竹，无疑将大大提高转化成功率。

7.5 技巧

这里的技巧既包括授课技巧，也包括服务技巧、续班技巧，是指在常规运营动作之外，创造性地提出一些传递价值、服务客户的点子，增强客户的信任度和好感度。

举个例子。某线下机构的一位主讲老师在课间和学生交流时，无意中听到学生凑在一起互相吐槽父母如何忙碌没有时间陪伴自己、只会给自己报辅导班等。该老师意识到孩子内心的诉求，出于为孩子考虑的朴素想法，专门邀请孩子们录了视频，让孩子们在视频中向父母表达自己的真实愿望。在开家长会时，老师将该视频放给家长看，同时提出相应的解决方案，给家长传授一些如何陪伴孩子、辅导孩子学习的实用方法。这次家长会后，很多家长表示了解了孩子的真实想法；孩子的真诚打动了不少父母，老师的用心也增强了家长对机构的信任，在此继续学习的意愿也随之增强。

再比如，有的机构会在上课时用心拍摄每一位孩子上课现场的照片或视频，发给家长，让家长放心。孩子们专心学习、踊跃互动的画面也常常会令家长受到感染，很多客户还会自发地转到朋友圈帮助宣传。

一家好的培训机构，应该既充分了解孩子的学习情况和成长状态，又充分体察家长的心理诉求，因此，机构实际上应该承担起家长与孩子之间信息沟通的桥梁作用，通过贴心细致的服务让家长和学员满意。

还有的机构会策划各类运营活动，帮助提升教学服务质量、落实学习效果。例如，有机构会建立"微信群小老师"的机制，邀请小学员在微信群中为大家讲题，激发孩子们的学习热情，巩固所学知识。

这些活动看起来不起眼，实际上可以从课堂氛围、学习效果、服务价值等方面提升课程在家长学员心中的认可度，从而保持继续学习的意愿。因此，机构召开专门的技巧总结会是一个好的方法，利用头脑风暴，集思广益，完善各项动作。

7.6 家长会

上一章我们讲过家长会在续班中的作用、重要性，以及家长会召开的时间节点。一般来说，在特价班行课中期召开家长会目的有两个：一是做好服务，向家长反馈学员的学习情况，反馈得越具体越有针对性，家长就越感兴趣，效果越好；二是营销，即介绍续班政策，激励家长报名下一阶段的正价课程。

家长会能否开好，是续班能否成功的关键。下面我们讲一讲组织召开家长会的动作要点：

第一，反馈学情要具体，但时间不宜过长，一般应控制在1个小时以内。

家长会的内容对学员越有针对性，家长越感兴趣，但也要注意不要让家长会承担过多的职责。曾经有机构有过家长会从下午6点开到10点的纪录，从孩子的学习状态说到下学期规划，从家长的注意事项说到升学的政策环境，各科老师都有表达的意愿，导致家长会冗长，对家长造成了负担。

这里比较适合的做法是：一方面，学情报告可以尽量出得详细，可视化程度越高越好，让家长对孩子的学习情况一目了然、心中有数，同时能看到机构对学员的用心之处，而家长会上老师讲话应把握重点、详略得当。重点讲解本期课程的学习任务和学员的总体表现，琐碎内容可以放到学情报告中去体现。如果是语文、数学、英语三科老师共同召开家长会，更应注意分工，家长会上老师讲话和答疑的总时长控制在1个小时以内为宜。同时，要注意用家长听得懂的语言去解释教学内容和教学进度。特别是高年级的学员学习的各科内容已经较为深入，给家长介绍具体的知识点，如对数函数、动量守恒等，没有意义也效果不好。应该为其介绍的是哪些知识是重点、为什么是重点；先学什么再学什么，其中的逻辑为何；怎样学才能有助于孩子提高成绩等，这才是家长真正关心的内容。

第二，学情报告一定要在老师统一介绍完情况之后再发。如果家长会开始之前就把学情报告发放到家长手中，家长很可能就不再认真听老师讲，而是埋头看报告，看完就走，家长会的效果也就失去大半。

第三，教学端和销售端要注意配合。一般来说，家长会可以由组成"最小战斗单元"的主讲老师、咨询顾问和助教老师共同参加，大家各有分工：由主讲老师介绍学员的学习表现和学习规划，由咨询顾问介绍续班优惠、报名政策，助教老师讲解服务情况等，分工可以突显专业性。

第四，"最小战斗单元"的各位成员应该统一接受培训，保证接收到的信息一致，从而在与家长们沟通时，不会出现信息误差、口径不一致的尴尬局面。

第五，家长会后的答疑环节，可以适当将家长分组沟通，比如有些家长是已经决定要续班的了，可以重点进行学术答疑；有些家长对续班还有犹豫，可以由咨询顾问再重点沟通一下续班政策等。

第六，为了更好地提升家长会的效果，也可以派专人去家长会上旁听，观察和记录该场家长会的优点和不足之处，事后复盘总结，同时也起到督导的作用。

第七，在家长会召开前，还可以提前演练，从家长视角去观摩并提出修正意见。在实际运营中不乏这样的情况：教师们都做了充足的准备，给出翔实的内容，但很多内容只是机构想表达的，而非家长想听的，提前从家长角度模拟演练、打磨内容很有必要。

7.7 讲座

这里的"讲座"与第 3 章中提到的引流产品形式之一"讲座"概念相同，是指面向老生学员或家长提供的免费讲座，内容包括但不限于知识专题、学习规划、家庭教育、习惯养成等，它本质上是一种增值服务。

在特价班期间，为在班学员，甚至以前未成功续班的老学员提供这样的增值服务，不仅可以增强客户黏性，还可以通过在讲座中加入营销内容，形成"会销"效果，促进续班，同时起到召回往期学员的作用。

此外，将讲座效果充分外化，宣传推广，也是一项重要工作。例如，拍摄讲座现场的热烈照片，并配上特价班期间的免费讲座排期表，同步在朋友圈宣传，也可能会引来不少感兴趣的家长围观。

7.8 服务

服务重在体验。对于 K12 机构的服务体验，可以用加分减分原则来衡量。

假设家长初次与 K12 机构接触时，内心对机构的评价都有一个基础分值，我们将其设定为 100 分。从家长与机构接触的第一刻起，机构的每一项动作，即对应着家长的每一项体验，都会产生加分或减分。

例如，对于线下机构而言，家长初到校区，工作人员热情微笑着打招呼，并倒了一杯水，可以加 10 分；工作人员耐心而专业的咨询，又加 10 分；其间展示学员的学习成果，又加 10 分……诸如此类，当分数达到某一数值（例如 200 分）时，也许家长的报名/续班行为即能达成；反之，如果每一项体验都在减分，减到某一数值，家长就会弃之而去。

在另一个服务业领域——酒店行业，亚朵酒店是将体验的加分减分原则用到位的典范。亚朵酒店精心设计和打造了与客户接触的 12 个关键节点，并在每个节点上创造独一无二的体验，一步步提升客户内心对亚朵酒店的分值。12 个节点参考如下：

节点 1：预订；

节点 2：走进大堂的第一眼；

节点 3：到房间的第一眼；

节点 4：与你联系，提供服务咨询的那一刻；

节点 5：吃早餐的那一刻；

节点 6：在酒店等人或者等车，需要有个地方待一下的那一刻；

节点 7：你中午或者晚上想吃夜宵的那一刻；

节点 8：你离店的那一刻；

节点9：离店之后，你点评的那一刻；

节点10：第二次想起亚朵的那一刻；

节点11：你要跟朋友推荐或介绍的那一刻；

节点12：你第二次预订的那一刻。

同样，在K12教育培训中，如果也能设计若干关键接触节点，并通过到位的服务，逐步提升客户的体验值，当体验分值升到足够高时，也必将有利于续班的达成。

例如，我们将K12教育培训行业的若干服务节点列举如下（部分，仅示意）：

序号	项目	得分
1	微信群及时回复	20
2	前台微笑	5
3	前台有问必答	5
4	孩子中午12点30分前吃饭	20
5	教室温度	15
6	校区卫生	15
7	缺课补回	20
	……	

每一项服务看起来是小事，但牵涉到的都是家长对机构的信任和满意度，逐步积累，最终都将体现在"用脚投票"的行动上。值得注意的是，如果服务做不好，影响的不仅是一名家长，还会影响其他家长的感受。续班服务就好比是往玻璃杯里加水，每做好一项服务，杯子里的水就多了一分。当杯子里的水加满时，客户的续班意愿就达到了理想值，续班动作促成，而如果服务不到位，不仅水没加上，还有可能把杯子打碎。杯子碎了，不仅这名家长续班没希望，碎玻璃还会溅到其他家长身上。

另外，在服务中，陪伴的力量不容忽视。这里的陪伴包括两个方面：一是对学生的陪伴。在续班工作中有一条定律：续班率与陪伴孩子的时间成正比。很多续班率高的老师在介绍经验时都提到，暑期特价班的课程往往是一上就一天，除了课堂授课外，有很多课间休息或午间休息的时间可以与孩子们交流。有不少老师会习惯性地在教室里待着，向孩子了解他们的学习情况，甚至聊与学习无关的内容，能大大拉近和孩子之间的情感距离。聊起来之后，老师往往会发现孩子们的开放度和开心程度都出乎意料。还有的老师发现个别学员的知识掌握有欠缺，就利用课间或放学后给孩子补课。在笔者曾经带过的团队中，特价班老师一般是下午4点半下课，但很多老师从来没有在7点半之前下过班。从下午4点半到7点半的这段时间里，他们做的一件事就是陪伴孩子，或者是额外补课，或者家长有事接不了，临时托管。耐心负责的服务总是能感动家长、收获信任。

另一种陪伴是陪伴家长。有些家长会午间给孩子送饭，或者全程陪读，家长也常常感到疲惫；孩子上课的时候，家长没地方去，也会倍感无聊。此时，提供一定空间的休息场所，或者辟出一间教室，为家长播放免费的家庭教育讲座，是非常受欢迎的。此外，陪伴也不一定是面对面的陪伴，有时候，定期的电话沟通或者微信关怀，也会让家长感受到服务的温度，传递责任和价值。

此外，在服务中，还可以充分利用意见领袖的力量。特价班由于价格便宜，转介绍的门槛很低，很多客户都是组团来报名的，识别和发掘出其中的意见领袖，对续班工作有事半功倍的效果。但应该注意的是，意见领袖是口碑的放大器，好的口碑、坏的口碑都有可能被放大。因此，应该格外重视与意见领袖群体做好沟通和服务，帮助我们传递好的口碑。

7.9 教师

前文我们多次提到教师团队对特价班续班工作的重要性。在特价班教师的选拔上，除注重业务水平的考核外，还可以参考这几个方面：一是阳光积极、抗压能力强；二是身体素质好，特价班往往工作强度较大，需要良好的身体素质做支撑；三是团队协作能力强，特价班是多兵种协同作战，教师与咨询顾问之间、不同科目的教师之间都会有大量的沟通协作；四是表现力和感染力强，有一定的幽默感。

教师选拔到位后，最重要的是将教师团队的士气鼓舞起来，具体可以有以下做法供参考：

一是分组激励，关注到个体。除了奖励优秀老师之外，对于续班率并不理想的老师，也应该找到合适的激励方式。某机构曾采用组建"续班自救团"的方式，将排名最后10%的老师组织起来，逐一了解情况，提供指导，集中冲刺，对于整体续班率的提高能产生很好的效果。

二是分析问题的关键。关于续班率低，有的老师是态度问题，有的老师是能力问题，应该区别对待，对症下药。

三是组织定期分享，用日报将好的经验及时传递给每一位老师。

四是用其他机构转过来的学员案例为教师打气。当续班率不够理想时，很多老师容易沮丧低落、丧失信心。这时候，来自客户的肯定是增强信心的有力武器。其中，让老师重点关注从其他机构转过来的学生案例，往往更能鼓舞人心。一方面，学生从其他机构转过来，更能说明客户对本机构的信任；另一方面，续班时有一条秘诀，就是打动已报名其他机构的客户，往往比打动一名从未报过培训班的客户更容易。因为从未报过任何培训班的客户，很可能并不是我们的目标客户，要么是购买力不足，要么是校外培训的习惯和意识未能形成；而已报名其他机构的学员一般不需要解释为什么报名培训，只需要将本机构的优势阐明即可。因此，可以重点关注这部分客户，提振教师团队的信心。

7.10　项目制

这里的"项目制"，是指在教学团队内部，根据需要，在重点年级、地域、薄弱科目等实行项目小组制，有针对性地开展续班工作。例如教学团队可以成立新高一项目组、新初一项目组等；或者对于线上机构，开设专门的山西项目组、山东项目组等，根据地域的考学政策、学情特点，专项提高续班率。对于每个项目组，一定要设定明确的项目牵头人，这一点非常重要，一方面能使项目组各岗位人员的运营动作整齐划一，另一方面，在面临变化时，整个项目组可以迅速反应、灵活应对，节省时间。

当提升效果达到预期目标之后，可以考虑是否需要解散项目小组或设定更高目标，深化成果。

7.11 数据

对于 K12 业务的精细化运营而言，数据的重要性不言而喻。应该从年级、区域、最小战斗单元、主讲老师等不同的维度去统计续班数据，并做出排名。在不同维度的数据之间做比较分析，往往能得到有价值的结论，并且能起到激励团队的作用。

7.12 排课

这里的排课并非是指课程的设班排期，而是特指给主讲老师安排课时[1]。

通常暑期特价班共开设四期。一般来说，在进行到第二期时，各主讲老师第一期的续班率数据统计及排名已经陆续出来，此时，可以酌情调整接下来第三期、第四期主讲老师的排课计划，给教学质量好、学员反馈好、续班率高的老师多排课。这一方面是将特价班课程向优质教师资源靠拢，提高续班率；另一方面，排课多往往意味着课酬收入高，在老师的精力范围内，给优秀的老师多排课，也就意味着优秀老师可以得到更多的物质回报，从而有利于进一步激发优秀主讲老师的积极性，带动整体续班效果的提升。

7.13 听课

这里的听课是指派驻专门的人员（一般是资深教学人员）组成听课小组，去各个特价班课堂听课，现场监督指导教学，并在课后及时总结复盘，为一线教师提供改进意见。专门的听课机制是教学督导和服务管控的重要措施，线上机构也可以开展，集中观摩直播视频，整理汇总指导意见，提交给教学团队。

---

[1] 一般来说，特价班每天安排 6 小时的课时为宜，时间太长不利于与家长学员交流互动。

XXX教学主管听课安排

为了更好地促进续班，了解课堂一线真实情况，辅助老师做好课堂管理，提升 XX 学生体验，经学校研究决定：全员树立教学生命线意识，向课堂要质量，以教学质量求生存，所有教学主管需要深入一线进班听课，及时发现教师教学问题并予以纠正。现将暑假特价班听课具体工作安排如下：

一、听课时间及节数

　　1. 各教学主管从 7 月 24 日起深入课堂听课。

　　2. 暑假期间每期课原则上听课不少于 10 节，每节不少于 50 分钟。

二、听课要求

　　1. 推门听课，不提前打招呼。

　　2. 主要听取续班率不高的校区所有教师的课，听续班率较高的校区中续班相对较低的老师的课。

　　3. 听课要做简要的听课记录。

　　4. 听课结束后要和被听课老师及时沟通，并进行落实跟踪，确保听课建议落地执行。

　　5. 听课结果要同时反馈给项目主管和校区分校长。

某 K12 机构特价班期间的听课督学通知

7.14　经验

经验在团队内部之间的交流、传递和分享，对机构发展而言非常重要。《巴菲特的护城河》这本书中曾提到，企业的四大核心竞争力之一是"网络效应"。在组织内部，增加人与人之间、部门与部门之间的连接结点，各个结点之间的信息交流会形成网络效应，可以有效激活机构的活力，提高运营效率。

举个例子。假如机构内有 100 名老师，其中一名老师发现了一个续班技巧，他能够多续一名学员。当他把这个经验扩散出去，另外 99 个老师也掌握之后，对于机构而言就是 100 名新学员的增量。有效分享能使好的经验带来的实际效果成倍放大，教师如此，销售岗位、助教岗位亦然。实际上，包括新东方在内的很多头部 K12 机构，都将"经验分享"作为一项长效机制，使其在机构发展壮大中发挥重要作用。

具体来说，可以在续班关键期建立每日分享机制，或通过专门的经验分享群，每人每天分享一条心得，互相启迪，帮助所有成员共同提高。

7.15 销售团队

对于线下 K12 机构而言，销售工作主要由各校区负责；在这一环节，应该重点关注续班数据落后的校区，对于不胜任的咨询顾问要及时替换。对线上 K12 机构而言，对咨询顾问团队及时优胜劣汰，也一样重要。

7.16 往期

这里的往期，是指往期课程未续班、可召回的学员，例如去年暑期特价班的未续班学员。

召回往期学员是一项持续性的工作，课程虽已结课，但学习从未停止。

针对往期未续班学员，可以发送学习资料、讲座邀请等，促使其再次关注本期特价班；

同时，针对本期特价班已结课、未续班的学员，可以持续提供线上答疑、学情咨询、专家测试、笔记检查等服务，实现"停课不停学"；

最后，暑期特价班往往设四期，对于那些已经上完一期、但对学习效果有所怀疑、对续班摇摆不定的学员，甚至可以为其提供免费名额，让该学员加入下一期的特价班课程，再学一遍。一方面，学习记忆本身就是一个不断重复的过程，从为学员负责的角度，只要学员同意，重学一遍有益无害；另一方面，重读一遍，意味着续班动作也随之重复一遍，续班意愿可能会就此增强。

7.17 氛围

在续班期内，通过外部媒体、内部社群等媒介渠道营造一定的氛围，对提升家长的信任度，促进续班会有一定帮助。

例如，很多机构在续班期开始后，会在微信群、朋友圈发送信息，或在线下校区专项布置环境，凸显名额的"稀缺性"。发布倒计时海报、群内实时发布续报战况等，都是不少机构常用的做法。

还有机构会接受媒体的采访报道，让权威媒体的公信力为机构背书。尤其是当下互联网时代，报纸、电视等传统媒体的受众群虽然日益缩减，但其影响力仍在，其公信力也远远大于网络媒体。因此，在接受传统媒体报道后，将传统媒体的背书作为咨询材料发送给家长，是一些机构的做法。

7.18 家长研修班

家长研修班是一项增值产品，即汇聚各领域的专家达人，开发一套系统的家庭教育视频课程，针对家长关心的心理健康、学习方法、亲子关系、知识技能等各方面问题，提供专业系统的指导，为家长赋能。如果将这套实际价值很高的课程，作为续班的增值福利，免费赠送给续班客户，物超所值的福利无疑会大大刺激续班率的提高。

案例　某 K12 机构研发价值 5800 元的家长研修班课程馈赠老客户

某 K12 机构在暑期特价班工作开展前夕注意到，很多家长虽然对孩子的学习成长关心备至，却常常基于教导无方，急需相关领域专业人士的指导。为此，该机构精心研发了一套家长研修班课程，针对亲子关系、学习方法指导、升学指导等热门话题进行系统讲解。8 节课程大纲如下：

第 1 节：榜样的力量（亲子关系）

第 2 节：家长的基本任务（家长之道）

第 3 节：爱而有度，严而有格（爱与规则）

第 4 节：家长，你在焦虑什么（家长之道）

第 5 节：文科学习与家庭教育（学科学习）

第 6 节：理科学习与家庭教育（学科学习）

第 7 节：老师的话，家长应该听多少（家校关系）

第 8 节：这样说话，孩子更会听进去（亲子关系）

上述 8 节课邀请 8 位教育领域的专家作为主讲，包括：世界演讲比赛冠军，全国辩论赛冠军，美国常青藤大学的校友，北京、上海的知名教育专家，杯赛国家队教练，中国英语演讲国家队主教练，伦敦商学院客座讲师，清华大学或北京大学校友等。8 位重量级专家的出场价值超百万元。课程学习结束后，还增设"家长研修证书"颁赠的环节，增强家长学习的收获感和仪式感。

根据主讲专家的权威度和专业度，课程标价 5800 元，但续班客户可以免费学习。这一福利推出后，引起家长的强烈反响。第一拨学完的家长，普遍认为课程"物超所值""非常值得推荐"。于是又自发带动起新一轮的口碑传播，进而引发新一轮的续班和宣传推广。家长研修班成为一项成功的增值产品案例，有效推动了续班工作的开展。

小结和预告

本章我们从心态、关怀、协作、咨询、技巧、家长会、讲座、服务、教师、项目制、数据、排课、听课、经验、销售团队、往期、氛围、研修班这 18 个关键词出发，从具体执行层面阐述了特价班续班中的关键要点。这些关键要点，与上一章内容略有重复，但角度不同，对于正价课的续班也同样适用。

实际上，吸取经验关键在于如何落实，每一条经验都应该转化为若干具体的运营动作，明确部署、严格落实，由各部门伙伴通力协作实现。在本书的最后，附有特价班续班工作体检表，以期为业内同仁检查续班动作执行的有效性提供一个工具。

接下来的两章，我们将关注点转向产品层面，分别从产品设计和定价角度，谈一谈 K12 产品的设计艺术。

教育培训大运营
K12业务精细化操作指南

第8章
产品设计：传递价值，以终为始

你想要一个锤子。

因为你想在墙上钉个钉子，用来挂相框，却发现钉子有了，而没有锤子。

于是你的大脑开始高速运转，思考怎样才能得到一把锤子：哪个品牌的锤子好呢？买多功能的还是单一功能的？去哪买？今天几点才能下班呢？要不看谁去超市帮忙带一个？

……

这时候你已经忘了一件事：

你不一定需要一把锤子，你需要墙上有个洞；

或者你不一定需要一个洞，你只需要把相框固定到墙上；

或者你连相框都不一定需要，你只需要把墙面变得美观。

同理，K12教育培训产品的设计不一定要只盯着课程，你需要找到客户的真正诉求，然后去解决它。

对于一家企业来说，产品（包含服务）是与客户接触的主界面，是服务客户的介质，也是企业传递价值的载体。因此，企业的运营必须建立在产品的基础上，我们无法脱离"产品"本身来空讲"运营"。那么，K12教育培训行业的产品是什么？如何将客户思维和精细化思维运用到产品设计中？这是本章要表达的主要内容。

8.1　K12教育培训行业的产品是什么

包括K12教育培训在内的很多行业，技术在进步，产品在迭代，组织形态也在发生变革，然而，我们要服务的客户对象，以及客户希望被满足的需求却相对稳定。K12教育培训行业发展20年来，客观地说，我们所面对的客户其"提高学习水平"的根本需求就几乎从未改变。在公立教育体系下，将这一需求效果量化，那就是帮助学员稳步提高成绩，最终顺利升入理想的学校，也就是我们常说的"提分"与"升学"。

从这一需求出发，K12教育培训产品也经历了几次迭代和升级。

关于K12教育培训产品的设计维度，有一个"魔方模型"普遍为业内认可，如下图所示：

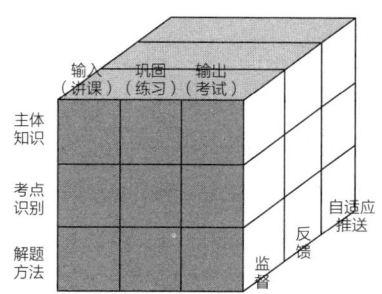

K12教育培训产品设计的"魔方模型"

第一个维度：知识内容，包括主体知识、考点识别、解题方法三个层面，这三个层面构成课程内容的设计；

第二个维度：教授方式，包括讲课、练习、考试三个层面，分别从知识的输入、巩固和输出方面加强和检测学习效果；

第三个维度：效果落实，主要包括监督、反馈、自适应推送三个层面。其中，监督即学习过程监督；反馈即学情反馈，针对学生在这一阶段的学习态度、学习效果给出反馈，指出优点和不足，并提出建议；自适应推送是根据每个学生的学习能力和知识掌握情况，有针对性地推送知识点和测试题，通过技术手段（如 AI）帮助学员实现水平的提高。

自 K12 教育培训行业发端以来，为了满足客户"提升学习效果"这一核心需求，K12 教育培训产品发生了几次迭代，"魔方模型"日趋完善。如下图所示：

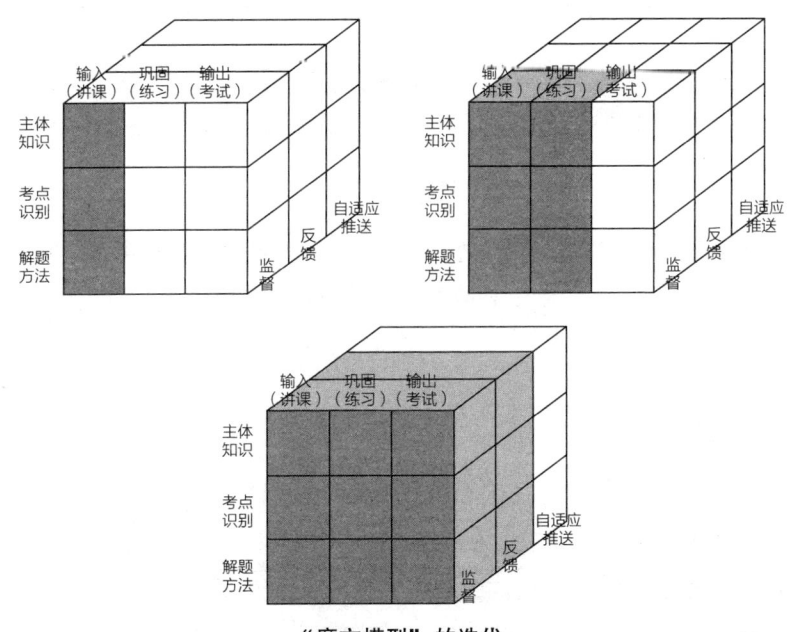

"魔方模型"的迭代

行业兴起之初，第一代产品主要是课堂教学，以"老师讲、学生听"为主，练习和考试比较少，更没有监督和反馈等，例如最初的线下大班课产品。

后来，进入第二代产品，课堂教学开始加入"练习"和"考试"，帮助学员切实理解和掌握课堂知识。线下早期的精品班课是这样的模式。

到第三代产品，又加入监督和反馈，形成"学练测管"（即学习、练习、测试、管理）的教学闭环。至此，K12教育培训产品已经逐步从第一代的以机构为中心的课程产品，转型为以客户为中心，包含课程与服务在内的综合学习方案。

目前，K12教育培训产品可以大体分为两类，一类是班课，按照班级学生人数又分为超级大班课（多为线上直播课）和精品小班课（多为线下）；另一类是个性化产品。总体来说，这两种产品类型都是围绕上述三个维度来升级产品，以更好地满足客户需求。本章我们就分别从班课和个性化产品出发，谈一谈K12教育培训产品设计的流程和要点。

8.2 产品设计的流程：以班课产品为例

一般来说，K12教育培训行业的产品设计流程包括以下四个步骤：

K12教育培训产品设计流程图

该流程既适用于K12班课产品，又适用于个性化产品。在本节，我们暂以班课产品为讨论对象来阐述K12教育培训产品设计流程，个性化产品设计亦可借鉴。

8.2.1 调研需求

正如本章开头"你是否真的需要一把锤子"这个故事所讲的那样，有时候，我们在设计产品时，会被过程信息蒙蔽，而忽略了以终为始，以客户核心诉求为中心，设计产品。因此，调研客户需求，是产品设计的第一步。

调研和收集客户需求的方式通常有以下几种：

1. 问卷调查和访谈

这是了解客户需求最常用和高效的办法：通过大样本的问卷调查，了解家长和学员的普遍诉求；通过小范围的深度访谈，挖掘诉求背后的深层问题，寻找产品层面的解决方案。

这里要强调的是，管理者应该亲自参与到一线客户的调研中。通常来讲，管理者掌握更多的信息资源，在产品设计层面更能做出全局性的判断。同时，由于管理者对公司资源的调动能力更强，在了解客户真实需求之后，管理者督促执行的效率也会更高。

案例1   T学校调研家长真实需求，及时扭转产品方向

2020年夏天，T学校如往年一样开始了暑期特价班的招生工作。然而几期课程下来，特价班的招生数据相比往年出现明显下滑，续报情况也不理想。

内部复盘分析原因时，很多人认为，政策原因是导致此次特价班失利的主要因素，即2020年起，T学校所在的T市"小升初"开始实施"公民同摇"，取消"小升初"升学考试。很多人认为，新政策导致小学课外辅导的需求大幅下降，因此出现招生量下滑的现象。为此，还有人提出，应该调整下一阶段的运营重点，大力发展中学学段的业务。

经慎重分析后，该校负责人决定在当年8月底9月初做一次调研，听一听来自客户的真实声音，为秋季课程产品的调整提供思路。

调研分两步进行：首先向家长大范围发放调查问卷，问题涉及年级、学校等基本情况；对"公民同摇"政策的理解；对孩子学习关注点的变化；对课外辅导的诉求等，问卷共发放2107份。然后，邀约有意向的家长，在四个校区开展线下访谈，就其诉求进行深度调研。每场家长交流会都由T学校中高层管理者亲自参与，包括学校副校长、班课运营总监、教务客服部总监、小学项目总监等。

经过四场交流会，家长反映的情况和意见非常统一，总结起来有以下几点：

（1）虽然"小升初"考试取消，但中高考压力仍然有增无减，对孩子的学业关注不可松懈。

（2）受政策变化和新冠肺炎疫情的双重影响，校内的课程安排增加了不少心理辅导和素质类课程，语数英等学科学习所占的时间减少，校内学科学习不够饱和。

（3）学校对成绩的关注减弱，考试次数大幅减少，导致家长普遍不了解孩子的真实学习情况。

根据家长的意见，T学校的管理团队对接下来小学阶段的产品做了如下调整：

（1）小学学段的课外辅导，仍然是客户的重要学习诉求，这一点并没有因政策变化而改变；写作、数学、新概念等热门课程仍然是家长呼声较高的产品，应该继续扎实做好这些产品的研发和服务。

（2）升级产品形式，在课程中增加测试环节。具体来说，增设了周测和月考两个环节，每周、每月针对孩子的学习情况开展测试，并就考试结果形成详细的学情报告，与家长有效沟通，让家长充分了解孩子的学习情况，补足校内学习的不足。

（3）增开"习题课"。由各主讲老师自主开设针对本班学生的"线上专项习题课"，每周一次，每次40分钟，配合线下的周末课程，讲解习题，答疑辅导。

与此同时，该校还重新对暑期特价班工作进行了更为细致的复盘和调研，发现受新冠肺炎疫情影响，2020年的特价班工作开始较晚，这是招生受阻的重要因素之一；此外，由于课程产品未能跟上客户诉求的变化（如希望增加测试、习题等），这也是特价班生源数量下降的原因之一。

经此调研，T学校明确方向，对秋季班小学产品进行了改进和调整，取得了非常积极的效果。不仅来自家长的正面反馈众多，客户还"用脚投票"，使续报率大大提高。续班工作开始的第一天，续报率就达到了75%，几乎是前所未有的纪录。

事后，该校负责人总结道："作为管理者，听到的声音往往来自一线员工和不带感情的数据。部分员工的意见可能会带有主观性；而数据又只是结果，不能反映客户的真实决策过程。因此，管理者应该经常走到前端，直接与客户交流，倾听客户的心声，才能做出正确的决策。"

2. 观察

有时候，客户的需求并不会主动告知产品设计者，必须要设计者主动发掘。

举个海底捞的例子。顾客们在海底捞门店等位时，绝不会有人要求一家火锅店提供擦鞋或者美甲服务，那这项服务是怎么来的呢？得益于工作人员的观察。他们发现，客户在等位时非常容易感到无聊或焦虑，有些客户会在等位时对同行的亲友说"你帮我盯着，我去旁边做个美甲，一会儿就回来"。工作人员灵机一动："何不在我们的店里做美甲呢？"于是，美甲、擦鞋等服务被开发出来，有效留住了顾客。

K12教育培训行业也有类似的例子。一般来说，K12机构为学员提供班课教学，课程结束后也就完成了本次产品的供给。但有些机构发现，很多学生总是课后在教室里留下来不回家，并非家长没来接，也并非上课没听懂，而是为了完成校内作业。这样做的原因可能各不相同：或者是因为上辅导班而没时间写；或者是因为辅导班内容与作业相关，一鼓作气完成更佳；又或者是因为上辅导班后更有学习状态。不管是哪一种，总之，辅导班结束后留在教室写作业的学员大有人在。这时有机构就提出设置一个"作业辅导课"，即专门留出一间教室供学员写校内作业，同时专派一个教师辅导；老师不需要讲课，只需要在教室内陪伴、答疑即可。"作业辅导课"在很多机构都有开设，颇受欢迎。这样的需求并不是访谈或提问得来的，而是源自用心的发现。

3. 充分关注KOL，获得有用的建议

KOL（关键意见领袖，Key Opinion Leader）是每个行业都非常重视的群体。例如在自媒体行业，不少公众号会建立和维护自己的"铁杆粉丝群"，在写文章之前，提前在群内就话题或标题征求粉丝意见或请粉丝投票，然后生产出受欢迎的内容。

K12教育培训行业的KOL通常有以下特点：

- 对孩子的学习非常关心，并且有自己的思考；
- 比较关注K12教育培训行业的各类教培产品，并且有一定的观点和判断；
- 热心表达，愿意向机构提出改善建议。

新东方一直有选举成立"家长理事会"的传统，实际上就是筛选出有上述特点的KOL家长，定期召开座谈会听取他们的意见，收集客户需求等。充分关注KOL的代表性建议，促进产品的完善，是事半功倍的举措。

4. 从学生的成绩入手，结合大数据分析学习诉求

归根结底，学生是学习的主体，是K12课程的使用者；而学员的成绩和学习表现，既是衡量产品有效性的终极标准，也是客户诉求的源头。

因此，在设计产品、调研需求时，也可以从学员的往期成绩入手，运用大数

据等手段来记录、整理和分析失分点，找出学生在学习中的薄弱环节并总结原因，将这些内容纳入产品设计和课程研发中来，将会有针对性地提升产品质量，研发出更有效的产品。

8.2.2 产品设计

1. 价值点归纳

产品价值点归纳的过程，是将产品价值与客户需求进行匹配的过程，也是将搜集来的需求归纳整理，通过设计合适的产品来——满足的过程。

我们以一个具体案例来说明。

案例2　　S 学校小学数学产品体系的升级设计思路

S 学校是一家二线城市的本地 K12 机构，以小学数学起家，但在多年发展中，产品结构已经不适用于当前的客户需求和市场竞争。因此，S 学校负责人决定重新展开调研，将产品升级。

调研发现，当地小学数学学生构成及诉求如下：

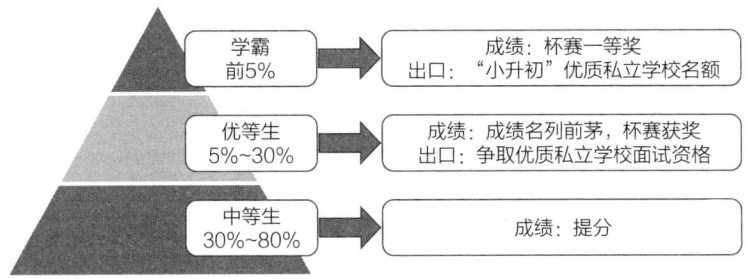

对此，S 学校细化客户需求，逐项明确小学数学班课产品的价值点如下：

如下表所示，S 学校的小学数学产品升级后，针对三个层次的学员分设同步班、尖子班和名校班，分别以"扫清知识漏洞、提升校内成绩""校内成绩再突破、杯赛拿名次"和"杯赛一等奖、名校录取"为三个层次学员的核心诉求，细化产品的价值点，在课程设置、随材资料、学习服务三个方面，提供针对不同学员的产品服务。

班型	针对学员	模块	价值点	客户需求
同步班	中等生	核心课程（20人小班课）（2.5小时/课时）	校内主体知识	夯实知识基础，扫清知识漏洞
			易考重难点识别	对重点知识真正掌握
			解题技巧	有效提分
			逐步升级的知识体系	知识体系由易到难平稳过渡，降低学习难度
		随堂资料	教材	巩固主体知识的学习效果
			配3套学生常用练习题	
			各区期末考试题	
			针对同步班学员的专有题库	希望有适合自身水平的练习题目
		学习服务	校内作业辅导与答疑	希望有人负责监督和辅导孩子作业
			课后练习及打卡监督	有人帮忙监督每日学习
			阶段测试	定期了解孩子的学习情况
			学情反馈	
			微信群沟通	有问题能实时找到人解决
尖子班	优等生	核心课程（20人小班课）（2.5小时/课时）	校内主体知识（占80%）	夯实知识基础
			易考重难点识别	对重点知识真正掌握
			解题技巧	有效提分
			奥数知识（占20%）	希望在校内学习基础上有所拔高，提高思维能力
			逐步升级的知识体系	知识体系由易到难平稳过渡，降低学习难度
		随堂资料	教材及配套练习	巩固校内主体知识
			奥数试题	巩固所学的奥数知识
			针对尖子班学员的专用题库	希望有适合自身水平的练习题目
		学习服务	课后练习及打卡监督	有人帮忙监督每日学习
			阶段测试	定期了解孩子的学习情况
			学情反馈	
			微信群沟通	有问题能实时找到人解决
名校班	学霸	核心课程（20人小班课）（3小时/课时）	校内主体知识及易考重难点（占30%）	夯实知识基础
			解题技巧	有效提分
			奥数知识（占70%）	巩固数学的优势科目地位，取得杯赛一、二等奖
			逐步升级的知识体系	知识体系由易到难科学过渡
		随堂资料	教材及配套练习	巩固主体知识
			奥数试题	巩固所学的奥数知识
			针对名校班学员的专有题库	希望有适合自身水平的练习题目
		学习服务	阶段测试	定期了解孩子的学习情况
			学情反馈	
			微信群沟通	有问题能及时找到人解决
			重点院校升学路径规划	希望了解升学信息和专业的规划策略
			奖学金激励制度	强化孩子的荣誉感和内驱力

例如，同步班学员以中等生为主，家长希望能通过课外辅导扫清知识漏洞，作业有专人辅导，不用家长费心。因此，同步班以校内知识为主要内容，精选涵盖校内知识点的权威习题库，并增设"校内作业辅导"服务，这都是另外两个班型没有的。而尖子班和名校班则不同程度地增加了奥数内容，以满足孩子的学习需求。名校班还特别增设奖学金制度，奖励给在杯赛考试中获奖的学员，增强其荣誉感和学习的自驱力，同时更好地帮助机构留住这些有"头羊效应"的优秀学员。

2. 竞品对比

上述价值点并不是根据家长提出的需求编出来、列上去就够了，价值点拟定之后，一项必不可少的重要动作就是要和竞品做对比。竞品对比的过程是模拟一个普通客户做决策的过程。"这两家的产品到底有什么区别""哪个更胜一筹""具体胜在哪些方面"，只有站在客户角度去提出这些疑问、找出与竞品的差异，然后进一步揣摩产品的优劣势、提炼产品价值点，才能打磨出真正受欢迎的产品。

在具体做法上，列表对比是不错的方法。就像数码、汽车等行业的产品参数评测对比表格一样，我们在产品设计时，也完全可以逐项列出对比项目，与市场上的同类产品做差异化比较，确定优化方案。

仍以S学校的小学数学产品升级为例，产品设计出来后，与当地另外两家机构的小学数学班课产品对比如下：

比较项目	H学校	X学校	S学校
科目	小学数学	小学数学	小学数学
班型	大班：40人/班 小班：25人/班	小班：25人/班	小班：25人/班
价格	大班：22.5元/小时 小班：45元/小时	60元/小时	40元/小时
开设次数	夏：14次 秋：15次 冬：7次 春：15次 全年：51次	夏：10次 秋：15次 冬：7次 春：15次 全年：47次	夏：12次 秋：15次 冬：7次 春：15次 全年：49次
课程层次	A.同步提高 B.培优（精讲，经典） C.数学竞赛短期班 D.集训队	A.提高班 B.基础班 C.超常班（选拔） D.尖子班（选拔）	A.同步班 B.尖子班 C.名校班 D.集训班（0元，选拔）
教师队伍	兼职教师和专职教师混合	基本都是专职教师	以专职教师为主；兼有部分兼职教师
其他制度	无	无	名校奖学金制度

经过比较，S学校可以更加明确升级后的小学数学产品有以下亮点：

- 小班教学：全部课程都已小班化，学生能够得到老师的充分关注。

- 价格优势：40元/小时，在市场上属较低水平。
- 教师优势：专职老师为主，兼有从公立学校退休的兼职教师，既能保证教师队伍和教学质量的稳定性，又可与公立学校保持同频，孩子的学习不会与学校脱节，可有效提升成绩。
- 学员激励：集训队0元班，名校班的奖励制度，都是其他机构没有的，不仅能集中优势教学资源，更能从奖励制度上激发学生学习的内驱力。

8.2.3 产品测试

产品测试包括两项内容：

一是产品的价值测试，即产品设计完成后，邀请学生和家长来体验，并针对产品的价值点提出建议，该产品是否能满足学习需求，哪些方面仍有不足、需要改进。价值测试类似于游戏等互联网产品的内测，是后验品设计的一个重要步骤。

二是产品的增长测试，是指测试产品的销售增长潜力，即客户在体验完产品后，有多大意愿将这款产品推荐给亲朋好友。这个统计数据在一定程度上能预测出该产品的增长曲线和增长"天花板"。增长测试也常常被用来预测某产品是否具备"爆款"潜质。

8.2.4 产品落地

理想中的产品模型能否变成现实，还需要考虑如何落地，哪些能做到以及如何做到，需要调动哪些部门的资源，如何通力合作形成执行方案。

下页表是S学校"小学数学产品体系"的落地设计表，表格中的价值点需要逐项落实，实际执行起来还是有一定要求的，任何一个环节衔接得不好，或沟通不畅导致信息误差，到客户那里都会形成不好的体验，从而影响整个产品的口碑。

班型	模块	价值点	落地设计
同步班	核心课程（20人小班课）（2.5小时/课时）	校内主体知识	教研组研发课程
		易考重难点识别	
		解题技巧	
		逐步升级的知识体系	
	随堂资料	教材	教研组搜集资料
		配3套学生常用练习题	
		各区期末考试题	
		针对同步班学员的专有题库	辅导老师和主讲老师共同完成
	学习服务	校内作业辅导与答疑	辅导老师完成
		课后练习及打卡监督	
		阶段测试	IT系统录入，人工完善内容
		学情反馈	
		微信群沟通	辅导老师完成
尖子班	核心课程（20人小班课）（2.5小时/课时）	校内主体知识（占80%）	教研组研发课程
		易考重难点识别	
		解题技巧	
		奥数知识（占20%）	
		逐步升级的知识体系	
	随堂资料	教材及配套练习	教研组搜集资料
		奥数试题	
		针对尖子班学员的专用题库	辅导老师和主讲老师共同完成
	学习服务	课后练习及打卡监督	辅导老师完成
		阶段测试	IT系统录入，人工完善内容
		学情反馈	
		微信群沟通	辅导老师完成
名校班	核心课程（20人小班课）（3小时/课时）	主体知识及易考重难点（占30%）	教研组研发课程
		解题技巧	
		奥数知识（占70%）	
		逐步升级的知识体系	
	随堂资料	教材及配套练习	教研组搜集资料
		奥数试题	
		针对名校班学员的专有题库	辅导老师和主讲老师共同完成
	学习服务	阶段测试	IT系统录入，人工完善内容
		学情反馈	
		微信群沟通	辅导老师完成
		重点院校升学路径规划	规划师完成
		奖学金激励制度	项目组设计

除此之外，还可以有一系列的配套动作。

1. 召开内部产品发布会，使产品在公司内部获得认可

在这里重复一个观点："咨询顾问喜欢卖的产品，才是好产品。"

在K12教育培训行业，教育产品的设计常常会出现"选择性偏误"的现象。所谓"选择性偏误"，是一个统计学概念，是指因为样本选择的非随机性而导致得到的结论存在偏差。教育培训产品设计中的"选择性偏误"指的是，教育培训产品往往是负责教学的老师设计出来的，这些老师接触最多的是已经报名课程的学生。也就是说，教学老师选择的样本是已报名客户，听取和了解到的是已报名客户的需求和评价；而对于广大未报名的学员，他们未被纳入"样本选择范围"内，设计人员没有听到他们的声音。这个样本就是一个"有失偏颇"的非

随机性样本，基于这个样本的反馈而设计出的产品，可能会让已报名学员更加认可课程，却很难将更广泛的未报名客户变成已报名客户。

那解决办法是什么呢？就是使产品尽可能获得咨询顾问的认同。咨询顾问是课程产品的销售者，他们接触最多的人群就是广泛的未报名客户。如果一款产品让咨询顾问喜欢向潜在客户推荐，就说明这款产品很容易触及未报名客户的痛点，从而证明这极有可能是一个好卖的产品。

同时，召开内部产品发布会，也邀请市场团队、教务、客服、IT等伙伴们一起参加，会更有利于各团队的通力协作，积极推广。

2. 相关人员的培训、考核和激励

除了召开内部发布会，对于产品的细节、卖点等，需要向咨询顾问、运营等相关人员培训到位。同时，对于这些落地动作，如培训、模拟演练等，都应设置合理的考核和激励，这项工作非常重要，对产品业绩会有直接的刺激作用。

3. 产品口号、宣传物料的制作等

在新品推广方面，物料设计工作越精细越好。在此仅提一个要点，就是尽量用一句话说出你的产品卖点。一句朗朗上口、卖点明晰的口号会极大地促进产品价值和口碑在机构与客户、客户与客户之间的传播，从而带动产品销量的提升。

> 手机产品"一句话卖点"示例：
> **小米**：小米手机就是快。
> **OPPO**：充电5分钟，通话2小时。
> **VIVO**：逆光也清晰，照亮你的美。

8.3 个性化产品的设计要点：从"卖产品"到"卖方案"

在K12教育培训行业，个性化产品通常价格较高，被称为高端产品，通过个性化定制化服务，帮助学员做出学习规划，达成学习目标。相对于普通班课产品来说，个性化产品往往还要加入"作、考、竞、升"的相关服务——

- 作：作业辅导，学习习惯建立等；
- 考：考试政策咨询、应试技巧的针对性辅导；

- 竞：竞赛等相关的咨询辅导；
- 升：帮助学员提升背景，规划升学等。

因此，个性化产品较之普通班课而言，产品维度更加立体，与其说是为客户提供一款课程产品，不如说是为其提供一套解决方案。个性化产品除了在设计流程上与班课产品类似之外，还有三个设计原则需要格外关注，我们一一阐释。

8.3.1 产品设计不要只关注教知识

课程是教育培训产品的核心，于是很多人认为，只要把课程设计好，最多再将与课程内容配套的课后练习、测评、答疑服务做好，就完成了产品设计工作。这是一个值得警惕的误区。

> **案例3** "家长帮"助力学而思聚拢家长打开市场
>
> 学而思（好未来）是如今国内K12教育培训行业的头部机构。应该有不少人都知道，学而思的创始人张邦鑫老师最初是靠办辅导班白手起家的。但也许很多人不知道的是，2003年"非典"疫情来袭，线下辅导班不得不关门，张邦鑫老师便和同伴创办了一个网站，名叫"奥数网"，为有学习需求的家长和学生线上答疑，并提供相应的学习资料和学情资讯。正是这个网站，成为"非典"疫情期间学生扎堆的"阵地"，作为"流量池"，为后来的学而思积累了种子资源和知名度。"非典"疫情过后，线下辅导班恢复，奥数网继续运营。线上线下家长的口耳相传，为学而思带来了源源不断的生源。
>
> 后来，办网站、办论坛，成了学而思精心打磨课程之外必做的业务。除了奥数网之外，学而思又陆续开设了幼教网、中考网、高考网、英语网、作文网……2014年，这些网站被重新整合，正式更名为"家长帮"。
>
> "家长帮"的定位是"最有温度的、对家长最有帮助的教育资讯分享平台"。具体来说，其内容主要有以下几类：
>
> 1. 各地的考试升学政策资讯、公立学校政策信息等。其中既有编辑搜集的信息，也有家长自发产生的交流内容。特别是幼升小、小升初、初升高等跨学习阶段考试及择校信息，往往是家长们关注的焦点。

2. 学而思的老师或热心家长整理的考试资料，尤其是比较不常见的资料。
3. 家长们在孩子学习、生活方面的经验想法分享。如学习方法等。
4. 学而思自己的课程、活动信息。

在上述四类内容的支撑下，"家长帮"作为学而思旗下的重要战略产品，不仅为学而思的线下机构导流，还可以充分利用家长的行为数据和留言反馈，为线下机构做决策提供数据支持；甚至，"家长帮"还成为学而思在地方省市开办分校的"先锋部队"。

学而思在每个地区开设分校之前很长一段时间，"家长帮"都会作为"开路先锋"先行入住。例如，大连"家长帮"和洛阳"家长帮"分别于2012年和2014年开始运作，但直到2016年，这两个城市的学而思分校才正式筹备。间隔的这段时间里，"家长帮"在平台上免费提供学而思的系列学习资源，分享教育经验，以"帮家长，帮学生，做教育"的理念吸引大量家长粉丝，积累口碑和认知度。

由上述案例不难看出，除了教授知识之外，政策、考情等信息已经融入学而思产品，成为其产品服务不可分割的一部分，和课程一样，共同为客户提供价值。

实际上，对于所有K12教育培训机构来说，产品设计都不应仅仅关注"知识讲授"层面的内容，个性化产品的设计尤其如此。一些非知识性的教学服务，例如学习方法介绍、学习习惯养成、考情资讯、面试咨询服务等，应该与课程一起，形成一个立体而有效的"教学服务方案"。"卖方案"而非"卖产品"，是个性化产品设计的核心。

8.3.2 提高产品设计的精密度，把产品价值进行量化呈现

美国营销大师伊塔马尔·西蒙森和艾曼纽·罗森曾经在经典著作《绝对价值》中提到，随着信息技术和互联网的普及，消费者获取信息的渠道增加，他们的决策方式正在呈现一些新的特点，其中之一就是变得更加理性。这就是说，消费者在进行消费抉择时，会越来越偏重于一些客观实用的信息，如参数对比、客户反馈等，而对于一些感性的描述则越来越没有感觉。例如，在选购手机时，消费者可能更倾向于关注"手机像素是500万还是1000万"、"内存是128G还是

256G"这样的信息,而不是被"这是一部会让你发光的手机"这样的话语所打动。

家长们在选择教育产品时也是一样。相对于手机、数码这样的产品来说,教育产品的标准化程度不高,个性化产品的差异性和针对性就更强了。然而,我们在设计产品时,仍然可以尽可能地将产品的价值点进行量化呈现,这样将更有利于打动消费者。

举一个例子,以下是特仑苏牛奶的广告文案:

这个世界上,不是所有的事物都能得天独厚。譬如每年近3000小时的和煦阳光,譬如怡人的暖湿季风性气候,都是上天赐予北纬40度的恩典。

不是所有牛奶,都来自上天偏爱的北纬40度;

不是所有牛奶,都堪称卓越;

不是所有牛奶,都值得你一生钟爱;

不是所有牛奶,都叫特仑苏。

牛奶是一种比较难以将产品价值点量化的商品,然而特仑苏的文案巧妙地抓取了"奶源产地"这个价值点,并辅以数据进行量化,营造出一种独一无二的感觉。

同理,教育培训产品背后的价值点有哪些?课程内容、政策咨询、个性化测评……这些价值点是否可以在产品设计时细分、量化并且落地?如果我们将产品价值点拆分得越细、量化程度越高,产品设计的精密度就越高,我们向客户解释产品和价格时就越容易,客户就越可能为产品买单。

特别在教培产品的设计中,课程以外的内容(例如考试政策)对机构来讲通常成本很低,但是对学员来说却价值巨大,将这一类内容加入产品设计中,不仅能更好地帮助客户,还能够提升产品的经济效益。

我们可以通过一个案例来说明如何提升产品设计的精密度。

案例4 **某机构"小升初龙门计划"量化产品价值获青睐**

某K12机构推出高端教育产品"小升初龙门计划",旨在帮助六年级的孩子通过使用该产品,最终考取理想的中学。为了使该款产品尽可能地满足家长和学员的"小升初"需要,该产品设计人员认真梳理了"小升初"过程中的所有关键节点和学习诉求,整理出 7 大模块共 33 项服务,并且将其制成表格,使产品价值点一目了然,也有效地帮助家长做决策。

		班型		小升初龙门计划		
价格		双科		A众学版	B优学版	C精学版
				19800(元)	23880(元)	33880(元)
一 诊断规划	1		"小升初"招生政策信息支持		●	●
	2		目标学校学情、考情分析		●	●
	3		入学标准测试及评估报告	●	●	●
	4		全年宏观学习规划	●	●	●
	5		精细学习计划			●
二 核心课程	6	班课	主体知识、考点识别、解题方法学习		196(小时)	
	7	一对一辅导	巩固学习效果、延伸拓展知识	50(小时)	80(小时)	120(小时)
	8	功能课	学习技巧与方法(记笔记、速读、听课效率、错题整理等)		●	●
三 随堂资料	9		"小升初"历年真题与解析		●	●
	10		内部讲义及讲解视频等	●	●	●
	11		各科学习技巧相关资料(英语背单词、作文模板、数学解题攻略等)	●	●	●
	12		根据学员学习情况的专属学习资料			●
四 全程督学	13		每次上课签到监督		●	●
	14		每次学习结果点评		●	●
	15		自习室陪读			●
	16		专属学习管理师跟踪		●	●
	17		学习过程全记录(听课情况、学习建议等)		●	●
	18		每月学情报告反馈(测试成绩、学习建议等)		●	●
	19		每月家长会沟通学习情况		●	●
	20		个性化作业布置和批改		●	●
五 测评答疑	21		入门测与出门考	●	●	●
	22		期中阶段测试及评估报告		●	●
	23		期末阶段测试及评估报告		●	●
	24		考前模拟测试及评估报告		●	●
	25		微信群实时答疑	●	●	●
六 附加服务	26		奖学金			●
	27		签订风险共担协议		●	●
	28		家庭教育指导		●	●
	29		"小升初"流程注意事项专属指导		●	●
	30		心理疏导与备考状态调整		●	●
七 备战面试	31		私立校面试备考方案		●	●
	32		私立校面试现场模拟训练		●	●
	33		私立校面试注意事项辅导		●	●

上述 7 大模块中,"诊断规划"即包括"小升初"招生政策信息支持,目标学校学情、考情分析,入学标准测试及评估报告以及全年宏观学习计划,其中前两项即为对学员价值大而对机构而言成本较低的信息服务;

"核心课程"除了普通的知识教授和一对一课程外,还包括介绍学习技巧、学习方法的功能课,全面提升孩子的学习能力;

"全程督学"则从监督和反馈两个方面出发,细化服务项目,落实学习效果;

除此之外,还包括测评、资料发放、面试指导,以及"小升初"过程中的心理指导、奖学金等附加服务。

详细的价值呈现和精密的产品设计,得到来自家长和学员的青睐和好评。该产品在当地(某二线城市)一经推出,当年就实现了千万元的收入。

8.3.3　设置适当的产品规格

这里的产品规格是指同一款产品的不同版本或档位，分别对应不同的价格。例如星巴克饮品一般有三种产品规格，即它的三种杯型：中杯、大杯、超大杯。同样，教育培训行业在设计个性化产品时也可以设置不同的规格，供客户选择。但还需要注意以下两点：

第一，降低客户选择的复杂度，即不要给予过多的选择。曾经有某辣酱品牌进行产品调整，原本该品牌辣酱有 7 个口味，但调研时发现，客户口味不一，不仅对辣的程度各有偏好，还会在香辣、甜辣、麻辣等细节上提出要求。于是该公司一口气推出 26 种口味，期待能满足所有消费者的需求，提升销量。然而没想到的是，产品调整后，该品牌辣酱的销量不升反降。于是再次调研发现，当消费者走进超市，发现货架上摆了 26 种口味的辣酱，只会觉得眼花缭乱，一时间根本分不清楚各款辣酱之间的区别，从而难以抉择，所以干脆转而购买别的品牌。这就是选择复杂度过高的典型案例。因此，在设置产品规格时，保证客户有选择，但不要选择太多，这一点非常重要。

第二，假如设置了多个产品版本（如 3 种），那就把最希望客户选择的版本放到中间价位上。从消费心理学上来讲，"偏爱中庸"是大多数人的心理偏好。也就是说，我们既不喜欢廉价的感觉，也通常不喜欢在消费上过于激进。特别是如果我们不怎么确定商品的价值是多少，通常就更加喜欢避开过高或过低的价格，选择中间价位的那一款。

基于这样的前提，我们回头再看上文提到的产品案例——"小升初龙门计划"。该产品巧妙地设置了三个版本——A 众学版（19800 元）、B 优学版（23880 元）和 C 精学版（33880 元），按价格从低到高拉开层次。

据该产品设计负责人介绍，这三个产品版本中，利润率最高的是 B 优学版，最低的是 A 众学版，因此 B 优学版是该机构希望大力推广的版本。

仔细比较 A 众学版和 B 优学版两个版本不难发现，A 众学版比 B 优学版价格仅便宜 4000 余元，但 A 版本的服务项目仅 12 项，比 B 版本的服务要少 15 项之多。为什么 B 优学版的服务增加这么多项，利润率却不降反增了呢？这就要归因于前文我们提到的"成本很低、对学员来说却价值巨大的非课程内容"。这类内容的加入，使得 B 版本备受家长和学员青睐，培训机构也能收获不错的业绩，实现双赢。再看 B 和 C 两个版本，从服务项目上只差 4 项，价格却相差 10000 元，对于客户来说，C 版本显然性价比不够高，因此 B 和 C 相比较，大部分客户还是更倾向于选择 B 优学版。由此，通过巧妙的产品设计，利润率更高的 B 优学版顺利成为客户选择最多的产品。

小结和预告

本章我们聚焦产品层面，以 K12 班课产品为例，阐述了产品设计的流程要点，并建议了个性化产品的三个设计原则。

设计产品时，应该以终为始，以客户需求为根本出发点，将 K12 机构所能提供的价值以可量化的方式呈现给客户，而非简单地将产品设计聚焦在课程层面。特别是在个性化产品的设计中，提高精密度，也更符合信息时代消费者的决策特征。在实际工作中，产品设计不是一个凭空设想的工作，还需要一系列细致周密的部署和执行才能真正实现，落地过程与设计过程同等重要，缺一不可。

下一章，我们将聚焦产品的价格问题，详细探讨 K12 教育培训产品定价的艺术。

第 9 章
定价的艺术：先关注"价值"，再关注"价格"

营销界讲究"定价定天下"。价格定得好不好，将直接影响到公司的收入和利润，乃至整个运营。

关于定价的重要性，我们先从一瓶矿泉水说起。

2013年11月9日晚，广州恒大队夺得亚冠联赛的冠军。作为国内第一个夺得亚冠的足球俱乐部，那一晚，恒大赢得万众瞩目，恒大队员胸前"恒大冰泉"的广告也赚足了眼球。第二天，即2013年11月10日，恒大立即召开发布会，宣布一款全新的矿泉水产品——恒大冰泉全面上市。

这是恒大集团跨界的又一个案例。当时很多人认为，在矿泉水市场上，恒大冰泉有着明显的优势：一是资金优势。不夸张地说，国内快消品企业没几家可以和财力雄厚的恒大抗衡，恒大集团对恒大冰泉的投入也是大手笔，一出手就是数十亿元；二是产品优势。对于水饮品来说，产地资源非常重要，在人们的认知中，"优质产地产好水，好水带来高溢价"。因此，依云"占据"了阿尔卑斯雪山、农夫山泉"占据"千岛湖、昆仑山"占据"了昆仑雪山。而恒大则打出长白山深层矿泉水的概念，并且用"冰泉"命名，客观来说在抢占消费者认知、打开市场方面颇具优势；三是推广优势。对快消品来说，迅速推广和传播品牌，吸引流量、引发关注，进而带动销量提升是常见的推新策略。前文提到，恒大冰泉抓住恒大夺得亚冠的新闻热点、高调亮相，后续又有强大的资本作为支撑，媒体资源密集，同时背靠体育运动的概念，在宣传推广方面可谓拥有无与伦比的天然优势。

几大优势加持，让恒大冰泉一出生就含上了"金钥匙"。据传，2014年春夏之交，饮用水销售旺季到来前，农夫山泉还颇为紧张了一阵，大量备货应对商战。

然而，一个夏天过去，农夫山泉完全不紧张了，因为没等农夫山泉出手，恒大冰泉自己就把自己置于销量不佳的尴尬境地。究其原因，据业内人士分析及消费者反映，定价不合理。

恒大冰泉的定价是3.8元/瓶。

当时，国内饮料价格尚集中在3元左右。在大众消费者心目中，水的价值比饮料要低，因此心理价位也低于 3 元。当时市面上销量最高的两款矿泉水：一是康师傅矿泉水，定价 1 元/瓶；另一个是农夫山泉，售价相对较高，为 1.5 元/瓶。恒大冰泉的价格在二者的两倍以上，甚至比部分饮料的价格还高。

这导致恒大冰泉陷入进退两难的处境：

首先，恒大冰泉的价格远超客户对普通矿泉水的心理价位，对于抱着"解渴"目的来买水的普通消费者来说，恒大冰泉的产品从水质和功能上来讲，都完全不值得额外付出多一倍的价格；

其次，市面上不是没有价格昂贵的矿泉水品牌，例如主打高端的法国依云，但恒大冰泉无论是"长白山水源"的产地概念，品牌文化的精神厚度，还是产品的包装设计，都没有一点"主打高端"的影子，因此，希望彰显生活品位的高端人群也很难为恒大冰泉买单。

后来，进军失利的恒大冰泉曾尝试降价补救——3.8 元两瓶，或 2 元一瓶。显然，无论是哪一种，都没有带来质的改变。"3.8 元两瓶"的做法反而会因为不考虑消费者的便携性需求而更难打开市场。

2016 年 9 月，前后投入了约 40 亿元的恒大集团决定撤退，宣布出售矿泉水业务。有媒体用"600 亿元身家的许家印败给了一瓶矿泉水"的标题来形容这次跨界尝试。

当然，除了定价之外，恒大冰泉失败的原因还有很多，但失败的定价始终被认为是首要因素。由此可见，合理定价是产品成功的重要前提。如果定价不合理，即使产品质量再好，品牌再强大，最后都有可能功亏一篑。

那么，定价是如何影响一款产品成功与否的呢？我们从收入和利润两个方面来分析。

9.1 定价的重要性

9.1.1 价格与收入：价格决定定位，定位决定销量

从恒大冰泉的案例中不难看出，价格决定了一款产品的目标人群，也决定了其在市场中的位置。作为矿泉水，3.8 元/瓶的价格显然就不能定位成一款针对

普通大众消费者的产品。

如何为一款产品进行目标定位呢？市场营销理论中有一个 STP 模型（见下图），通常成为产品或服务进行目标定位的重要理论依据。具体而言：

S 即 Segmentation，指市场细分，即根据顾客需求上的差异，把某个产品或服务的市场进行细分；

T 即 Targeting，指选择目标市场，即从细分后的市场中，确定产品或服务想要进入的细分领域；

P 即 Positioning，指确定市场定位，即对产品或服务的关键特征及卖点进行设计和包装，以明确产品或服务在客户心中的心智定位。

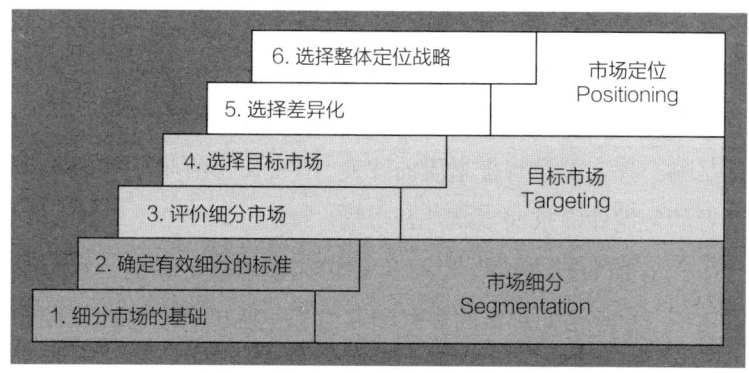

STP 模型示意图

具体到 K12 培训行业来说，客户的购买力与整体人口的收入分布大致趋同，即购买力强的人群数量相对少，购买力中等的人群数量居中，购买力弱的人群基数大。

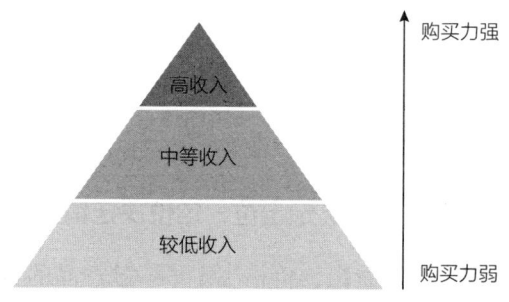

K12 机构客户人群分布示意图

此时，K12机构从产品形态上一般有两种选择：一种主打个性化、走高端路线；另一种是依托大众市场，主打班课产品，以"量"取胜。这两种思路分别对应着不同的目标市场和竞争对手，选择哪一种都可以从STP模型入手，选定合适的价格策略找准定位。在此，我们先以后面的"班课产品"路线为重点，以一个具体案例讨论K12机构的价格策略；"高端产品"的案例将在后文提到。

对于班课产品而言，其面对的是总量庞大的教育培训市场，"主打中间价格、提升销量"是不错的策略选择。

案例1　　某K12机构找准定位，收入增加10余倍

J学校是一家位于二线城市的K12培训机构。2014年年末，公司收入约为1000万元。2015年，该学校重新调整了产品及定价策略。此后用了不到三年的时间，收入规模猛增至1亿元。该机构负责人分析认为，在产品定位及定价方面，一个关键措施就是主打中间价格，然后瞄准目标人群提升销量。

具体做法如下：

首先，J学校对当地K12教育培训市场的客户和竞品进行了调研，将市场按照购买力及产品价格细分为三档（见下图）：

- 每小时60元以上的课程及其购买人群。

代表产品：学而思、新东方的课程。

- 每小时40~60元的课程及其购买人群。

代表产品：当地中小规模机构的课程。

- 每小时40元以下的课程及其购买人群。

代表产品：小工作室等。

作为新起产品，J学校决定避开新东方、学而思这样的头部机构，选择从中间价位入手，进入40~60元的课程细分市场。

确定目标市场之后，产品定位的设计要点在于课程和服务质量，即提供和新东方、学而思等头部机构水平齐平的课程和服务。也就是说，在40~60元课程的市场上，J学校的课程和服务质量最佳；而与头部机构相比，J学校的课程价格却实惠不少。

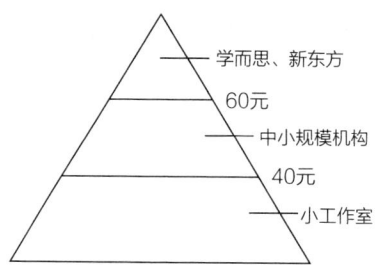

产品推出后,一方面,由于老师教学质量高、服务周到完善,很多中小机构的生源开始转投到J学校名下;另一方面,部分学而思、新东方等机构的学员,因其价格更低、服务也不差,也转而成为J学校的学员。

当达到一定规模后,J学校又可以进一步规范和精细化运营管理,形成规模效应,从而实现生源数量的持续增长。

这就是一个"价格决定定位、定位决定销量"的典型案例。实际上,在其他行业,这样的例子并不鲜见。例如手机领域,华为就依靠稳定的品质和实惠的价格,抢夺了不少苹果客户;小米也用同样的方式在智能家电领域打开市场。因此,K12机构可以通过找准市场,巧用定价和定位策略,实现收入业绩的提升。

9.1.2 价格与利润:成本上涨时,价格决定利润

除了决定收入以外,合理的定价还直接决定培训机构的利润水平,特别是在成本上涨的背景下。

我们仍以一个案例来阐述。

案例2   某小学英语培训机构利润骤降的原因分析

位于天津市的某小学英语培训机构创办时间早、教师经验丰富、客户口碑过硬,是当地排名靠前的英语培训机构之一。2008年,该机构运营良好,净利润率高达26%。随后,该机构逐步扩大招生规模,同时做好课程和服务,收入一直稳步提升。然而,到了2013年,其收入规模相对5年前增长了近10倍,可是净利润率却由26%骤降到2%,公司利润不升反降。

究竟是什么原因导致利润率下滑如此严重呢?该机构负责人对财务损益表进行了对比分析:

序号	科目	收入占比(2008年)	收入占比(2013年)	差异
1	课酬	16%	21%	+5%
2	教材	2%	3%	+1%
3	教室租金	11%	16%	+5%
4	人力资源费	12%	18%	+6%
5	市场推广费	6%	8%	+2%
6	日常管理费	7%	9%	+2%
7	折旧摊销	4%	6%	+2%
8	税费	6%	6%	+0
9	其他费用	5%	6%	+1%
10	净利润	26%	2%	−24%

分析发现，成本上升大致有以下几个因素：

1. 通货膨胀导致整体成本上升，具体会体现在各项成本的提高上。
2. 课酬占比提高，主要是由于班均人数降低。当一个班人数较多时，每个学生分摊的教师课酬会相对较低；当班均人数下降，每个学生分摊的课酬就会提高，相对来说课酬所占收入的比例也就提高了。
3. 租金上涨。除通货膨胀因素外，近年来随着培训市场逐步发展成长、培训机构数量增加，租赁价格也跟着水涨船高。
4. 人力资源费上涨，并且成为成本占比上涨最快的一个因素。

上述四个因素中，前三个没有异议，但第四个则产生一个疑问：人力资源费用占比大幅提升了6%，除了通货膨胀导致的一般工资上涨外，还有其他因素吗？

答案是有。一般来说，人力资源费是指除课酬之外的人力成本，包括助教老师、营销团队、中后台等的人力成本。该机构负责人仔细对比5年前和5年后的经营数据发现，人力资源费的增加，不仅仅是简单的工资上涨，也不仅仅是因为员工总数增加，更重要的是，该机构所提供的教学服务发生了变化。

我们不妨以学员个体为单位，分析两个学员的收入和成本模型，如下：

序号	科目	A学生 金额（元）	A学生 占比	B学生 金额（元）	B学生 占比
1	收入	15000	—	10000	—
2	课酬	3900	26%	2600	26%
3	教材	150	1%	100	1%
4	教室租金	1950	13%	1200	12%
5	人力资源费	4050	27%	1800	18%
6	市场推广费	750	5%	800	8%
7	日常管理费	1350	9%	900	9%
8	折旧摊销	900	6%	600	6%
9	税费	900	6%	600	6%
10	其他费用	900	6%	600	6%
11	净利润	150	1%	800	8%

分析对比不难看出，学员为机构带来的收入高，并不代表其所创造的利润也高。学员A的报名学费是15000元，但其带给机构的净利润仅150元。其中，花费在学员A身上的人力资源费高达4050元，占收入比重达27%。而学员B虽然交给机构学费10000元，但人力资源费仅为1800元，其带给机构的净利润为800元。

为何在学员A身上付出的人力资源费要高出这么多呢？相对于学员B来说，学员A可能更需要助教老师和咨询顾问增加额外的服务，例如每天的一对一沟通所带来的成本，还包括学情咨询、信息服务、效果评测、学习监督甚至情感交流等，这些服务都需要一定的人去完成。因此，人力资源费的增加，很大程度上是由于服务工作量增加了。

那么反观本案例中的小学英语培训机构，为何5年内人力资源费大幅增加？一个重要的原因就是培训群体变化。

5年前，即2008年，当地K12教育培训课程刚刚兴起，参与课外辅导的多为学习基础扎实、希望优中求优的"学霸"级学员，他们的学习能力强、自制力强，课堂上老师稍经点拨，即可很好地理解知识，并且自主完成课后练习，甚至能将学到的知识和方法主动灵活地应用到校内学习中去，达成学习效果。

然而5年间，随着K12教育培训市场的逐步

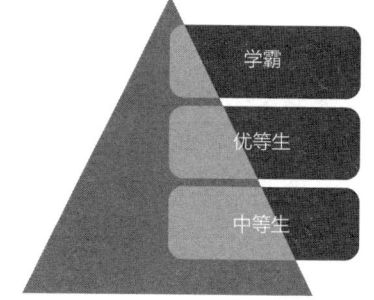

成熟，孩子们课业竞争日趋激烈，家长焦虑感增加，越来越多学习成绩中等的学员加入培训大军中来。对于基础相对薄弱的学员来说，可能光靠课堂上老师讲授知识点，已经不能满足需求了，还需要答疑与监督、阶段性测评、学习计划拟定、学习成果反馈等一系列跟踪服务，甚至需要针对不同学员的情况进行定制化、个性化的辅导（见下图）。

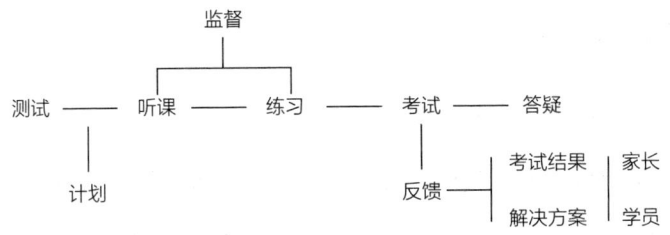

K12机构教学服务环节示例

因此，5年来，随着K12教育培训市场的成熟，参与培训的学员人数增加，带来了培训群体结构的变化；学员特点的变化，进而又带来服务内容增加，服务学生的复杂度提升，从而最终体现为人力资源费的大幅上涨（见下图）。

K12机构人力资源费用增加的原因

因此，对于一家迅速发展的培训机构而言，成本大幅上涨，特别是人力成本的大幅提升几乎是必然。然而，再看本案例中的小学英语培训机构的课程价格，5年来如何变化呢？

	2008年	2013年
每小时价格	38元	40元

5年来，该机构的课程价格由每小时38元提高到40元，仅上涨了2元；然而，其提供的教学服务项目却增加不少。因此，教学产品服务价值上涨，而价格却未随之提升，这样的定价显然是不合理的。

由上述案例不难看出，不合理的定价会影响到机构的利润，甚至有可能影响到机构的生存及长远发展。上述英语培训机构无疑应该立即调整产品价格。但是问题来了——涨多少钱才合理呢？涨得过多，超过"STP模型"确定的目标群体所能接受的价格区间，意味着客户流失；涨得不够，又势必会带来利润损失。

科学设定产品价格应该考虑哪些因素？

9.2 如何科学定价

9.2.1 三个重要的名词解释

在介绍科学定价之前，我们先解释三个与定价密切相关的概念。

- 固定成本（Fixed Cost）：是指在一定时期或一定规模中，不受业务量增减变动影响而保持不变的成本。K12教育培训行业，场地租金、装修费、设备采购支出等是固定成本的组成部分。
- 可变成本（Variable Cost）：与固定成本对应，是指随业务量的变动而呈线性变动的成本。在K12教育培训行业，可变成本是随着学生数量增加而增加的成本，例如教材成本等。
- 客户支付意愿（Willingness to Pay）：是指客户购买商品或服务所愿意支付的金额。通俗点说，就是客户的"心理价位"。客户支付意愿是一种个人估价，带有强烈的主观成分。然而在定价中，非常重要，当定价超过客户的心理价位时，他们的支付意愿会迅速降低。

9.2.2 四种定价方法

在公司经营中，通常有4种定价方法[一]，每种方法都有一定的使用范围，没有绝对意义上的优劣之分。我们一一介绍如下：

一是成本定价法。这种定价方法的原理很简单，即首先计算清楚产品的成本

[一] 本章中提到的"价格"均为销售价格，即常说的"标识价格"，而非最终的结转价格。在实际运营中，由于新生优惠、续报福利等活动，实际结转价格有时会低于销售价格。

是多少，然后设定利润空间，成本加上利润即为价格。例如，一台电脑的成本是3000元，假定25%的利润率，定价即为4000元。

但是成本定价法存在一个弊端：在实际经营中，单件产品的成本往往估算不准。例如上文提到的固定成本一项，如果电脑销量减少，平均每台电脑所承担的固定成本就会提升，利润率会降低甚至亏损；同样，在K12教育培训行业，如果学生数量减少，教室租金等固定成本平均分摊到每名学员身上也会上升。

二是竞争对手定价法，也就是盯住同业竞争对手的定价，以此为基础确定我方产品的价格。通常会定一个比竞争对手略低的价格，以赢得市场。这种定价方式在竞争激烈的行业经常使用，它能够帮助企业快速抢夺市场、获取客户。

但是，竞争对手定价法一个显而易见的弊端就是容易使企业陷入"价格战"。不断地竞相压价，会拉低客户对整个行业产品的心理价位，未来即使想涨价也会变得困难。因此，"价格战"不仅可能影响某一家公司的经营情况，更可能会形成恶性循环，影响整个行业的长远健康发展。

三是客户定价法，也就是先去了解客户的心理价位，然后根据客户的支付意愿确定合理的价格。通常来说，定价低于或者等于客户心理价位，才能获得客户的青睐。

但是客户定价法的弊端是想要准确了解和确定客户支付意愿的成本太高。前文提到，客户支付意愿是一种主观性很强的个人估价，很难准确得知；即使采用问卷调查或访谈的方式向客户获取，对方出于理性考虑，极有可能不会准确告知，或者告知一个低于真实心理价位的价格，以达到"压价"的目的。

四是价值定价法，也就是首先明确产品给客户带来的价值是多少[一]，以此为锚定点，来确定价格的合理区间。此外，在定价过程中，仍然可以结合成本、竞争对手及客户等三重因素，综合定价。

在价值定价法下，有四个关键概念——传递给客户的价值、客户支付意愿、产品价格、产品成本。这四个概念在数轴上的关系图示如下：

[一] 不同课程给客户带来的价值感并不相同。例如，中高考前的冲刺押题或名师类课程是刚需课程，在客户看来其价值感会高于普通的校内同步课程。因此，一些专题类课程、考前课程或特色课程可能会单独定价。

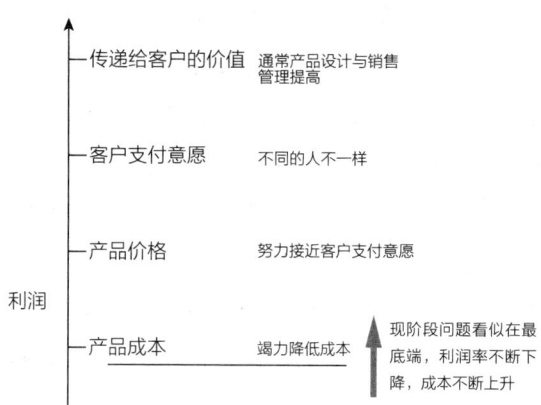

价值定价法下的价格决定要素图解

从数值上来讲,应该是:

传递给客户的价值 > 客户支付意愿 > 产品价格 > 产品成本

产品价值高于客户的支付意愿,才能让客户对产品有惊喜感,进而产生购买意愿;客户的支付意愿高于产品价格,才能让客户在付费时有"物超所值"的感觉,从而引发购买行为;产品价格高于产品成本,企业才能盈利。

那么在这一模型下,企业的定价行为包含以下几个要点:

第一,应该尽可能地最大化产品的价值。从数轴上看,产品价值的提高,有利于提高客户的支付意愿,从而进一步为产品价格的提升释放空间。产品价值的提高,通常是由产品设计者与销售人员合力实现的;其中,产品设计者可以通过精细化设计产品、价值赋能等实现产品价值的提高;销售人员可以通过良好的沟通技巧将产品价值最大化地传递给客户。关于如何最大化产品价值,我们将在下文详细论述。

第二,产品价格应该尽可能地接近客户支付意愿。只要不高于客户支付意愿,产品价格都是合理的,客户都愿意为这样的价格买单。因此,出于利润考虑,应该尽可能让产品价格向上贴近客户的心理价位(支付意愿)。

第三,在公司经营中,产品成本显然是一个应该竭力降低的因素。产品价格和产品成本之间的空间越大,企业盈利越多。然而,在上述某小学英语培训机构利润骤降的原因分析案例中,机构利润骤降固然是因为成本上升,可是如果一味考虑如何压缩成本,而没有看到5年来产品和服务形态的变化,没有从产品价值增加的角度去设计策略，这也是不合理的。因此，很多K12机构面临的经营挑战，从表面上看是成本问题，实际上是定价问题。

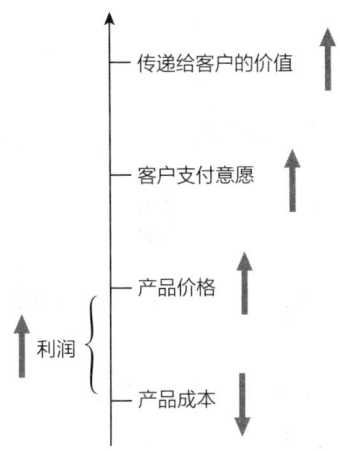

各项价格决定因素的理想取值

综上所述，价值定价法模型下的最佳状态就是：产品价值尽可能高，客户的心理价位也进一步被抬高，产品价格尽可能接近客户心理价位。这三个数字都尽可能往上提的同时，尽量压低成本，增大利润空间。

在下页图中：

A 示例的产品价格高于客户支付意愿，客户不愿意买单；

B 示例中，产品价值低于客户支付意愿，客户也不愿意付费；

因此这两个是错误的定价示例。

C 示例正确，其中加入了一个新的因素——"竞争对手的价格"（Competitive Price）。前文提到，我们较为提倡的定价方式，是在锚定产品价值的前提下，综合考虑成本、客户和竞争对手这三重因素，最终确定一个合理的价格。在示例中，产品价格只要落在客户支付意愿和产品成本之间的区域内，都是合理的；此时可以加入竞争对手的价格作为比较。在这里，高于或低于竞争对手的价格并没有一定的好坏之分。一般来说，价格略低于竞争对手，是一种攻击性较强的市场策略，更利于抢夺市场份额；然而，企业决策者也可以综合考量市场容量、当地消费者特点、品牌定位等多重因素，定出略高于竞争对手的价格，只要切合实际、因地制宜，同样可以有效打开市场。

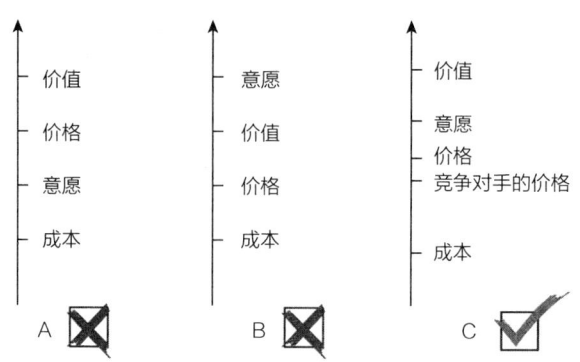

"价值定价法"下的三个价格示例

9.2.3 采用价值定价法的实施要点分析

1. 如何将产品价值最大化

前文提到,产品价值的最大化不仅是指尽可能地提升产品价值,还包括将产品价值传递给客户。具体来说,将产品价值最大化包括三项关键工作:价值归纳、价值量化和价值传递。为了更清晰地感受这三项工作的实施要点,我们结合前文提到的小学英语培训机构的案例来阐释。

- 价值归纳

价值归纳,就是通过调研、访谈、产品分析等方式,将产品的关键价值点归纳出来的过程。

为了彻底梳理清楚小学英语课程的价值点分布情况,该培训机构聘请专业的调研机构,通过与学员家长访谈收集他们心目中认为最重要的课程价值。在最终收集到的2000余个样本中,该机构分析发现,家长们的关注点主要集中在两个方面:

一是练习层面,即讲完知识点之后,老师能否提供精准有效的练习题,帮孩子巩固知识?练习题的数量是否足够?能否听、说、读、写全方位测评?习题质量是否过硬?是否有错题库?能否提供阶段性的模拟测评?等等。

二是个性化服务方面。希望机构能针对学生提供专项学习计划,或针对不同学生的学习情况在线答疑,或提供更加详细的学情反馈等。

- **价值量化**

价值量化是指将产品价值进行精细化拆分，辅以数据呈现，提升产品设计的精密度。

基于上述价值点，该机构详细梳理了课程的教学理念、教材资源、服务项目明细等，将小学英语课程的价值点进行了拆分，并列表呈现，共五个大项 22 个小项，如下图：

		服务明细	传统课程	××英语
一 诊断	1	Pad交互式测评		●
	2	即时生成图形化测评报告		●
	3	科学匹配有效学习计划和成体系的学习班型		●
二 学习	4	原版进口英语数码教材	●	●
	5	100%涵盖国家课程标准	●	●
	6	TPR（全身肢体反应）教学法	●	●
	7	情景式教学法		●
	8	CLIL（内容和语言整合）教学法		●
	9	触碰式互动白板实现互动式课堂体验		●
	10	原创英语歌曲融入	●	●
三 练习	11	主流教材配套课后练习（含日校教材）	●	●
	12	听、说、读、写全方位练习	●	●
	13	语音识别让口语进步可视化		●
	14	游戏化作业设计		●
	15	错题库，聚焦个体弱项，提高学习效率	●	●
	16	系统管理作业发布和完成情况，让家长更省心		●
四 测试	17	丰富题型保证测试的有效性	●	●
	18	听说读写全面测试，"听力、口语"不留死角	●	●
	19	阶段性测试机制		●
	20	测试结果+学情报告系统性反馈		●
五 答疑	21	在线实时答疑解惑	●	●
	22	专项答疑课		●

某机构小学英语课程产品的价值量化表

为了突出本机构的课程亮点，该价值量化表还与传统课程进行了对比。表格显示，传统课程价值点只有 11 项，而该机构的英语课程从诊断、学习、练习、测试、答疑五大环节入手，通过丰富的教学资源和细致的教学服务，实现了课程价值的显著提升。

- **价值传递**

光有价值的归纳和量化还不够，最重要的还是要把产品的价值传递到客户心中。

具体来说，价值传递可以在以下几个方面发力：

（1）找到合适的销售人员（即咨询顾问）。销售人员是价值传递工作的主体，这个岗位的人力资源配置是否合理，对价值传递的效果至关重要。随着K12教育培训行业的竞争日趋激烈，销售岗位的重要性也日趋突显。一般来说，一个优秀的销售人员，要具备强烈的目标感、灵活的沟通能力、强大的抗压能力以及良好的现场感。其中，良好的现场感具体为能否从客户角度出发去思考问题、传递价值。

例如，在小学英语课程的咨询现场，有家长问："为什么要在你们这里学习音标课程呢？"对于这个问题，有两种答案：一种是告诉家长本机构的教师如何优秀、教学内容如何扎实、环境有多么舒适等。另一种是首先和客户讲明"音标学习非常重要"，它对于孩子的英语学习起到打基础的作用，对未来背单词、自学英语都能起到事半功倍的效果；其次，本机构的老师有多年音标教学经验，不仅能讲解音标知识，还可以教孩子如何使用音标去背单词，以及英语的自学方法等，从而让孩子爱上学英语。

比较以上两种咨询方案，第一种仅从机构自身而言"自卖自夸"，而第二种答案则从客户的需求出发，传递价值。一个优秀的销售人员，应该具备这样的客户视角和现场感。

（2）配备充足的咨询物料。销售人员在为家长提供咨询、介绍课程的时候，有无看得见、感受得到的宣传物料，对有效传递价值非常重要。例如，在上述价值量化表中，不乏"TPR（全身肢体反应）教学法""CLIL（内容和语言融合）教学法"等专业术语，仅靠语言向客户描述很难准确传递。此时，如果借助手机或iPad等工具，将产品介绍做成PPT，并辅之以课堂视频、图片给家长做展示，客户有了感官体验，对产品价值的获得感也就随之提高。

下表是上述小学英语培训机构的物料清单：

类别	物料名称	用途
产品展示	各年级招生简章	便于客户了解课程体系和知识模块
	导学图	便于客户直观了解机构的具体课程和班级分层情况
	课程简介（PPT）	便于客户快速了解课程亮点，理解课程价值
	教材样本	便于客户更深入地了解课程具体章节的安排和内容
	入学测试卷	新生的分班分层工具
	课堂实录照片	便于客户了解课堂实际情况、上课氛围等
服务展示	微信群 展示内容包括：教师实时答疑、每日一题、讲题视频、家长指南等	便于客户了解练习、答疑等课后服务
师资团队	教师介绍，包括毕业院校、授课风格等	便于客户了解主讲老师情况
学员案例	学生成绩/作品展示	便于客户了解学生的学习效果
	高分学员榜	便于客户了解学生的学习效果
其他资料	企业荣誉/资质等	增强客户信任，帮助客户全面了解机构
	机构动态	增强客户信任，帮助客户全面了解机构
	赛事报名点	增强客户信任，帮助客户全面了解机构

（3）精心布置的环境。对于线下机构而言，用心布置的校区环境，会非常有利于建立客户信任、促进购买。

为有效提升客户体验，上述英语培训机构对校区进行重新选址，并对校区环境做了装修升级。以前的校区设在一家足疗店的二层，环境的嘈杂明显拉低了客户的支付意愿，产品定价自然也很难上去；新校址选在一家明亮的写字楼里，周围还有艺术、文体等其他青少年培训机构，整体环境和机构招牌都做了升级，内部面貌也焕然一新。例如，在校区布置上，将导学图、客户证言、课堂精彩照片、成绩展示等均作为环境布置的重要组成部分，成为机构传递价值的重要一环，从而有效提升了客户对产品价值的理解和支付意愿。

（4）有效的人员培训，即对销售人员进行咨询技巧的培训，使信息传递更有效。

具体到该英语培训机构的案例中，其实施了"5分钟计划"，即当家长到校咨询时，销售人员能否用5分钟的时间将课程亮点、教学优势等价值传递到位。为了达到这一目标，销售人员需要反复锤炼语言、模拟演练，以实现最好的效果。

综上所述，该机构通过价值归纳、价值量化和价值传递这三项关键工作，重新梳理了小学英语课程的产品价值，同时加强培训和管理，提高销售水平，有效占领了客户的心理认知。经过一系列动作之后，该机构的利润率从2%一举提高到20%左右，基本恢复到五年前的水平。然而，此时该机构的收入已经比5年前增长10倍。利润率提高后，该机构的盈利情况十分可观。

2. 如何结合竞争对手、客户支付意愿、成本因素综合定价

除了尽可能提高产品价值外，价值定价法的第二个要点就是结合竞争对手、客户支付意愿及成本三项要素，综合定价。在此，我们仍然结合一个真实案例来分析。这是一个综合的定价案例，既涉及产品价值、客户支付意愿、成本、竞争对手四个要素，又涉及价格策略的选择，供同行参考。

案例3　　　沈阳某K12教育培训机构高端课程定价实例

沈阳某K12教育培训机构通过调整产品结构，在不到一年的时间内，收入从4500万元猛增至9200万元，利润率达到20%左右。究其原因，得益于其高端课程产品的升级。该机构原本最高端的产品定价为17800元；升级后，最高单价接近6万元，但仍然获得了消费者的认可，为机构的业绩增长贡献了不小的力量。

这一定价是怎么来的呢？

首先，考虑当地的客户群体特点以及客户支付意愿。参考消费者收入和购买力模型（见下图），定价为几万元的高端课程，受众人群无疑要锁定在购买力强、高收入的少数群体上。这部分群体有多大呢？该机构全面搜集和分析了沈阳当地的产业结构及消费数据并实地勘察发现，当时沈阳的奢侈品门店总数远高于其他二线城市，几乎仅次于北京和上海。综合分析之后，该机构认为，当地拥有一定规模的高收入人群，足以支撑单价高于17800元的教育消费。

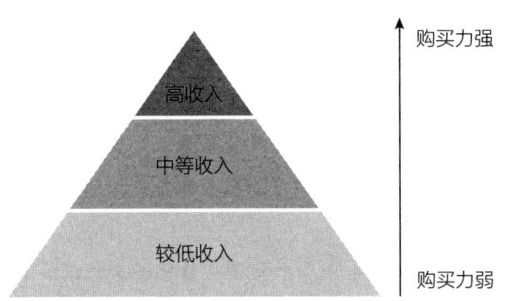

消费者收入和购买力模型

其次,考察同业机构(竞争对手)。在一家机构的高消费并不意味着教育行业的高消费。沈阳当地消费者对高端课程的消费能力,还要根据同业机构的同类产品来做判断。经过调研,该机构发现,当地同类课程产品有单价为6万元或10万元的,最夸张的甚至接近15万元。

因此,确定通过价值归纳和价值量化,设计一款5万元左右的高端产品是没问题的。

该机构通过客户调研,确定了两大类价值诉求:

- 信息需求:即报考、录取、面试辅导等信息。
- 学习需求:诊、学、练、测、答等全方位的学习服务。

据此量化和细化产品价值,并设置三个不同的版本,如下表所示:

	标准版	白金版	尊贵版
教学	教师一对一+精品班课	教师一对一+精品班课+封闭学习营	教师一对一(大课时)+精品班课+封闭学习营
服务	1.目标学校报考/录取信息等。 2.专属学管师:作业批改、答疑、学情反馈等	1.目标学校报考/录取信息等。 2.大数据选校匹配分析。 3.专属学管师;作业批改、答疑、学情反馈等。 4.面试专项辅导。 5.情绪疏导/考前压力释放。 6.协议通过优秀校分数线	1.目标学校报考/录取信息等。 2.大数据选校匹配分析。 3.专属学管师;作业批改、答疑、学情反馈等。 4.总监督导。 5.面试专项辅导。 6.校友介绍。 7.情绪疏导/考前压力释放。 8.协议通过名校分数线

为了保证产品设计的合理性，初版产品设计完成后，还小范围针对目标客户组织了测试，确保该产品价值能够高于客户的心理价位。

之后，考虑成本因素。基于上面的课程产品和服务细项，如果要做到这些，成本是多少？需要进行详细的财务测算，制作表格，一一比对。最终，该机构得出，所有版本的产品直接成本均低于20000元/人。

这时，问题又来了，按照前文中提到的价值定价法数轴模型，产品价格只要低于客户心理价位，高于产品成本，都是合理的。但在这个较大的弹性空间内，到底定多少钱才合理呢？

前文提到，客户心理价位是一个主观估价，不同消费者的心理价位不同，因此，定价过高，就意味着损失一定数量的"低心理价位水平客户"；而定价过低，又是企业利润的无谓损失。这时，我们可以借鉴经济学上的一个概念叫作"价格歧视"，针对不同消费者设计不同的产品规格，从而设定不同的价格。

因此，该机构最终确定了标准版、白金版、尊贵版三个版本，尽可能地覆盖不同消费能力的客户。

最后，参考畸零定价法，即保留价格尾数，采用零头定价。如价格设为9.9元，而不是10元，使价格停留在较低一级档次。畸零定价一方面给人以便宜感，另一方面又因标价精确给人以信赖感，满足求实、求廉的消费心理。

最终，该机构定价如下：

标准版(元)	白金版(元)	尊贵版(元)
21800/23800/26800	29800/33800/35800	48800/53800/56800

注：同一版下的价格不同，是因为科目数量不同。

经过周密的产品和价格设计，该产品推出后，因高价值的教学服务和合理的价格，受到高端市场的欢迎，从而成为该机构赢得收入和利润的拳头产品。这得益于前期细致的调研和产品设计，更离不开科学的定价理论指导。

9.3 涨价的"正确姿势"

在K12教育培训机构的运营中，由于通货膨胀、人力成本及租金上涨、服务增加等因素，涨价是避不开的话题。同时，涨价也有一定技巧可言，时机、力度、方式等不合理，不仅不能通过涨价享受业绩上涨的红利，反而会导致客户流失，影响机构的生存和发展。

具体来说，涨价时可以注意以下几个方面：

9.3.1 涨价幅度一般不要超过20%

如果一个机构有一定的品牌口碑，在定价时可以享受"品牌溢价"，即因为品牌效应，该机构的产品可以比其他同类产品价格略高。但调查表明，品牌溢价最好不要超过20%，对于超过20%的价格变动，消费者感觉会比较强烈，进而影响购买决策。同理，在机构涨价时，也可以参考这一标准，尽量不要超过20%的涨价幅度，否则可能带来客户的流失⊖。

9.3.2 两次涨价的间隔时间应该控制在1~3年

涨价频率也是应该重点考虑的因素，过于频繁会失去忠实客户。一般来说，如果课程产品的价值更新速度较快，涨价频率可以高一些，如1~2年涨一次；如果课程产品比较稳定，一般来说3年涨一次价是较为合理的选择。当然，具体的涨价频率和时机也应该根据市场内外的环境综合考量。

9.3.3 相对于"直接涨价"，减少优惠是更良性的涨价方式

学费优惠、打折是K12机构常用吸引客户的方式。但实际上，我们并不提倡一味使用优惠的方式。从招生的角度来看，优惠活动固然能增加生源，但成本却并不因打折而降低，因此，优惠活动的一个必然结果就是利润率的下滑。同时，长期使用优惠也会使客户对此产生心理依赖，没有优惠就不报名。

因此，优惠措施应该尽量少用，也可以用降低优惠力度来代替直接涨价，同样能够带来利润的提高。

⊖ 入口年级和毕业年级的课程产品价格可能会与其他年级略有差异；另外，小学、初中、高中等不同学段的课程价格也会略有不同。

9.3.4 好消息要逐步释放，坏消息要一次性释放

这里的好消息包括产品升级、服务增加、礼品发放、课时延长、福利赠予等，这样的消息可以逐步告知客户，使其每天都有惊喜感。而涨价这样的消息，对于客户来说无疑属于坏消息，应该一次性说明，一步完成，切忌今天涨价，明天增收费用，这样会严重影响客户的情绪，导致客户流失。

9.3.5 涨价前应该"提前放风"

对涨价消息应"提前放风"，给客户一定的心理适应期，非常重要。一般来说，需要提前 6~12 个月告知客户涨价的消息。在这期间，机构可以向客户反复地解释涨价的理由，侧重向客户传达产品价值的升级，如教学理念的升级、服务项目的升级、教学环境的升级、师资水平的升级等。在进行充分的信息铺垫之后，再涨价，且幅度不超过 20%，客户一般都是可以接受的。

涨价的时机选择也很重要。通常来说，在学员升入新年级时涨价，是比较合适的时机。同时，涨价还应该考虑一些社会因素，如在新冠肺炎疫情期间就不宜涨价。

9.3.6 客户通常对总价较为敏感，可以考虑拆分定价

这里分享一个真实案例。洛阳某 K12 机构设置两个连续的半年班，各 25 次课，每个班 2500 元，共 5000 元。但课程推出后，家长普遍认为价格较贵。

后来，该机构调整策略，将两个半年班拆分成 5 个班，如下表所示：

	班组名称	半年班25次	半年班25次				合计学费
原体系	学费	2500元	2500元				5000元
现体系	班级名称	入口班	寒假8次	春季15次	暑假12次	秋季15次	
	学费	200元	800元	1500元	1200元	1500元	5200元

其中，入口班级作为引流产品，单独设置，仅售 200 元，大大降低了门槛；后面的正价课程每期均不超过 1500 元，总价仍为 5000 元，招生效果明显变好了。

小结和预告

这一章，我们着重探讨了 K12 教育培训行业产品定价的重要性、定价方法以及实施要点，并针对机构避不开的涨价话题，提供了一些可借鉴的操作经验。

作为产品运营的重要组成部分，产品价格的制定，不仅关系到公司的业绩收入，也关系到利润水平。在定价时，我们推荐价值定价法，先最大化产品价值，提高客户的支付意愿，然后使产品价格高于产品成本，从而获得较为理想的盈利空间。在具体的定价工作中，还应该结合客户、竞争对手和成本情况，考虑设置多个产品版本，利用畸零价格策略，实现科学合理的定价，打造有影响力的成功产品。

截至本章，K12 机构运营的各个业务环节及产品层面的设计理念和操作要点均已阐述完毕。下一章，我们将转向公司组织架构方面，探讨如何基于"业务流"来设计组织架构，让合理的组织架构为稳定运营和业绩提升保驾护航。

第 10 章
组织架构 4.0：基于业务流的组织架构设计

当一家企业的业务战略方向明确下来之后，组织架构设计就成了业绩的起点。

所谓"企",无人则止。一家企业的发展,归根结底离不开"人"的作用。设计和搭建一套合理顺畅的组织架构,是充分激发人的力量、发挥企业人才势能的基础性工作。

10.1 K12机构的组织架构模式发展

一个组织架构模式设计得好不好,是与该企业的规模大小、业务形态、战略目标等因素密切相关的,没有绝对的优劣之分。K12机构的组织架构,也依公司的业务规模及发展阶段不同,有几种模式。这几种模式一般随公司规模的扩大呈更迭态势。我们一一分析如下。

10.1.1 组织架构模型之一:单科扩张模式

使用背景:

单科扩张模式组织架构多适用于中小学课外辅导刚刚兴起的时候,公司规模大多在100人以内。这时,培训机构往往只开设一个科目,例如数学或者英语,创始人大多是该学科的教学专家,然后他会再找自己信任的人,如亲戚、朋友来处理学员咨询、收付款、转退班、领教材、采购等相关的职能工作。

如果机构的教学质量获得客户的认可、口碑上升、学员规模扩大,创始人仅靠自己的时间、精力已经教不过来,就会另请老师来帮忙,增设班级;如果学员数量进一步上升、学员的区域分布扩大,还会增设新校区。此时,就会分出一个小团队过去打理,完成校区的初步扩张。

如下图所示,单科扩张模式的组织架构极其简单,可以说简单到除了校区维度,几乎没有其他维度(如学段、科目等)的部门划分。整个架构中,除了设立单独的综合职能部门,统一管理全校的事务工作外,整体的机构管理都是按校区相对独立运营,各校区均向一把手汇报。

组织架构图：

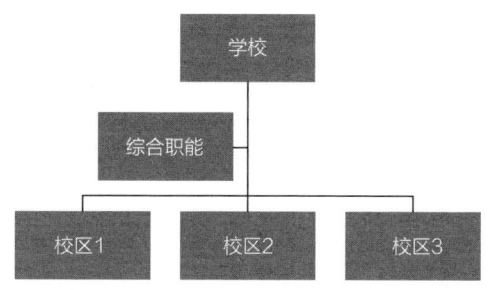

单科扩张模式的组织架构示意图

架构特点：

（1）适用于学段/科目单一的机构：通常为创始人擅长的学段/科目，如初中数学、高中英语等。

（2）便于区域扩张：当单个科目的培训取得成功时，可以快速在有需求的其他区域复制已有模式，开设新校区，拉动收入。

（3）沟通协作快速灵活：该模式仅有两大团队，即创始人带领的教学团队和创始人亲友负责的综合职能团队，两大团队协作配合，结构简单，对接灵活，沟通便利，运行效率高。

（4）校区的功能仅在于教学服务，招生等工作多依靠教学口碑的传播，使家长慕名而来。

不足之处：

该模式组织架构的不足也显而易见：

（1）不利于扩科，从而产生收入瓶颈。因为大多数开设一个科目，此时，如果依靠强势科目的口碑，趁势扩科，获客成本会比较低。然而，在这一组织架构下，机构负责人即使认识到扩科的好处，招聘其他科目的老师加盟，也往往难以实现统一周密的部署；且简单的组织架构无法实现各科教研团队的配合。如果所扩科目的教学质量不够过硬，反而会影响强势科目的口碑和招生。

（2）学员流失。我们在第 5 章讲到扩科的重要性时提到，扩科有利于提高客户的黏性。在单科扩张架构模式下，由于机构只有一个科目，学员的黏性不够强；此时，如果其他全科培训机构的教学质量过硬，就会把该机构的学员拉走。例如，机构 A 只有初中数学课程，学员小明原本在机构 A 学习数学，在机构 B 学习语文和英语。如果机构 B 的数学教学质量也有保证，小明或小明的家长就极有可能出于学习的便利性考虑，退掉机构 A 的数学课，转报机构 B，从而导致机构 A 的学员流失。

（3）校区管理失控。由于管理模式简单，当校区扩张到一定数量和规模，总部对分校区的管理就容易失控，产生校区人员舞弊、教师把学生带走自立门户等情况。例如，某数学培训机构有 9 个校区，其中校区 F 地理位置偏远。每次开班时，机构的系统均显示该校区的班均人数仅 10 人左右；后来，机构负责人实地勘察发现，该校区每个班的实际听课人数都在 20 人以上。经查明，该校区负责人虚假上报实际招生人数，将多招学员的学费自己扣留；同时，为拉拢该校区的老师不将此事告发，还给教师一部分钱。

此外，由于总部管控不力，校区之间各自为战，还常常会出现只顾本校区需求而不肯让教师跨校区上课的情况，由此导致教师课量不足，对个人收入不满意，无法长期稳定发展。

综上所述，单科扩张架构模式非常简单，适用于机构初创期，成本低、运转灵活，能获得较高的利润，且有利于业务初期的快速扩张。可是，一旦机构达到一定规模，这一模式的弊端就开始显现。

10.1.2　组织架构模型之二：全科扩张模式

使用背景：

当机构达到一定规模之后，由于管理需要，机构应完善组织架构。完善的核心着力点有两个：一是扩充教学科目；二是加强综合管理能力。

此时，有些机构也会不满足于仅仅通过扩科带来收入提升，还会增加学段，比如以小学业务起家的机构，会开设初中课程，甚至高中课程。

如下图所示，不同于单科扩张模式中仅以校区作为部门的划分维度，全科扩张模式增加了学段、科目、职能等多个维度，组织架构体系更加复杂。

组织架构图：

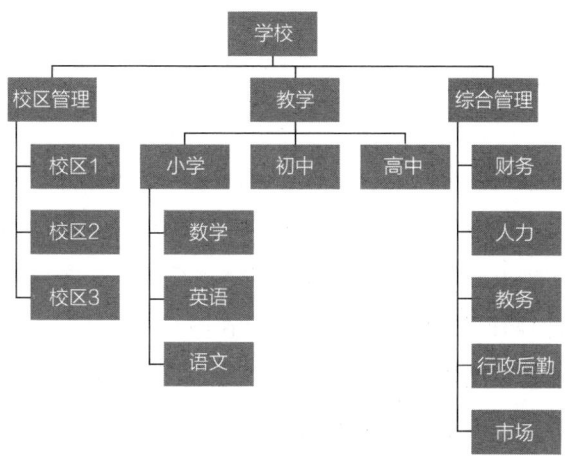

全科扩张模式的组织架构示意图

一般来说，往往是三条线并行设置：

- 教学团队负责教学和内容研发，下设不同学段和不同科目；
- 校区管理团队按不同校区各自运营，每个校区都有自己的销售团队；
- 另有综合管理团队，分别设立人力、财务、行政后勤、教务、市场等独立的专业团队，共同保障机构正常运行。

架构特点：

（1）全科拉动：开始扩充其他科目，此时只要教学质量有保证，收入和利润都会得到相应的提升。

（2）增加学段：不满足原有的学段业务，比如：小学业务，可能会新增初中、高中学段。

（3）强化管理：为了适应全学科、多学段运营的需求，并且更好地支持和管控多校区的发展，机构一般会引进更多的专业管理人才、搭建更有效的管理架构、出台更精确的管理制度等。

（4）总部向校区配置资源：除教师资源之外，总部还可以统筹安排市场资源、教研资源、人力资源等配给校区。

（5）校区开始负责招生工作，设立专门的招生负责人，根据校区周边环境，专项设计营销方案、并对教学产品、教师和服务提出建议。

不足之处：

全科扩张模式仍然属于传统型的组织架构管理，当机构要新开设一块业务时，资源配置往往会出现两难局面。

以新业务为例。在既有的组织架构下，新开设一块业务，势必会遇到"既得利益"群体的障碍，原有框架内的同事们由于工作惯性、绩效引导方式、精力分配等原因，往往不能很好地支持新业务的发展。例如，一个以初中班课程业务起家的K12机构，计划开设个性化课程。如果在原有的部门框架内推广新课程，要求所有校区开始招收个性化学生，或要求市场部门去额外推广新业务，在执行时往往会遇到一些阻碍，效果也不尽理想。

10.1.3 组织架构模型之三：事业部模式

使用背景：

当公司的业务规模进一步发展壮大，为了更好地给各个业务模块配置资源，发挥各个业务模块的主观能动性，提升业绩，同时有利于新业务的开展，机构往往会建立事业部制的管理模式（见下图）。

组织架构图：

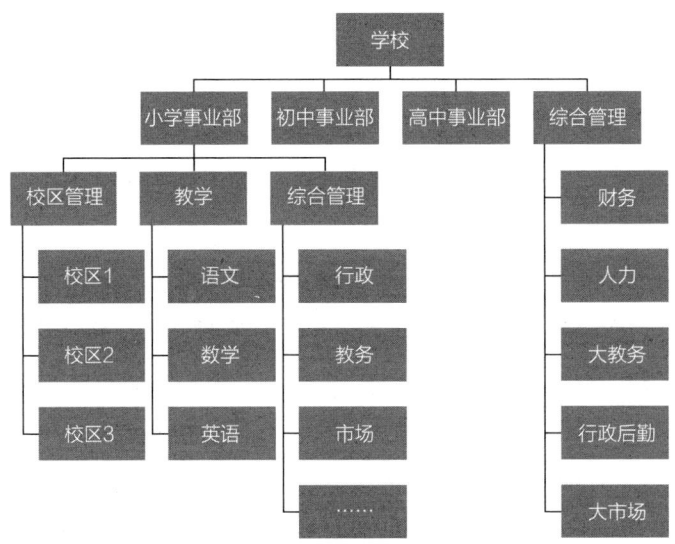

事业部模式的组织架构示意图

除了设立大职能部门（如人力、财务、行政后勤、教务、市场等）为整个学校服务之外，其他业务部门均以事业部为单位进行拆分，独立运作。

事业部的划分维度有很多，如业务类型、学员学段等。以学段为例，可以划分为小学事业部、初中事业部、高中事业部，而各个事业部内部均设有自己的教学团队、校区管理团队和综合职能团队等。

架构特点：

（1）事业部划分清晰、相互独立，每个事业部都可以设置独立的综合职能团队，如人员招聘、教务管理、市场推广等，因此可以更加灵活地为各个业务模块配置资源。

（2）有利于快速决策。事业部负责人可以在较大范围内拥有决策权，从而提高决策效率。同时，由于事业部负责人更加贴近业务一线，也可以提高决策的准确性和有效性。

（3）有利于拓展非班课业务。K12机构多以班课业务起家，前文提到，要想拓展新业务，如个性化事业部、少儿素质课程事业部等，在资源分配、人才供给方面往往面临"既得利益"式的困难，而事业部制可以相对好地解决这一问题。

不足之处：

（1）各个事业部的部门和人员设置难免重复，资源利用未必饱和，往往会出现资源使用效率过低的情况。

（2）事业部与事业部之间可能会缺少交流和沟通，经验不容易共享。

（3）对于某些需要各事业部配合的工作，或者事业部之间的业务空白地带，有时会出现互相推诿的现象，给客户带来不好的体验。

（4）一旦事业部的管理团队出现不稳定的情况，会使得整个业务遭受较大损失。

10.2　组织架构模型之四：基于业务流的架构设计

随着机构规模的扩大，业务复杂度越来越高，对培训机构的组织架构也会提出更高的要求。在事业部制的基础上，还有没有可能进一步完善，为业绩提升创造空间？

笔者认为，下一步应该是引入"前台、中台、后台"的概念，基于业务流来完善组织架构设计。

10.2.1 为什么要基于业务流来设计组织架构

在管理学中，关于组织架构设计的要点有很多，如任务与目标、专业分工和协作、有效管理幅度、集权与分权相结合、稳定性和适应性相结合等。究其根本，组织架构的设计是为了达成公司的战略目标，完成业绩。在这样的前提下，把公司的业务流清晰地梳理出来，然后将人、财、物等资源配置到位，也便成了顺理成章的逻辑。

因此，基于业务流来设计组织架构，一方面能够保证高效率的管理，以及有效的资源配置，帮助公司更好地实现整体运营目标；另一方面，随着公司的不断发展或规模的不断扩张，业务流会做出相应的改变，组织架构也应该进行相应的调整。时刻使组织结构与业务流保持一致，才能使组织架构成为公司发展的推动力而非阻滞力，帮助公司实现良性增长。

我们在第 1 章中已经对 K12 机构的业务流进行过详细阐释，按用户来源可以分为"新签流"和"续报流"两路。总体来说，K12 机构的业务流可以用下面的公式来表示：

$$收入 = 流量 \times 转化率 \times 课时 \times 每课时单价 - 退费率$$

其中，"流量"代表资源量。新流量主要来源于广告投放、公众号粉丝、App 用户等渠道，通常是由线下的市场部或者线上的流量运营团队来完成拓展的。

"转化率"就是把资源变成正价客户，通常由咨询团队来组织安排，由教学团队配合完成。

"课时"和"每课时单价"通常由教学团队来主导确定，并经由咨询团队认可后正式执行。

"退费率"与课程安排、教学质量、教学服务等因素有关，通常由教学团队和教辅团队来负责降低这一指标，努力使更多学员持续学习。

了解了业务流公式中各项重要参数对应的团队分工之后，我们应该如何基于这一业务流来设计组织架构呢？

10.2.2 如何基于业务流来设计组织架构

在此，我们引入"前台、中台、后台"的概念，进行组织架构的设计。关于什么是"前台、中台和后台"，我们不妨用手机作类比来说明。

前台，就是直接面向客户、直接影响客户体验的业务端口。例如，拿到一部手机，里面的 App 应用软件，就是"前台"；在 K12 机构，与家长/学生直接接触的团队，就是前台团队，他们的表现往往与客户满意度直接相关。我们称其为"冲锋陷阵在前台"。

中台，是将通用业务抽取出来供前台调用，从而形成一个能同时支撑多个业务、让业务之间形成信息交互和增强的机制。类比到手机，中台类似于手机的操作系统，为前端应用软件提供支持。

在国内，"中台"的概念最早是阿里巴巴的马云提出来的，近年来，"中台"概念日趋流行，各大互联网公司由于业务日趋庞大和复杂，纷纷建立中台部门，以减少管理和业务功能上的重合。K12 教育培训行业也是如此。当一家 K12 机构的规模发展到足够大、业务模块足够多时，就应该建立起强大而有效的中台部门，一方面减少资源浪费，另一方面也通过统一的数据中枢进行高效决策，为各个业务模块赋能。例如，国内 K12 头部企业好未来就通过建立中台部门，解构前台核心模块，通过资源融合，为 C 端（普通用户）、B 端（行业机构）、S 端（公立学校）三大业务模块的长期增长提供更有力的经验支持、管理支持和资源支持。我们称其为"业务资源在中台"。

后台，通常是保障机构整体稳定运行的基础环境和设施。类比到手机，相当于手机的硬件。在 K12 机构，后台即从人、财、物、组织能力提升等角度，来搭建整个公司运作的基础环境。我们称其为"基础设施在后台"。

有了前台、中台、后台的设置，三大模块相互协作配合，机构将会变得更加灵活、高效。

1. K12 机构的前台团队设计

通过前文对业务流公式各项参数的分析不难发现，与业务流的一线环节息息相关的关键团队有三个：第一个是流量团队，负责尽最大可能获取潜在客户资源；第二个是转化团队，负责确保最优的转化能力；第三个是教学团队和教辅团队，负责提供最优质的教学产品和服务。这三个团队都是与家长/学生直接接触的一线团队，共同组成K12组织架构中的前台模块。

我们来一一分析各团队职责：

- 流量团队（线下往往称为"市场团队"）：通过广告投放、自有流量池管理、裂变、分销、地推/外呼等方式获取资源量。

细分的话，流量团队的业务需求有三点：一是通过广告投放、公众号、地推/外呼等方式拓展足够多的种子流量；二是运用"流量池"理论，通过裂变等方式管理和蓄养流量；三是将流量与业务做好对接。与之相对应，流量团队也应该包括三个重要的子团队，即流量拓展团队（具体又包括投放团队、新媒体团队、外呼团队等）、运营维护团队和与其他团队对接的BP（Business Partner）团队。

- 转化团队（实际往往称为"咨询团队"或"学习规划团队"）：通过引流产品的运营、私聊跟单、任务管理、营销活动策划等形式促进正价课程的报名。

教育培训行业的成熟，对转化团队的要求越来越高。最初，转化团队的职责仅仅是做好咨询工作，如今，不仅要做好咨询跟单工作，还要有良好的营销策划能力。由于引流产品的加入，转化团队还要和教辅团队一起提供优质的教学服务，例如在引流课后进行作业批改、答疑等。此外，及时搜集和分析转化数据，并根据数据报告调整转化动作和营销思路，也是影响到转化效果的重要方面。

- 教学团队和教辅团队：教学团队一般由教研老师和主讲老师构成，通过教学产品设计、教师培养、教学管理、内容研发等形式来确保教学效果；教辅团队则主要通过帮助学生预习/复习、作业批改、在线答疑、学生成长关怀、家长沟通等方式来与教学团队共同达成教学效果。二者相互配合，提供令家长/学生满意的教学服务。

综上所述，前台团队配置如下表所示，供大家参考，每一个团队基于业务需求来设立，有章可循。

业务流	业务需求	实现方式	配置
流量转化	足够多的种子流量	通过广告投放得来	投放团队
		通过地推/外呼得来	地推/外呼团队
		通过公众号矩阵得来	新媒体团队
		…	…
	运营维护/裂变	通过维护、裂变等方式实现	运营维护团队
	与业务对接协调	更好地结合业务特点	BP团队（兼任）
	确保最优的转化能力	营销策划、咨询、跟单等	咨询团队
	转化中提供好的教学服务	引流课的作业批改、答疑等	营销教辅团队
	数据分析、快速迭代	数据分析报告等	数据分析团队
教学/教辅	提供优质的教学产品	教学产品设计、研发等	教研团队
	优质的教学质量	教师招聘、培训等	教学团队
	为营销团队提供教学支持	教学营销资源整理输出等	学科运营团队
	让人满意的教学服务	作业批改、答疑等	学科教辅团队

2. K12机构的中台、后台团队设计

设立前台团队之后，业务的正常运转还需要人才、IT产研资源、知识库、资金、工具与设备、场地等的支持，因此需要建立强大的中台、后台机制。

如下图所示，以"前台、中台、后台"为基本框架的组织架构设计不再像之前的模型一样采用"树状结构"，而是用"块状结构"，模块和模块之间搭配更加顺畅灵活，部门之间的横向连接更加紧密，多部门合力完成机构的整体目标。

前台、中台、后台结构示意图

具体来说，中台、后台各团队的具体职责如下：

- IT 产研团队：通过 IT 产品的设计与研发来支持业务流的线上化以及再造优化。

这里需要注意的是，IT 产研团队的职责不是把线下的业务流程简单搬到线上，而是通过信息技术手段让现有流程更加优化和便捷。因此，IT 成为业务流程优化再造的关键环节，是 K12 机构数字化运营的核心竞争力。

- 课程运营团队：通过统一的产品配置优化、设班排课、课程上下架、数据分析、学员满意度监测等工作，来确保课程运营相关工作的顺利开展。

这也是随着 K12 教育培训行业的发展而变得越来越重要的一个团队。在传统的线下机构中，很少有课程运营团队，仅有教务团队负责设班排课、配置资源等工作。如今，随着 OMO 探索的不断深入，招生、扩科、续班等每一个关键动作往往都需要"大兵团"作战，线上线下相互配合方能完成。在这个过程中，课程运营团队作为重要的中台部门，其职能也不能像教务团队一样再仅仅局限于课程排期，而是应该以数据为核心，承担起监测与分析数据、部署和调配资源、反馈和优化产品配置等重要职能。

- 流量/咨询/教学质量团队：通过知识管理、经验复制、质检培训等来确保流量/咨询/教学的有序开展。

流量/咨询/教学质量团队其实是一个贯通流量拓展、转化和教学业务的中台部门，它能在三个业务模块之间起到有效的经验传递和共享作用。例如举办咨询顾问培训，可以有效提高咨询顾问的业务水平，从而拉动转化率的提高等。我们曾在扩科、续班等章节中强调过经验分享在机构发展中的重要性。建立专门的中台部门，使信息传递和经验分享的工作专业化、有效化，将极大地促进机构运行效率和整体运营水平的提高。

- 财务团队：负责预算管理、资金管理、经营数据分析、成本管理等工作。
- 人才/人力团队：负责人力资源战略规划、文化价值观建设、组织发展、招聘培训、考核激励、薪酬管理、员工关系管理等工作。
- 行政后勤团队：负责合规管理、政府关系、会议组织、工程装修、资产管理等工作。

在这样的组织架构下，为了更好地给前台部门注入资源，或者做出更符合业务特点的顶层规划，中台、后台部门通常也会以派驻 BP 的方式到前台部门开展工作，让部门之间的协作更为高效。

3. 前台、中台、后台与事业部制相结合的设计

前文提到，全科扩张模式组织架构往往会出现不利于拓展新业务的问题，事业部制有效解决该问题后，又难免出现事业部之间缺乏沟通、经验难以共享的问题。

针对这一问题，我们可以将"前台、中台、后台"的组织架构和事业部制相结合，形成如下模型：

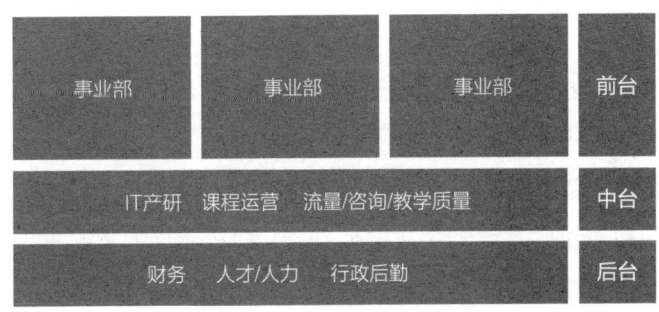

K12 机构"前台、中台、后台"与事业部制相结合的架构模式示意图

在上述架构中，中台、后台仍然担负着提供业务资源和基础设施保障的职能，而前台团队随业务规模的扩大，以事业部为单位来建制。在此模式下，拓展新业务就好像在智能手机中安装一个新的 App 应用，手机系统和基础硬件不必做大的变动，直接在前台建立团队即可，拓展执行起来更加灵活；同时，中台、后台将会在经验共享、资源共享、基础运行保障、人才梯队、质检、督导等方面，确保新的业务流畅运转。

10.2.3 学科运营：跨部门协作的"特殊兵种"

在一个机构内部，凡有部门的划分，一定会产生视角的分歧和信息差。如何最大限度地消除这种信息差，促进部门之间的同频，是组织架构设计的艺术所

在。在前台、中台、后台架构中，除了上文提到的各个团队各司其职外，还应该在重要的业务节点之间设立一些促进跨部门协作的"特殊兵种"，比如学科运营团队。

1. 学科运营岗位的设立原因

在实际运营中，流量团队、转化团队负责营销端业务，了解客户却往往对教学内容不够专业；教学团队负责产品端业务，专业过硬却不能熟知客户需求。二者在协作中，通常会遇到很多难点，如立场不一致带来的观点争议、对于需求的理解不一致而导致工作配合无法同频等。

因此，可以在教学团队中设立学科运营岗位，配合流量和转化团队的工作，既能有效调动教学团队的资源，又能够更加深刻地体会营销端的客户需求。

2. 学科运营岗位的职责参考

- 与流量/市场部门合作，主要进行内容输出，讲座、引流课等招生产品安排，沟通协调等工作。
- 对主讲老师进行包装、外宣等。
- 与咨询顾问团队紧密配合，输出内容、物料等以完成招生工作。
- 与课程运营团队对接关于课程上架/下架，课程详情介绍等相关内容。
- 与IT产研部门沟通，完成教学团队的系统研发需求对接。

10.2.4 打造"单件流模式"，提高组织运行效率

基于业务流的组织架构设计，除了引入"前台、中台、后台"模式设计整体结构框架之外，还有一个核心关键是打造符合业务流程的"单件流模式"，提高机构的运转效率。

1. 什么是"单件流模式"

"单件流模式"来自于丰田公司的精益生产设计，目的是消除生产流程中不能创造价值的环节，缩短作业时间。

丰田公司认为，在大多数生产流程中，只有少数几个步骤是真正创造价值的，而大部分的时间花在了不创造价值的环节上。比如，一个简单的铸造并组装

零件的作业流有 9 个步骤。其中，只有 3 个步骤是创造价值的，这 3 个步骤的作业时间仅占总流程的不到 10%；而剩下超过 90% 的时间是用在了这 3 个步骤之间的运输、排队等候、调试检测等环节上。

在这个作业流里，如果用科学管理方式来优化，那就只关注创造价值环节的效率。但是，创造价值的这 3 个步骤本身只占总流程不到 10% 的时间，这 3 个步骤的效率再高，也不可能显著缩短整个作业流程的总时间。

那么，解决方案是什么呢？就是建立生产的连续流。连续流，也叫单件流，就是把创造价值的生产工序放在一起，当一件产品从上游工序出来之后，不必等待，马上进入下游工序，工序与工序之间是无缝连接的。换句话说，上面提到的作业流 9 个步骤中，着重压缩不创造价值的 6 个非关键环节的时间，这样就能有效地缩短总流程的时间，也就意味着生产效率极大提高。

因此，"单件流模式"的主要特点就是：尽可能地减少跨部门、跨层级的协作和沟通环节，而把创造价值的节点直接串联在一起，提高工作效率。

2. 如何在 K12 机构中设计"单件流模式"

我们在第 5 章"扩科"中曾提到"最小工作单元"的概念，实际上，"最小工作单元"就是"单件流模式"在 K12 机构组织设计中的具体体现。

所谓"最小工作单元"，就是以某一项具体业务的达成为目标，将相关团队、相关岗位的人员集结到一起，形成工作小组。

具体来说，K12 机构的"单件流模式"有三种表现方式：

- 新签流中的"单件流模式"：就是将流量团队、咨询顾问、主讲老师、辅导老师/助教编成最小工作单元，保障新生招生工作顺利进行。
- 续报流中的"单件流模式"：将咨询顾问、三科主讲老师、辅导老师/助教编成最小工作单元，保障续班和扩科工作顺利进行。
- 中台、后台的"单件流模式"：在资源配置、业务支持等工作当中，分出不同的团队对接前台，确保最高的工作效率。例如，IT 产研团队可以分出教学服务端、教学研发端、营销端、ERP 端等多个团队，对接相应的业务端口，组成最小工作单元，保障前端业务的顺利进行。

小结

这一章，我们逐一分析了适用于不同发展阶段的 K12 机构各类常见组织架构模型的优劣，并引入"前台、中台、后台"概念，提出基于业务流的 K12 组织架构设计模式。这一模式主要适用于规模较大、业务复杂度较高的大型 K12 机构。除整体框架的设计之外，机构还可以借助"单件流模式"，建立起灵活顺畅、协作共享、运行高效的团队单元，提高运营效率。

当一家公司的战略方向明确下来之后，组织架构设计就成了业绩的起点。有一套高效、简洁、明快的组织架构，将为人才提供一个有魅力的舞台，也为企业的经营带来足够大的贡献。

附　录

附录1　名词解释

综合管理篇

[1]　K12：英文 Kindergarten through twelfth grade 的缩写，指学前教育至高中教育阶段，在国内常被用来代指基础教育。

[2]　扩科：同一学员增加报名的科目。例如：某学员已经报名了数学，同时再报名语文课程。

[3]　续班：学员在一个班级学习即将结束或已经结束的时候，再报名后续的班级学习。

[4]　联报：学员在报名的时候，同时选择多个班（没有科目的界限）。

[5]　人数/人头数：是指学员数量。

[6]　科次：学员当期所报名科目数量。例如：某学员在秋季班同时报了语文和数学课，科次计为2。

[7]　人次：一个学员报名班级的数量。比如，某学员报名了两个班（不限科目），人次计为2，三名学员报名了7个班，人次计为7（通常又会细分为报名人次、在读人次等）。

[8]　报名：学员缴纳学费，获取听课资格。

[9]　进班：将学员信息录入相应的班级花名册中。

[10]　转班：学员从原班转入其他班级学习。

[11]　插班：班级已开课，学员中途加入班级学习（大多数机构会有插班期限制，例如在课程过半之后，不允许插班，将引导学员报名新班级）。

[12]　退班：学员退出班级学习，但有可能不退费，仍然保留在学校的学费，等选到合适的班级，再次报名。

[13]　退费：不仅退出班级，而且把费用从学校退掉。

[14]　行课期：学员的课程已经开始但又没有结束的时间段，比如，暑假班7月10日上课，7月24日结课，则7月10日—24日称为行课期。

[15]　在读人数/人头数：处于行课期的学员人数总和。

[16]　在读人次：正在行课期学员的人次总和。

[17] 续班期（窗口期）：在特定的一段时间里，集中完成老生续费工作。这段特定的时间叫作续班期。

[18] 原班报名：在续班期内，老生报名与原班对应的新班级。

[19] 跨班报名：一般在续班期内且原班报名结束之后，老生可以选择其他班级报名学习。跨班报名主要发生在学员希望更换上课时间、校区、难度层次、授课教师或增加科目等情况下。

[20] 颗粒归仓：过了续班期之后，针对未续班的学员，单独跟进，促使其续班。

[21] 新生报名/招新期：专门招募新生的时期。一般在暑、秋、寒、春的续班期结束之后，是新生报名的集中期。

[22] 流水收入：学员报名之后进到公司账户里的钱，与学员是否上课没有关系。例如：某学员报名后实际缴费1000元，流水收入即为1000元。

[23] 结转收入：学员行课之后，在财务上被确认的学员学费。例如：某学员报名缴费了1000元，10节课，已经上了3节课，则结转收入为300元。

[24] 固定成本：在一定周期内，不直接因学员数量增加而增加的成本，比如：办公场地租金、中台、后台人员工资等。

[25] 可变成本：因学员数量增加而增加的成本，比如教材费等。

[26] 带班量：通常指教师带了多少个班级。

[27] 课时量：通常指教师上了多少个课时。

[28] 带生量：通常指教师带了多少个学生。

[29] 转化率：是指"新生报名人数"除以"潜在客户资源数量"。

[30] 续班率：是指"本期续班到下期的人次"除以"本期在读人次"。

[31] 满班率：是指"班级在读人数"除以"班级容量"。

营销管理篇

[32] 预报名：家长预订上课名额的机制。通常在营销活动中使用。

[33] 外化：将教学过程、学习成果、客户反馈等信息专项整理并对外宣传。

[34] 咨询材料：在向家长推荐课程的过程中，所使用的物料、例证等。

[35] 话术：为了取得更好的咨询和沟通效果，使用一定技巧来有效表达自己想说的内容。

[36] 文案：表达自己创意的文字。比如海报的标题等。

[37] 裂变：通过营销设计促使潜在客户介绍身边亲朋好友一起参与到活动当中，以增加潜在客户数量。

[38] 转介绍（老带新）：在读学员或家长介绍亲朋好友来机构就读。

[39] 试听：新生在未报名时可以先免费试听 1~2 次课。

[40] 特价班：通常在暑假和寒假把一整期正价课拿出来做低价招生，再用续班的方式将学员尽可能多地吸引到后续正价课去学习。

[41] 公开课：把精彩的课程内容拿出来免费招生，促使潜在客户报名后续的正价课。

[42] 流量池：潜在客户资源池。

[43] 销售池：引流产品（公开课、特价班等）的学员池子。

[44] 客户池：已经报名正价课的学员池子。

[45] 意见领袖：通常为家长群话题发起者、讨论的中心人物、在家长中具有观点带动作用的人。

[46] 沉淀资源：超过一个学期未在本机构学习的学员或一直未报名正价课的潜在客户名单。

[47] 老生召回：与往期未续班的老生联系，促使其回本机构上课的行为。

[48] 群效：是指"群内报名流水"除以"群内资源总数"。

[49] 人均进群成本：将"潜在客户资源拉入群内的总成本（广告、礼品费用等）"除以"进入群内的资源总数"。

产品设计篇

[50] 四季行课：以寒、春、暑、秋为时间段开设课程，按照年级维度设班（不混龄），开结课时间相对比较统一，行课期、续班期、招新期的节奏也很明确。

[51] 滚动开班：开结课时间相对没有那么固定，招生比较灵活，满一个班就开设一个新班（通常见于少儿英语培训机构，且为混龄招生）。

[52] 四季切齐：通常是指从滚动开班切换到四季行课，主要涉及年龄段切齐、开结课时间切齐、授课内容切齐等（这个过程比较有挑战）。

[53] 入口年级：通常指培训机构开始招收有较大量应试需求的学生年级，如小学三/四年级、新初一、新高一等。很多机构会在入口年级做特价班，以期望尽可能多地抓住第一波学生，抢占入口，降低后续的招生难度。

[54] 班级分层：根据学员水平的不同，按照授课进度和难度分班，确保授课知识的针对性。

[55] 常规班/系统班：结合公立学校的要求，系统性地讲解知识，通常采用四季行课模式，课程设计上可以从小学一直上到高中，是培训机构的主线课程。

[56] 专题班：针对某个知识模块而开设的专题讲解班，比如小学语文的作文课、高中

英语的阅读理解课等。

[57]　收心班：在学生假期结束之前，开设的短期课程，目的是更好地帮助学员调整进入公立学校的学习状态；大多数机构的收心班内容都以预习公立学校的新知识为主。

[58]　串讲班：针对某些知识点、重难点题型、解题方法等做集中串讲的课程，通常为考试前串讲，起到复习的作用。

[59]　最低开班人数：设置班级至少要招到多少人才能开课的标准，以避免班级开课后即亏损的情况（通常为单班招生的学费收入应该足够覆盖教师课酬和招生成本）。

[60]　班容：班级的最大招生容量，也叫作"满班人数"。

[61]　设班：在招生之前，科学设置安排班级的开课时间、结课时间、上课地点、授课教师等工作。

[62]　班均人数：指多个班级在读人次的平均值。班均人数越高，盈利情况越好。

[63]　课时：教授一节课所需要的时间，现阶段国家政策要求是40分钟一节课。

[64]　课程回放：在线上课程中，错过了直播时间，听取直播课程时所录制的视频内容。

教学教务篇

[65]　上线率/出勤率：学员上线听课人数除以班级在读人数，通常要求是听课20分钟以上才算上线。

[66]　完课率：听完课程的学员人数除以班级在读人数，通常要求是听完课程内容的2/3以上才算完课。

[67]　作业完成率：是指"完成作业学员人数"除以"在读人数"。

[68]　作业批改率：是指"已批改的作业数量"除以"已提交的作业数量"。

[69]　学情报告：给学员出具能反映阶段性学习水平、测试结果、优势、不足等内容的报告文档。

[70]　收分：每次公立学校考试后对学员成绩的收集、整理、分析工作。

[71]　提分：帮助学员提高考试分数。

[72]　回访：主动发起与学员或家长就学习情况、考试成绩等的沟通。

附录2 教师招聘面试题目参考

序号	类别	问题类型	具体问题	测评要点
1	自我认知	自我评价	按照10分满分的原则，给自己打分，为什么会这样打分	自我价值感
2			如果让你选择五个词来形容你自己，你会选择哪五个词	自我认知、优势识别
3			你觉得自己有哪些与众不同之处	优势识别，与岗位匹配度
4		他人评价	你的好朋友（大学同学、导师、朋友、父母）会怎样形容你这个人	侧面了解应聘者的成长环境，也可以从中评估应聘者的发展潜力
5		背景调查	你为什么选择这个专业？你觉得在大学中，你最喜欢的课程是什么	在某些课程中如何很好地发展了某项技能；尤其是和面前的这份工作密切相关的技能
6			你哪些课程的成绩不够理想？为什么会出现这样的情况？你认为这会影响你在此项工作中的表现吗	是否能够认清自己，也能够认清自己所申请的工作到底需要哪方面的知识
7			家乡在哪里？家里有几个孩子	观察稳定性
8		公司认知	我们公司的哪些特点吸引了你前来应聘呢	为应聘者提供了一个展示其对公司了解程度的机会，更是为他提供一个证明自己的确很希望到公司来发展的机会
9			基于你对我们这个行业的认识，你觉得你理想中的工作与你现在申请的这个工作之间的差距有多大	
10			是否了解教育培训机构和公立学校之间的差别	观察行业认知

（续）

序号	类别	问题类型	具体问题	测评要点
11	适应抗压	压力处理	和其他面试者相比，你没有相关从业经验，对此你如何看待	观察应聘者对自身劣势的评估
12			请描述你上一次在受批评的情景。你是怎么看待这个事件的	观察应聘者是否经得起批评，并了解其在压力下的反应
13			对这项工作，你有哪些可预见的困难？如何处理	对工作的认识和未来困难的评估
14		压力情景	假设今天有一位主考官曾是你的学长，并且他对你的评价一直不是很好，这对你的面试会有影响吗	观察压力和问题处理能力
15			如果在上课过程中，有学生当场指出了你讲解中的一个错误，你将如何应对	
16			如果家长觉得你刚刚毕业，经验不足以教授这门课程，你将如何应对	
17	学习创新	在校情况	你为何选择这个学校和这个专业	观察在校学习情况
18			你所在学校的本专业科研教学水平在全国处在什么位置	
19			你的最高考试成绩是多少？你的最低考试成绩是多少	
20			在大学学习期间，你最喜爱的老师叫什么名字？为什么喜欢他（她）	
21		学习意愿	如果你最终被我们公司聘用，你将有机会和一些在学校中工作很长时间的、有着丰富经验的老师一起工作，你打算从他们身上学些什么	观察学习意愿和学习规划
22			描述一下你印象最深的一本书	观察学习习惯、兴趣方向和审美能力
23		创新能力	描述你已参与的最复杂的任务或项目。你的角色是什么？你成功地完成了什么	观察创新能力和创新实践
24			描述你曾经想到的一个好点子	

(续)

序号	类别	问题类型	具体问题	测评要点
25	协调沟通	人际关系	你和同宿舍同学的关系如何	与同伴关系的处理能力
26			你和导师的关系如何	与上级关系的处理能力
27		沟通风格	你最注意结交哪些方面的朋友？你现在的这些朋友大多是通过何种途径认识的	人际交往风格
28			你是喜欢自己单枪匹马地工作呢，还是更愿意和同事们合作	协作风格
29		沟通情景	领导和同事很固执时，你采取什么方法与他们协作？举例说明	观察沟通协调能力
30			请你介绍一下与最好的朋友是怎样相处的，怎样解决隔阂或分歧	
31			请用具体的事例说明：当别人误会了你所表达的意思时，你是怎样做的	
32			假设班里有两名学生互相有好感，影响了彼此的学习，你会怎么做	
33			假设学生家长对你的教学方式产生了质疑，你会怎么做	

附录3　特价班续班工作体检表

序号	问题	是/否	情况描述
1	特价班教师是否已经配备到位		
2	是否有详细的特价班教研计划		
3	是否有关注教师前三堂课的机制		
4	是否按照类似九步闭环的模式来设定教学SOP		
5	是否有专门的教学服务监控方案		
6	是否有续班对照表？（续班路径检查）		
7	是否安排了教师的工作动员会和比赛		
8	是否安排了咨询人员的工作动员会和比赛		
9	教师是否制订了个人的续班计划		
10	有无对教师开展续班技巧的培训		
11	有无要求教师打开班电话并进行培训		
12	是否有教师开家长会的演练		
13	教材是否配备到位		
14	续班期方案是否拟定完毕？（时间、优惠、礼品等）		
15	是否明确建立未续班沟通群的机制		
16	助教是否配备完毕		
17	是否建立校区、教师、助教三方的工作清单		
18	是否有教学最小工作单元（搭班教师）的协作安排		
19	是否建立结课不结班的微信群维护机制		
20	是否还有其他方面的支持需求		